これだけで合格！

令和**6**年版
2024年版

1級建築施工管理技士

第二次検定 記述対策&過去問題

JN096589

秀和システム

1級建築施工管理技術検定の試験制度改定について

建設現場の生産性の向上を背景とした建設業法改定に伴い試験制度も改定されました。これにより「1級建築施工管理技術検定」は、従来の「学科試験」、「実地試験」から、令和3年より「第一次検定」、「第二次検定」に変更されました。

また、第一次検定（従来の学科試験）を合格した者には、第二次検定（従来の実地試験）の合否に関係なく「一級技士補」の称号が付与されます。

今までは、一定の要件以上の重要な建設工事については、専任で「監理技術者」を置かなければなりませんでしたが、主任技術者の要件を有する者のうち、「一級技士補」の資格を持つものは、「監理技術者補佐」として工事現場に配置することが可能となり、「監理技術者補佐」を専任で現場に配置した場合は、「監理技術者」は当面2現場を兼務することが可能となりました。

慢性的な技術者不足が深刻な建設業界において、今回の試験制度改定は、第一次検定を受検する方々やその所属組織の関係者にとって、大いなる朗報といえます。

なお、試験制度改正により、令和3年以降の第二次検定は問題の構成（問題分野の順序）が若干変更され、さらに五肢一択形式が加えられるなどの変更がありました。第一次検定でも、従来の実地試験で求められていた「応用能力を問われる問題の一部（施工管理法の一部）」が出題され、五肢二択形式の問題が追加されています。基本的には、学科試験と第一次検定、実地試験と第二次検定の出題範囲は変わらないのですが、出題形式が多少変わったと解釈していただければよいと思います。

本書について

本書は、令和2年以前の「1級建築施工管理技術検定実地試験」と、令和3年からの「1級建築施工管理技術検定　二次検定」の過去問題の傾向を分析し、多く出題されている分野や比較的容易に解けそうな分野を中心に、60点以上を獲得するための必要最低限の知識をまとめた解説書です。必要最低限の知識の中で、とくに重要な解説、用語は赤字で示しています。

本書は、「1級建築施工管理技術検定 第二次検定」に**合格するための必要最低限の知識だけに絞って解説している本**であることをご理解の上、ご活用ください。

●注意
(1) 本書は著者が独自に調査をした結果を出版したものです。
(2) 本書の内容については万全を期して作成いたしましたが、万一、ご不審な点や誤り、記載漏れなどお気付きの点がありましたら、出版元まで書面にてご連絡ください。
(3) 本書の内容に関して運用した結果の影響については、上記(2)項にかかわらず責任を負いかねます。あらかじめご了承ください。
(4) 本書の全部または一部について、出版元から文書による承諾を得ずに複製することは禁じられています。
(5) 本書の内容は、原則として令和5年12月1日現在の法令・データ等に基づいています（なお、表などの資料の数値は、試験の関係上、最新のものとは限りません）。
(6) 著者および出版社は、本書の使用による「1級建築施工管理技術検定」の合格を保証するものではありません。

（はじめに）勉強と試験対策のポイント

　1級建築施工管理技術検定 第二次検定の実施日は、第一次検定の実施日から約4か月後、合格発表から約3か月となっています。前年に第一次検定（学科試験）に合格し本年は第二次検定のみを受検する人や、本年の第一次検定終了後に直ちに第二次検定の勉強にとりかかった人は別として、実際は第一次検定の合格発表を確認してからでないと勉強する気になれない人が多いようです。つまり、ほとんどの第二次検定の受検生は、実質的な勉強準備期間は約3か月しかないということになります。
―

　筆者は、約30年間1級建築施工管理技術検定合格のための直前対策講座にかかわってきて、第一次検定の合格発表を聞いてからでないと、第二次検定の対策に取り組む意欲が湧かない受検生が大半であることがわかりました。その実質約3か月の準備期間のほとんどは、経験記述対策に費やされます。経験記述以外の問題については、あまり時間をかける余裕がなく、第一次検定の時に勉強した内容を再確認する程度しかできないと思われます。
―

　本書は、そのように短期集中で対策を行おうとする受検生のためにまとめたテキストであり、従来のテキストとは異なった特徴を有しています。
―

　「経験記述問題」での対策は、ここで確実に高得点を稼げるように、主として「品質管理」、「建設副産物対策」、「施工の合理化」の3テーマに対して、工種ごとに答案事例を用意しておくための内容となっています。
　経験記述以外の問題については、受検対策としては過去問題の分析から最低限必要な用語やキーワードを覚えることに加えて、試験会場で問題用紙を目の前にして、解らないなりにもどのように考えて解答すべきかの考え方を解説しています。
　本書の特徴の詳細は、009ページの「本書の特徴について」を参照してください。
―

　少々乱暴な言い方ですが、経験記述を万全に用意し、他の問題はすべて解答欄を埋めて、記述問題で余程見当はずれなことを書かなければ、60点以上の合格点は獲得できるということを目標としたテキストと考えていただきたいと思います。

清水一都

CONTENTS

PART 4 ## 過去問題と解答

本書の特徴について

[1] 経験記述問題対策の特徴

・一般財団法人 建設業振興基金の1級建築施工管理技術検定 第二次検定の「受検の手引」には、建築施工管理技術検定に関する必要な実務経験年数として認められる工事種別・工事内容等が掲載されている。問題1の経験記述の選び方によっては建築工事とみなされず、採点対象外と判断されかねないものがある。本書では、そのような「選んではいけない工事」、「選ばないほうがよい工事」を例示し、詳しく解説している。
―

・工事概要の記述において、上記の工事選択を含めて、やはり採点対象外と判断されないよう、「絶対に書いてはならない記述」、あるいは「抜けてはならない記述」の内容をいくつか例示して解説している。
―

・問題1-1は工事概要に書いた工事について、問題1-2は工事概要に書いた工事に関わらず今までの経験に照らして記述するものであるが、いずれも過去10年間に出題された「品質管理」、「建設副産物対策」、「施工の合理化」の3テーマを主体に、どのような書き方をすれば高得点を得られるのかのポイントを列記している。
―

・従来の市販の1級建築施工管理技術検定の第二次検定対策本には、各年度の問題に対する経験記述の事例を工種ごとにランダムに多数掲載しているものが多い。そのような事例をまる写ししようとする受検生も多く、添削していて同じ文章の答案をよく見かける。そのような人は、テーマや問題表現をちょっとひねられたら対処できず、パニックに陥ってしまう。特に問題1-1については、同じテーマであっても年度によって問題表現が異なっているため、基本的な答案を用意した上で、問題表現によって解答方法を少々アレンジするといった応用力が必要となる。
―

・本書は、特に問題1-1の3テーマに対し、工種ごとに基本的な答案を用意するとともに、問題表現によってどのようにアレンジするかという経験記述対策に主眼を置いている。
―

・問題1-2についても対策の考え方は同様であるが、工事概要に記した工事にこだわらずどんな工事、どんな工種を選んでもよいので、問題1-1ほど苦労せずに答案の用意ができると考えて、一般的な解説をしている。

［2］経験記述以外の問題対策の特徴

・従来の市販の1級建築施工管理技術検定の第二次検定対策本においては、経験記述以外の問題対策は過去問題の解説・解答に加え、基礎解説は第一次検定対策本の要約版を合わせた形式のものが多い。

—

・しかし、第二次検定の問題は、基礎解説にも記していないような細かい問題が出題されることが多く、それらの問題にすべて対処するとなると膨大なページの解説を要することになる。

—

・そこで、本書では、過去7年間の問題と解答だけをまとめてPART 4に記し、解説は記していない。

—

・そのかわり、PART 3においてPART 4の過去問題の中のいくつかを基礎解説に並列して二重掲載し、解答と「考え方」を記している。

—

・この「考え方」は、単に基礎解説と同文を引用しているわけではない。第一次検定の中で当然覚えておかなければならなかった問題については再確認を行い、基礎解説には載っていないほど細かい内容の問題や、載っていたとしてもそこまでチェックしていなかった場合には、試験会場でどのように考えて答案を書くべきかという解説をしている。

—

・特に記述式問題はキーワードの思いつき方を記しており、語句の修正問題は当然覚えておくべき用語と、「間違っていたとしたら代替用語は何か」という観点で考えるよう対処法を記している。

—

・穴埋めの5肢択一問題は、まず2つくらいまでには絞り込み、その2つのうちどちらが最もフィットしそうか、という観点で対処するように解説している。

—

・また、繰り返し問題が多いものについては、その旨を付加し、過去10年間の問題チェックがいかに重要かに言及している。

—

・つまり、極端な言い方をすれば、勉強の時間が十分取れず、他の分野の問題は第一次検定の知識の延長で対応するしかないことになったとしても、最低限、経験記述と繰り返し問題だけは完全な状態にしておく必要があるということである。

試験概要と
試験対策の
ポイント

1

試験概要と試験対策のポイント

施工経験記述

仮設・安全

躯体施工

仕上施工　学科記述解説

施工管理

法規

過去問題と解答

1 受検ガイダンス

1級建築施工管理技士は、「1級建築施工管理技術検定」に合格すると得られる資格である。「1級建築施工管理技術検定」には、「第一次検定」と「第二次検定」があり、いずれにも合格する必要がある。
ここでは「第二次検定」の概要について、紹介する。

1 受検資格（旧受検資格、令和10年度まで）

— 次のいずれかに該当するものとなっている。

[1] 建築士法による1級建築士試験の合格者で、なおかつ1級建築施工管理技術検定 第一次検定の受検資格を有する者

[2] 令和6年度の1級建築施工管理技術検定 第一次検定の合格者（第一次検定と同時申請）

[3] すでに1級建築施工管理技術検定 第一次検定の合格している者

※令和6年（2024年）の受検資格の詳細、および新受検資格については、一般財団法人 建設業振興基金のWebサイト（https://www.fcip-shiken.jp/）で、確認してください。

2 願書受付

— 試験実施機関　● 一般財団法人 建設業振興基金

— 申込期間　● 第一次・第二次検定受検者および第一次検定免除者
令和6年2月22日〜3月8日

— 受検手数料（消費税非課税）● 10,800円（第二次検定）

※令和6年（2024年）の試験の詳細は、一般財団法人 建設業振興基金のWebサイト（https://www.fcip-shiken.jp/）等で、確認してください。

3 試験日と合格発表

— 第二次検定試験日 ● 令和6年10月20日（例年10月中〜下旬頃の日曜日）

— 第二次検定合格発表日 ● 令和7年1月10日（例年翌年1月下旬の金曜日）

※令和6年（2024年）の試験の詳細は、一般財団法人 建設業振興基金のWebサイト（https://www.fcip-shiken.jp/）等で、確認してください。

4 試験地

— 札幌・仙台・東京・新潟・名古屋・大阪・広島・高松・福岡・沖縄（近隣の都市で実施する場合がある）

※令和6年（2024年）の試験の詳細は、一般財団法人 建設業振興基金のWebサイト（https://www.fcip-shiken.jp/）等で、確認してください。

5 過 年 度 の 合 格 率

- 過年度の合格者数と合格率を 図1 に示す。
- 平成17年度以降は問題2以降の出題形式がほぼパターン化したことにより合格率が漸増し、ここ5〜6年（平成29年度を除く）は40%前後で推移している。
- 平成29年度は、それまでバーチャートの読取りで定着していた問題5がネットワークの読取りに変わった影響で、前年より約12%減の33.5%となった。
- 平成24年度以降の合格率は40%前後で推移していたが、令和3年度は問題5、6の穴埋め問題が五肢一択型式に変わったことで取り組みやすくなったことを反映してか、合格率は50%を超えた。なお、令和4年度以降は、経験記述で要求される記述事例が、今まで2つであったのが3に増えたことも影響して、合格率は50%以下となっている。

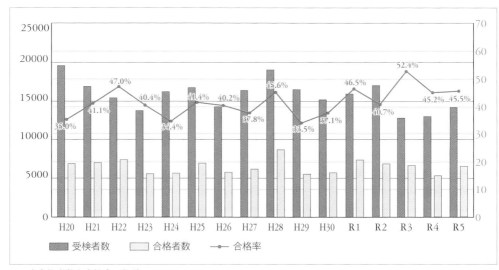

図1｜合格者数と合格率の推移

※合格率等最新情報や詳細については、一般財団法人 建設業振興基金のWebサイト（https://www.fcip-shiken.jp/）等で確認してください。

6 受 検 に 関 す る 問 い 合 わ せ 先

- 一般財団法人 建設業振興基金 試験研修本部
- TEL　03-5473-1581（代表）

※いずれについても、上記問い合わせ先、同基金のWebサイト（https://www.fcip-shiken.jp/）等で、確認してください。

2　試験問題の構成

第二次検定（実地試験）の問題は、第1問～第6問まであり、いずれも必須問題である。
ここでは過去7年間の出題分野をまとめている。

1　年度別の第二次検定出題内容

年度別の第二次検定（令和2年度以前は実地試験）の出題構成を、以下に示す。

分類			H29	H30	H30（臨時）	R1
問題1	経験記述	1	**施工の合理化** ❶工種または部位 ❷理由と実施内容 ❸確保しようとした品質と留意事項 ❹合理化ができたと考えられる理由	**建設副産物対策** 発生抑制、再使用、再生利用から3つ ❶対策種別 ❷工種名 ❸実施内容・留意事項 ❹副次的効果	**品質を確保した上での作業軽減および工期短縮事例を1つずつ** ❶工種名 ❷品質確保留意事項 ❸作業軽減・工期短縮に結び付く理由 ❹副次的効果	**品質管理事例** ❶工種名、要求された品質および品質管理項目 ❷設定理由 ❸実施内容・留意事項
		2	品質を確保した上での施工の合理化の方法で、建設資材発生抑制に効果がある ❶施工方法 ❷そう考える理由	建設廃棄物の適正な処理の事例を2つ ❶実施対策 ❷留意事項	労働生産性向上のための取り組みを2つ ❶取り組んだこと ❷得られる効果	❶作業所において組織的品質管理を行うための方法・手段 ❷それにより得られる効果
問題2	仮設・安全		仮設物配置計画上の検討留意事項記述（つり足場、起伏式（ジブ）タワークレーン、仮設ゴンドラ）	災害発生の恐れのある状況や作業の内容と防止対策（墜落・転落災害、電気による災害、車両系建設機械の災害）	仮設物設置計画作成上の留意事項記述（場内仮設道路、建設用リフト、排水（濁水）処理設備）	仮設物配置計画上の検討留意事項記述（荷受構台、鋼製仮囲い、工事用エレベーター）
問題3	躯体施工		❶既成コンクリート杭埋め込み工法 ❷鉄筋のバーサポートまたはスペーサ ❸コールドジョイント発生防止 ❹鉄骨耐火被覆のロックウール工法	❶平板載荷試験 ❷根切崩壊 ❸オールケーシング工法 ❹ガス圧接 ❺ガス圧接検査 ❻型枠組立 ❼コンクリートポンプ打設 ❽鉄骨スタッド溶接	❶平板載荷試験 ❷山留工事 ❸オールケーシング工法 ❹鉄筋機械式継手 ❺ガス圧接 ❻型枠積載荷重 ❼コンクリートポンプ打設 ❽鉄骨完全溶込み溶接	❶山留支保工の地盤アンカー ❷鉄筋組立 ❸普通コンクリートの密実打設施工法 ❹鉄骨の縦入れ直し
問題4	仕上施工		❶改質アスファルトシート防水 ❷タイル検査 ❸下葺アスファルトルーフィング ❹金属手摺伸縮調整 ❺吸水調整剤 ❻ステンレス製建具加工 ❼NAD ❽タイルカーペット	❶屋上アスファルトルーフィング張付け ❷外装合成樹脂エマルション系仕上げ ❸パラペット天端のアルミニウム笠木 ❹小口タイルの改良圧着張り	❶屋上アスファルト絶縁用シート ❷屋内床コンクリート直均し仕上げ ❸軽量鉄骨天井下地 ❹2丁掛タイルの密着張り	❶アスファルト防水密着工法 ❷外壁タイル張り ❸金属製折板葺き ❹軽量鉄骨壁下地 ❺セメントモルタル塗り ❻防煙シャッター ❼パテ処理 ❽石膏ボード直張り工法
問題5	施工管理		ネットワーク判読 RC造事務所、地下1階地上6階建（作業内容・所要日数・変更による見直し）	ネットワーク判読 RC造事務所、地下1階地上6階建（作業内容・所要日数・変更による見直し）	ネットワーク判読 RC造事務所、地下1階地上6階建（作業内容・所要日数・変更による見直し）	ネットワーク判読 RC造事務所、地下1階地上6階建（作業内容・所要日数・変更による見直し）
問題6	法規		**建設業法** ・施工体系図 **建基令** ・根切り・山留め **安衛法** ・職長教育	**建設業法** ・工事見積り等 **建基令** ・仮囲い **安衛法** ・事業者の責務	**建設業法** ・特定建設業者の下請代金支払等 **建基令** ・落下物の防護 **安衛法** ・元方事業者の責務	**建設業法** ・監理・主任技術者 **建基令** ・工事現場危害防止 **安衛法** ・特定元方事業者の責務

　記述問題　　　　穴埋め問題　　　　語句訂正問題　　　　その他の出題形式

平成30年度は、1級建築施工管理技術検定 実地試験と1級建築士の製図試験が重なったため、両方を受検する者を対象に臨時試験が実施された。

試験概要と試験対策のポイント

施工経験記述

仮設・安全

躯体施工

仕上施工　学科記述解説

施工管理

法規

過去問題と解答

R2

施工の合理化
❶工種または部位
❷実施内容・品質確保留意事項
❸合理化理由
❹副次的効果

❶工種または部位
❷品質を確保したうえでの合理化内容とコスト削減理由

安全使用留意事項(外部枠組足場・コンクリートポンプ車・建設用リフト)

❶つり足場
❷排水工法
❸埋込み工法
❹鉄筋
❺型枠(鋼管枠)
❻コンクリート打設
❼高力ボルト
❽現場溶接

❶タイル工事の接着剤張り
❷金属製折板屋根葺
❸ロックウール化粧吸音板
❹硬質ウレタンフォームの吹付け

ネットワーク判読
RC造事務所、地上6階・塔屋1階建(作業内容・所要日数・山崩し)

建設業法
・元請負人の義務
建基令
・値切り山留め工事
安衛法
・総括安全衛生管理者

分類		R3	R4	R5
問題1	経験記述 1	品質管理 ❶工種名 ❷品質目標および重点品質管理項目 ❸定めた理由および予測欠陥・不具合 ❹実施内容および確認・検査方法	施工の合理化 ❶工種名 ❷現場作業軽減のための実施内容と軽減必要理由 ❸低下が懸念された品質と品質確保のための施工上留意事項 (3事例をあげる)	品質管理 ❶工種または作業名 ❷品質管理項目とその設定理由 ❸実施内容および確認・検査方法
	2	❶品質管理活動の内容と協力会社への伝達手段・方法 ❷品質管理活動によってもたらされる良い影響	❶労働者確保を困難にしている建設現場の課題や問題点 ❷❶に効果のある建設現場の取組みや工夫	❶品質管理のための組織的取組み ❷その取組みによって得られる良い効果
問題2	仮設・安全	仮設物設置計画留意検討事項(仮設ゴンドラ・場内仮設事務所・工事ゲート)	災害発生状況または内容と防止対策(墜落転落災害・崩壊倒壊災害・移動式クレーンによる災害)	仮設物設置計画留意検討事項(くさび緊結式足場・建設用リフト・場内仮設道路)
問題3	施工管理	ネットワーク判読 RC事務所、地上6階・塔屋1階建(作業内容・フリーフロート・所要日数・山崩し)	ネットワーク判読 RC事務所、地上6階・塔屋1階建(作業内容・フリーフロート・変更による見直し)	ネットワーク判読 RC事務所、地上6階建(作業内容・最早開始時期・フリーフロート・変更による見直し)
問題4	躯体施工 仕上施工	躯体施工 ①既成コンクリート杭の埋込工法 ②柱・梁型枠の加工組立 ③コンクリート打込み後の養生 ④トルシア型高力ボルト締付	仕上施工 ①屋根保護防水断熱工法 ②フローリング釘留め工法 ③合成樹脂エマルション系塗材仕上 ④外壁鋼製建具取付	躯体施工 ①鋼製切梁支保工 ②鉄筋工事のバーサポートまたはスペーサー ③床型枠用鋼製デッキプレート ④普通コンクリートの密実な打込み
問題5	躯体施工 仕上施工 (五肢一択)	仕上施工(語句訂正) ①改質アスファルトシート防水 ②タイル張り ③金属板葺 ④セルフレベリング材 ⑤PCカーテンウォール ⑥研磨紙ずり ⑦壁紙施工 ⑧樹脂注入工法	躯体施工(穴埋め) ①平板載荷試験 ②機械式掘削 ③オールケージング工法 ④ガス圧接継手 ⑤コンクリート側圧 ⑥型枠締付 ⑦暑中コンクリート ⑧スタッド溶接	仕上施工(穴埋め) ①防水接着工法 ②タイル引張検査 ③金属板葺 ④鉄骨壁下地 ⑤セメントモルタル下地塗り ⑥アルミ建具工事 ⑦パテ処理 ⑧タイルカーペット
問題6	法規 (五肢一択)	建設業法(請負契約とみなす場合) 建基令(建て方) 安衛法(元方事業者の講ずべき措置等)	建設業法(特定建設業者の下請代金の支払期日等) 建基令(落下物に対する防護) 安衛法(元方事業者の講ずべき措置等)	建設業法(下請代金の支払) 建基令(根切り・山留工事の危害の防止) 安衛法(総括安全衛生管理者)

2 第二次検定出題傾向

第二次検定（実地試験）の出題傾向の要点は以下のとおりである。

- 問題1から問題6まであり、すべて必須問題である。
- 令和3年以降に、従来と大きく変わった出題形式は以下の通りである。
  - ▶ 従来は、「問題3 躯体施工」、「問題4 仕上施工」、「問題5 施工管理」であったが、その順序が 表1 のように変更された。
  - ▶ 問題5の躯体施工、仕上施工の語句修正問題が、従来の3者から間違いを1つ指摘して正しい語句または数値を記させる問題から、令和3年は下枠欄から選ぶ五肢一択問題に変わった。さらに令和4年は、五肢一択問題ではあるが語句修正ではなく、文章中の□抜きされた部分に当てはまる数値や語句を下枠欄から選ぶ穴埋め問題に変わった。
  - ▶ 問題6の法規の穴埋め問題が、自分で考えて数値や語句を記させる問題から、下枠欄から選ぶ五肢一択問題に変わった。
- 問題2の仮設・安全は、3項目についての留意事項等を2つずつ記述させる問題で、仮設と安全がほぼ交互に出題されている。
- 問題3の施工管理は、平成29年以降ネットワークの判読問題となっている。
- 問題4は4つの工法の留意事項を2つずつ記述させる記述問題（4問）、問題5は五肢一択の語句修正問題または穴埋め問題（8問）に固定され、躯体と仕上が交互に出題されている。
- 問題6の法規は、ここ10年以上は建設業法、建築基準法施行令、労働安全衛生法の穴埋め問題であり、令和3年以降は下枠欄から選ぶ五肢一択問題となっている。
- 第二次検定の合格基準は第一次検定と同様100点満点の60点である。ただし、問題の難易度や合格者数を勘案し、年度によっては合格点ラインを下げる（下駄をはかせる）場合もある。現に平成26年の合格最低ラインは58点であった。
- 問題ごとの配点は公表されていないが、各問題均等ではなく、問題1の経験記述の配点は他問題に比べてかなり高いと、言われている。
- 理想的には各問題とも65%程度の獲得を目指すのがよいが、問題2以降の難易度を考慮すると、問題1の経験記述では85%以上の獲得を目指すべきである。

表1 1級建築施工管理技術検定 第二次検定出題形式

問題	分類		回答方法	出題内容
1	経験記述	1	記述式	工事概要の記述 イ.工事名、ロ.工事場所、ハ.工事の内容、ニ.工期、ホ.あなたの立場
				工事概要であげた工事について、与えられたテーマに対する項目、留意点、理由、対策等を記述
		2		工事概要であげた工事にかかわらず、今日までの経験に照らして、与えられたテーマについて記述
2	仮設・安全		記述式	仮設物の計画上の留意点または作業場の安全対策について、3テーマに対しそれぞれ2つずつ記述 仮設と安全は1年おきにほぼ交互
3	施工管理		記述式 （一部穴埋め）	ビル建築工事のネットワークの読み取り問題 1.未記入の工種名または作業名を記述 2.与えられた条件から、前後作業名、総所要日数、フリーフロートを問う 3.条件変更となった場合の総所要日数、特定作業の開始・終了日を問う
4	躯体施工 仕上施工		記述式	4つの与えられた工種の施工上の留意事項を2つずつ記述 躯体と仕上が1年おきに交互に出題
5	躯体施工 仕上施工		語句修正 または 穴埋め	8つの文章の、それぞれ5カ所ずつのアンダーライン数値や語句から間違いを1つだけ指摘し、下枠の5つの代替用語（数値）から選択させる問題（R3：語句修正問題） 文章中の□抜き部分に当てはまる数値や語句を、下枠の5つから選択させる問題（R4：穴埋め問題） 躯体と仕上が1年おきに交互に出題
6	法規		穴埋め	法令の引用文章の□抜き部分に当てはまる数値や語句を、下枠の5つから選択させる問題

3 分野ごとの問題形式の特徴

経験記述を除いて、第二次検定（実地試験）の試験範囲は第一次検定（学科試験）の範囲とほとんど同じであるが、第一次検定が四肢一択問題であったのに対し、第二次検定はまったく出題傾向が変わっている。

四肢一択問題は、正確な語句や内容を覚えていなくても、その文章が正しいか誤っているかさえ判断できればよかった。これに対し、第二次検定は用語や留意点をある程度正確に覚えておかなければならない。「ある程度」と記したのは、問題の形式によって多少異なるからである。

重要ポイントはPart2、Part3で詳述するので、ここでは各問題（分野）における問題形式の特徴とそれに対する勉強の心構えおよび試験問題への対処の仕方を概略的に記す。

1　経験記述（問題1）記述式問題

- 前述のように、配点が最も多いと考えられる分野なので、一番時間をかけた準備が必要である。
- 工事概要の書き方は平成15年度以降同じである。テーマは平成15年度以降では「品質管理」、「建設副産物対策」、「施工の合理化」の3つだけに固定されており、問いのニュアンスが少しずつ異なるだけである。
- したがって、どのテーマが出ても完璧に書けるような準備をしておくべきであり、またその準備ができなければ合格は難しいと覚悟すべきである。
- なお、令和3年以降は、従来の2級の経験記述と同様、工事概要として「ヘ　あなたの業務内容」が追加された。

2　仮設・安全（問題2）記述式問題

- いずれも2～3行程度で留意点や対策を記させる問題である。
- この問題は、「聞いたことがない」というような用語はないはずであり、基本的内容を理解していればある程度は書ける問題である。
- つまり、第一次検定に合格した者なら、「飛来落下災害の防止対策」と言われて全くお手上げではなく、何か書けるはずである。
- だから、余程見当はずれのことを書かない限り、満点でなくても60～70点以上程度は獲得できると考えられる。
- この問題のポイントは、キーワードを如何に多く思い付くかということである。例えば、前述の「飛来落下災害の防止対策」ならば、「2m以上張り出した防護棚（朝顔）を設置する」とか、「高さ10cm以上の幅木を設置する」とかの数値を記すに越したことはないが、「防護棚」、「幅木」、「投下設備」、「メッシュシート」、「監視人」、「立入禁止措置」などの用語を思い付くことのほうが重要である。

- 「2m以上張り出し、水平と20〜30度の角度を持つ防護棚を設置する」と書けば満点であるが、「落下防止の跳ね出しを設ける」と書いても70〜75点は獲得できる。つまり、最低限、「当らずとも遠からず」的な記述をすべきということである。
- 過去10数年間の出題を見ると、同じような問題がいくつか見られる。勉強に際しては、ひとつひとつ覚えるというより、どのような仮設であるか、どのような事故であるかの再確認を行うだけでよいと思われる。もし、過去問題で知らない仮設があれば少なくともどんなものかだけは把握しておいてほしい。
- ただし、「理由を記せ」とか「具体例をあげて」とか「○○に関するものは除く」というような出題内容になっている場合があるので、問題を最初によく読む必要がある。
- 重要なことは、2つ記せと指定されれば、必ず、どんな稚拙と思われることでも何とかひねり出して2つ記すべきである。2つ記すべきところを1つしか記さなければ、その問題は50点満点からの採点になるということを理解しておくべきである。

3　施工管理（問題3）ネットワーク判読問題

- 平成28年まではバーチャート判読問題であったが、平成29年以降7年連続でネットワークの判読問題が出題されている。
- ネットワークの判読問題は建築以外の施工管理技術検定の第一次検定、第二次検定でも出題されているが、いずれも建設関連には門外漢であっても、ネットワークそのものの知識を有しておれば解ける問題である。
- しかし、建築施工管理技術検定 第二次検定（実地試験）のこの問題は、ネットワークの知識に加えて、ビル1棟分程度の建築の総合施工管理を経験しているゼネコンの社員に有利な問題となっており、偏った経験しかない専門工事業者と差が出るのは致し方ない。
- ただし、ここ5年間の問題は、工種の順序についてかなりの造詣が深い受検者でなくても、ある程度は想定のつく問題であった。
- 今後、難解さを増してくる可能性があるが、とりあえず平成29年以降の問題を読み返し、理解を深めておく必要がある。
- いずれもダミーを何処に引くかということがカギになる。

4　躯体・仕上げ（問題4）記述式問題

- 問題2の仮設・安全と出題形式は同じであり、例年4問ずつの出題で2つずつ留意事項等を記させる問題である。
- 問題への対処の仕方は問題2と同じであるが、この分野は仮設・安全に比べて用語がわからない受検生もおられるかもしれない。
- これも、何回か類似問題が出題されていることもあり、過去10年間の出題を見て、もしわからない用語があれば、どんな用語かくらいは把握しておいてほしい。ここにはあまり時間をかけた勉強はできないであろうが、最低限、「まったく意味がわからない」というようなことのないようにだけはしておいてほしい。

例えば、シーリング、塗装、左官、防水など化学的、薬品的要素の強い材料を使用する工種においては「所定の配合割合」とか「所定時間内に使い切れる量」というのがキーワードである。タイル・左官・防水・塗装とも、下地は「平滑」、「濡れていない」、「突起物除去」などがキーワードである。固有の留意点を書いたほうが得点は高いが、思い付かなければこのような共通の留意点でも書かないよりましである。

5 躯体・仕上げ（問題5）語句修正問題または穴埋め問題

- 令和3年は、1つの文章中に引いたアンダーラインのうちの1つだけが間違いであり、それを下枠の5つから選んで正しい語句または数値に修正する問題（語句修正問題）、令和4年と令和5年は、文章中の□の中に当てはまる語句や数値を、下枠の5つから選ばせる問題（穴埋め問題）（五肢一択問題）である。1年間でこのような変更があったので、今後どちらの形式になるかわからないが、いずれにしても五肢一択問題である。

- 一般的に、語句修正問題や穴埋め問題は簡単なように思われるが、その数値や用語を覚えていなかったり思いつかなかったりすれば、どうしようもなく、まったくの当てずっぽうで書かねばならないことになる。

- しかし、令和3年以降の新形式の問題は、下枠に数値や語句が記されているので、数値や語句が全く思い浮かばずお手上げということにはならないので、比較的取り組みやすくなったと考えられる。

- 語句修正問題の場合の問題を前にしての対処の仕方としては、「これが間違いだとしたら、ほかの4つは正しい」ということであり、通して読んでみて、もっとも違和感のないものを選ぶということになろう。

- 5肢択一の穴埋め問題は、3つの□に入る数値や用語の組み合わせであり、1つだけは自信がある問題であれば、そこから2～3に絞り込める。例えば、令和4年の問題5の3の場合、オールケーシングで用いる掘削用具はハンマーグラブであるという常識を知っていれば、ⓑは①、②、⑤のいずれかとわかる。一次スライム処理なので、ⓒは底ざらいバケットではなく沈殿バケットであることも知っていれば、①か②にまでは絞り込め、あとはⓐが5mか10mかを推定するだけである。

6 法規（問題6）穴埋め問題

- 法例文の中の□で抜いてある部分の用語や数値を答えさせる問題で、問題形式としては極めて単純であり、回答には時間がかからない。

- 法規は第一次検定に向けて真面目に勉強していればそれほど難しくはない。穴埋め問題は過去の繰り返し条文が多いので、最低限、10年間の過去問題をチェックしておくべきである。何が□抜きされるかわからないので、第一次検定の時にどこまで重要な語句や数値を覚えていたかが問われる（法規の問題6は、令和3年の場合は初めての出題条文は1つだけであり、令和4年、令和5年の場合は初めての出題条文はなかった）。

- 従来は下枠がなかったので、その語句や数値を思いつかなければ解けなかったが、令和3年以降は問題5の語句修正問題と同様下枠の5つから選択する形式に変わったので、比較的取組みやすくなった。

試験概要と試験対策のポイント

施工経験記述

仮設・安全

躯体施工

仕上施工

学科記述解説

施工管理

法規

過去問題と解答

- しかも、法令条文の□抜きなので、似たような語句ではだめで、漢字を含めた正しい語句をジャストフィットさせなければならなかったが、五肢一択問題ではそのような漢字の書き間違いの心配はなくなった。

- また、「こんな単語を□抜きするのか?」と思えるような、重要単語というより国語的センスを問われる問題が多かったが、五肢一択問題では、少なくとも「用語や数値が思いつかない」という心配はなく、どれが違和感なくフィットするかに気を配ればよいことになる。

- 例えば、令和3年の問題6の6の場合、国語的意味からは「是正」か「改善」のいずれかまでには絞り込めるはずである。過去の繰り返し問題条文なので、チェックしていれば解けるはずである。

- 法規は、この穴埋め問題に加え、時々元請─下請関係の系統図から、監理技術者・主任技術者の別、再下請負通知人の別の問題が出ている。これが出れば文章中の穴埋め問題よりは点数を稼ぎやすいので、必ず正解してほしい。

「1級建築施工管理技術検定試験」の最新情報を入手する

「1級建築施工管理技士」は国土交通省が認定する資格で、「1級建築施工管理技術検定」に合格することで得られる資格である。

「1級建築施工管理技術検定」は、第一次検定・第二次検定ともに、建設業法の規定に基づいて、国土交通大臣が指定した指定試験機関である「一般財団法人 建設業振興基金 試験研修本部」が実施している。「1級建築施工管理技術検定」に関する最新情報は、「一般財団法人 建設業振興基金」に問い合わせたり、Webサイトで調べることで入手できる。

Webサイトでは、受検に際して、実務経験として認められる内容、海外の学校を卒業した場合などの詳細が調べられる。まずは同センターのWebサイトで、最新情報を確認しておきたい。

問い合わせ先

一般財団法人　建設業振興基金　試験研修本部

TEL　　　03-5473-1581
e-mail　　k-info@kensetsu-kikin.or.jp
URL　　　http://www.fcip-shiken.jp

PART 2

施工経験記述

1 施工経験記述の問題例

POINT
出題傾向と
ポイント

- 施工経験記述の問題は「問題1」として出題され、最も配点が高いと考えられる。
- 以下は令和5年度の「問題1」であるが、テーマが異なるだけで、過年度はほぼ同じ出題形式である。

1級建築施工管理技術検定 第二次試験〔令和5年度〕出題の【問題1】

　建築工事の施工者は、発注者の要求等を把握し、施工技術力等を駆使して品質管理を適確に行うことが求められる。

　あなたが経験した建築工事のうち、要求された品質を満足させるため、品質計画に基づき品質管理を行った工事を1つ選び、工事概要を具体的に記入した上で、次の1.及び2.の問いに答えなさい。

　なお、建築工事とは、建築基準法に定める建築物に係る工事とし、建築設備工事を除くものとする。

〔工事概要〕

イ．工　事　名

ロ．工　事　場　所

ハ．工　事　の　内　容　　新築等の場合：建物用途、構造、階数、延べ面積又は施工数量、
　　　　　　　　　　　　　　　　　　主な外部仕上げ、主要室の内部仕上げ
　　　　　　　　　　　　　改修等の場合：建物用途、建築規模、主な改修内容及び施工数量

ニ．工　　期　　等　　　（工期又は工事に従事した期間を年号又は西暦で年月まで記入）

ホ．あなたの立場

ヘ．あなたの業務内容

1.　工事概要であげた工事で、あなたが現場で**重点的に品質管理**を行った事例を**3つ**あげ、それぞれの事例について、次の①から③を具体的に記述しなさい。

　　ただし、**3つの事例の①は同じものでもよいが、②及び③はそれぞれ異なる内容**を記述するものとする。

　①　**工種名又は作業名等**
　②　施工に当たって設定した**品質管理項目**及びそれを**設定した理由**
　③　②の品質管理項目について**実施した内容**及びその**確認方法又は検査方法**

2.　工事概要にあげた工事に係らず、あなたの今日までの建築工事の経験を踏まえて、次の①及び②を具体的に記述しなさい。

　　ただし、1.の③と同じ内容の記述は不可とする。

　①　品質管理を適確に行うための作業所における組織的な**取組**
　②　①の取組によって得られる**良い効果**

1級建築施工管理技術検定 第二次試験【問題1】の解答欄の例

解答用紙は公開されていないが、以下のような欄があると思われる用紙に記入する。

〔工事概要〕

イ	工　事　名	
ロ	工　事　場　所	
ハ	工　事　の　内　容	
ニ	工　期　等	
ホ	あなたの立場	
ヘ	あ　な　た　の　業　務　内　容	

1.

<table>
<tr><td rowspan="3">事例1</td><td>①</td><td></td></tr>
<tr><td>②</td><td></td></tr>
<tr><td>③</td><td></td></tr>
<tr><td rowspan="3">事例2</td><td>①</td><td></td></tr>
<tr><td>②</td><td></td></tr>
<tr><td>③</td><td></td></tr>
<tr><td rowspan="3">事例3</td><td>①</td><td></td></tr>
<tr><td>②</td><td></td></tr>
<tr><td>③</td><td></td></tr>
</table>

2.

①	
②	

試験概要と試験対策のポイント

[1] 施工経験記述の問題例　施工経験記述

仮設・安全

躯体施工

仕上施工　学科記述解説

施工管理

法規

過去問題と解答

2 工事の選び方と過去問題の特徴

試験概要と試験対策のポイント

施工経験記述

仮設・安全

躯体施工

仕上施工

学科記述解説

施工管理

法規

過去問題と解答

POINT
出題傾向と
ポイント

● 経験記述事例の選び方は重要で、事例としてふさわしくないと判断されると採点対象とならない恐れがある。

2-1 経験記述事例工事の選び方

― 試験実施機関である一般財団法人 建設業振興基金 試験研修本部では、建築施工管理に関する必要な実務経験年数として認められる工事種別・工事内容等を、毎年「受検の手引」に掲載している。

― 令和6年度の「受検の手引」(旧受検資格用)によると、以下の 表1 、 表2 、 表3 、 表4 のとおりとなっている。

表1 **実務経験として認められる工事種別(業種)・工事内容**

工事種別	主な工事内容(建築工事として実施された工事に限る)
建築一式工事	事務所ビル建築工事、共同住宅建築工事 等
大工工事	大工工事、型枠工事、造作工事 等
とび・土工・コンクリート工事	とび工事、足場仮設工事、囲障工事、(PC、RC、鋼)杭工事、コンクリート工事、地盤改良工事 等
鋼構造物工事	鉄骨工事、屋外広告工事 等
鉄筋工事	鉄筋加工組立工事、ガス圧接工事 等
タイル・レンガ・ブロック工事	コンクリートブロック積み工事、レンガ積み工事、ALCパネル工事、サイディング工事 等
左官工事	左官工事、モルタル工事、吹き付け工事、とぎ出し工事、洗い出し工事 等
石工事	石積み(張り)工事、エクステリア工事 等
屋根工事	屋根葺き工事 等
板金工事	建築板金工事 等
ガラス工事	ガラス加工取り付け工事 等
塗装工事	塗装工事 等
防水工事	アスファルト防水工事、モルタル防水工事、シーリング工事、塗膜防水工事、シート防水工事、注入防水工事 等
内装仕上工事	インテリア工事、天井仕上工事、壁張り工事、内部間仕切り壁工事、床仕上工事、畳工事、ふすま工事、家具工事、防音工事 等
建具工事	金属製建具取り付け工事、金属製カーテンウォール取り付け工事、サッシ取り付け工事、シャッター取り付け工事、木製建具取り付け工事 等
熱絶縁工事	建築断熱工事 等
解体工事	建築物解体工事

※ 上記工事種別による増改築等の工事は、実務経験と認められます。

表2 **実務経験として認められる従事した立場**

表1 の工事に従事した立場

施工管理:受注者(請負人)の立場で施工を管理(工程管理、品質管理、安全管理等を含む)した経験
設計監理:設計者の立場での工事監理業務の経験
施工監督:発注者側の立場で現場監督技術者等としての工事監理業務の経験

表3 | 建築施工管理の実務経験として認められない工事種別（業種）・工事内容・業務等

土木一式工事	トンネル、橋梁、歩道橋、地下道、鉄道、線路、プラットホーム、ダム、河川、護岸、港湾土木、閘門、水門等門扉設置、道路、舗装、下水道、下水道管埋設、農業用道路、農業用水路、しゅんせつ、造園、さく井 等の工事
電気工事	発電設備、変電設備、送配電設備、構内電気設備、引込線、電車線、信号設備、ネオン装置 等の工事
電気通信工事	電気通信線路設備工事、電気通信機械設置工事、放送機械設置工事、放送設備工事、アンテナ設備工事、空中線設備工事、携帯電話設備工事、データ通信設備工事、情報制御設備工事、TV電波障害防除設備工事、CATVケーブル工事、コンピューター機器設置工事 等の工事
機械器具設置工事	プラント設備工事、エレベーター設備工事、運搬機器設置工事、集塵機器設置工事、給排気機器設置工事、揚排水（ポンプ場）機器設置工事、ダム用仮設工事、遊技施設設置工事、舞台装置設置工事、サイロ設置工事、立体駐車設備工事 等の工事
管工事	冷暖房設備工事、冷凍冷蔵設備工事、空気調和設備工事、給排水・給湯設備工事、厨房設備工事、衛生設備工事、浄化槽工事、水洗便所設備工事、ガス管配管工事、ダクト工事、管内更生工事、水道施設工事、浄水施設工事、排水処理施設工事、下水処理施設設備工事、ごみ処理施設工事、し尿処理施設工事 等の工事
消防施設工事	屋内消火栓設置工事、スプリンクラー設置工事、水噴霧・泡・不燃性ガス・蒸発性液体または粉末による消火設備工事、屋外消火栓設置工事、動力消防ポンプ設置工事、火災報知設備工事、漏電火災警報器設置工事、非常警報設備工事、金属製避難はしご・救助袋・緩降機・避難橋または排煙設備の設置工事 等の工事
熱絶縁工事	冷暖房設備・冷凍冷蔵設備・動力設備または燃料工業、化学工業等の設備の熱絶縁工事
建築工事として実施されなかった次の工事（土木工事として実施したもの等はすべて不可）	とび・土工・コンクリート工事、石工事、タイル・れんが・ブロック工事（築炉等）、鋼構造物工事、鉄筋工事、板金工事、ガラス工事、塗装工事（橋梁塗装、鉄塔塗装 等）、防水工事、（建築物以外の）解体工事

※ 建築工事（建築基準法に基づく建築物等）以外は、実務経験として認められません。

表4 | 建築施工管理の実務経験として認められない業務等

建築工事の施工に直接的に関わらない右のような業務等	● 工事着工以前における設計者としての基本設計、実施設計のみの業務 ● 設計、積算、保守、点検、維持、メンテナンス、事務、営業などの業務 ● 測量地盤調査業務、工事現場の事務、積算、営業等の業務 ● 工事における雑役務のみの業務、単純な労働作業など ● 研究所、教育機関、訓練所等における研究、教育または指導等の業務 ● 入社後の研修期間 ● 人材派遣による建設業務（土木、建築その他の工作物の建設、改造、保存、修理、変更、破壊もしくは解体の作業またはこれらの準備の作業に直接従事した業務は、労働者派遣事業の適用除外の業務のため不可。ただし、建築工事の施工管理業務は除く）

※ その他 建築工事とは認められない工事・業務はすべて受検できません。

- 表1 ～ 表4 における認められる工事・認められない工事は、受検願書を受け付けてもらえるかどうかの判定指針となるものであるが、第二次検定の施工経験記述においても、その判定指針に準じて採点されると考えられる。
- この経験記述事例の選び方は重要であり、折角苦労して書いても、「経験記述事例としてふさわしくない工事」と判断されれば、採点対象とならない恐れがあるので、注意して選んでいただきたい。
- 表1 ～ 表4 の認められる工事、認められない工事の別は、毎年ほとんど変わらないが、新工法や新機種の開発により、若干変わる場合があるので、受検年度の「受検の手引」を読んで確認しておくべきである。

2-2 認められないまたは選ばないほうがよい工事

- 筆者の模擬答案添削の経験上、経験記述事例として認められないと考えられる工事を以下にいくつか列挙する。これはやや安全側を見て「選ばないほうがよい」と判断したグレーゾーンの工事もあるので、どうしてもその工事しか経験事例がないという方は試験実施機関に確認していただくことをお勧めする。

1 鉄塔、広告塔、タンク等の建設工事は認められない

- 送電線や通信線専用の鉄塔、広告搭、タンク、サイロ等は工作物扱いである。
- 出題では建築基準法に定める建築物（建築設備を除く）となっているので、鉄塔、広告搭、タンク、サイロ等の工作物を事例に取り上げてはならない。
- ただし、東京スカイツリーなどの展望室を含む搭は建築物とみなされている。

2 駅関連の施設を事例に取り上げるときは要注意

- 建築物は「プラットホームの上屋を除く」と定義されている。
- 駅のコンコース内にある商店や事務所の改装工事、パーティション工事は認められるが、工事名に「○○駅」という用語が含まれている時は、プラットホームの上屋と誤解されないような工事名であるかどうかの注意が必要である。

3 建築物の解体だけの工事はできるだけ避けたほうがよい

- 「受検の手引」には、建築物の解体工事が認められると記してあるが、これはこの工事の経験が受検資格として認められるということである。
- しかし、解体だけの工事を選ぶと、テーマによっては記述が極めて難しくなる。
- 建設副産物対策や施工の合理化の課題の場合はまだしも、品質管理はどのように書いてよいか悩むことになる。品質管理とは基本的に「引渡し物（本設物）」についての機能、性能、精度の管理」であり、構造物が無くなってしまう解体工事では、何をもって品質とみなせるのかということになる。
- したがって、解体工事を選ぶこと自体で採点対象外となるわけではないが、筆者は、できるだけ解体だけの工事は選ばないほうがよいと指導している。

4 仮設だけを請け負った工事はできるだけ避けたほうがよい

- 元請から足場だけや土留支保工だけを請負った工事は、建築の経験記述事例として認められないわけではないが、これも3同様、テーマによっては記述が極めて難しくなる。建設副産物対策や施工の合理化の課題の場合はまだしも、品質管理の場合は元請への引渡し物が仮設物であるため、非常に書きにくい。例えば、足場の場合、労働安全衛生法に準じた建地間隔や手すり高さを遵守してそれを引き渡したということは、広義には顧客（元請）に対する品質確保ということになろうが、採点者が、「これは安全管理と混同している」と判断する恐れがある。足場や土留支保工の請い専門業者の方にとっては苦しいが、筆者は、できるだけ仮設だけの工事（特に品質管理において）は選ばないほうがよいと指導している。

工事規模についての注意

工事規模については特に「受検の手引」に明記されていないが、筆者の調査では、建築一式工事なら請負金4,500万円以上程度、建築一式以外の工事なら請負金3,000万円程度以上が望ましいと考えられる。

1級は監理技術者になるための資格であり、建設業法改正以前においては、監理技術者は、建築一式工事で下請合計金額4,500万円以上、それ以外の工事で3,000万円以上の元請け工事の技術管理を行うものであったので、これにふさわしい規模ということである。

また、2級は主任技術者になるための資格であり、無許可業者規模の工事（建設業許可がなくても請け負えるような建築一式工事で1,500万円未満、それ以外で500万円未満の工事）を取り上げるのは好ましくないということである。

したがって、1級では安全を見て建築一式で5,000万円以上程度、それ以外で3,500万円以上程度の工事を選ぶことが望ましい。

金額を記す欄はないが、施工量と工期を見れば採点者には大体見当が付く（「3-5｜工期」で、2カ月以上と記したのも、その程度の工期でないと4000万～5,000万円以上の規模にならないであろうという意味が含まれている）。

特殊な施工条件の場合は別として、個人住宅で坪（3.3m²）当たり50万円とすると、4,000万～5,000万円になるためには、延べ面積270～330m²程度が必要である。したがって余程の豪邸でもない限り個人住宅1棟の事例を選ぶべきではない。

建築物は、用途によってグレードが異なるが、倉庫や車庫や工場以外は個人住宅よりも坪単価は高いと思われる。したがって、一応上記延べ面積300m²以上程度が目安となると考えてよいであろう。

2-3 過去問題の内容

- 表1（次ページ）に過去問題の内容を示す。左から3列目（テーマ含む）があなたが選定した工事事例について（問題1-1）、最右列が選定事例に係わらず今までの工事経験に照らして（問題1-2）記す内容である。

- 平成15年度以降は、「品質管理」、「建設副産物対策」、「施工の合理化」の3テーマしか出ていない。

- 平成19年度以降は上記3テーマの出題順序が一定になっていた。しかし、平成28年度は、この順序とおりなら「施工の合理化」ということになるという予想に反し、「品質管理」の出題であった。ヤマかけで「施工の合理化」しか用意していなかった受検生は戸惑ったと思われる。

- 複数記述の場合は、工種名は同じでも異なっていても差し支えないが、対策や実施内容が類似であってはいけない。

- 選定事例で記した対策（問題1-1）と、選定事例にこだわらない対策（問題1-2）が重複してはいけない。つまり、両者で類似対策を記してはいけない。

- 「ただし・・・・に関する記述は除く」という注釈が付いている場合があるので、要注意（平成14～17、21、25）。特に、平成25年度は、施工の合理化について「プレカット」を用意していた受検生も多いと思われるので、とまどったかもしれない。

- 最近の「施工の合理化」は、「品質を確保した上での施工の合理化」とか、「施工の合理化以外の派生効果または副次的効果」も合わせて書かせるような設問に変わってきている。つまり、3テーマすべてが混在した出題内容に変わってきているということである。従って、1つだけではなく、3テーマのどれにも当てはまる事例を用意しておくことが望ましい。

試験概要と試験対策のポイント

施工経験記述

仮設・安全

躯体施工

仕上施工

学科記述解説

施工管理

法規

過去問題と解答

表1 | 過去問題の内容

年	テーマ	事例工事について（問題1-1）	今までの工事経験に照らして（問題1-2）
平成26年	品質管理	①設計図書などから読み取った要求品質と定めた重点品質管理目標 ②重点品質管理目標達成のために設定した品質管理項目と定めた理由 ③品質管理項目について実施した内容	①作業所における組織的な品質管理活動はどのように行ったらよいと思うか ②組織的な品質管理活動を行うことによりどのような効果が得られると思うか
平成27年	建設副産物	発生抑制について2つ、再生利用について1つ記述 ①工種名 ②計画・実施した内容 ③結果と波及効果	現場で分別された産業廃棄物の適正処分にあたっての留意事項を2つ、産業廃棄物をあげて具体的に記述
平成28年	品質管理	品質管理活動事例を2つあげ以下について記述 ①発注者や設計図書等により要求された品質およびその品質を満足させるために特に設定した品質管理項目、工種名 ②品質管理項目について取り上げた理由 ③品質管理項目をどのように管理したのかの実施内容	品質管理目標、品質管理項目および活動内容を協力業者等に、周知するため、およびそれらに基づいて施工されていることを確認するための方法・手段を具体的に記述
平成29年	施工の合理化	発生品質を確保した上で計画した施工の合理化事例を2つ記述 ①工種または部位等 ②施工の合理化が必要となった原因と実施した内容 ③実施する前に確保しようとした品質と留意事項 ④実施したことにより施工の合理化ができたと考えられる理由	品質を確保した上で行う施工の合理化の方法であって、建設資材の発生抑制に効果があると考えられるものについて以下を記述 ①施工方法 ②そう考える理由
平成30年	建設副産物	発生品質を確保した上で計画した施工の合理化事例を2つ記述 ①工種または部位等 ②施工の合理化が必要となった原因と実施した内容 ③実施する前に確保しようとした品質と留意事項 ④実施したことにより施工の合理化ができたと考えられる理由	品質を確保した上で行う施工の合理化の方法であって、建設資材の発生抑制に効果があると考えられるものについて以下を記述 ①施工方法 ②そう考える理由
平成30年（臨時）	施工の合理化	品質を確保した上での現場作業軽減および工期短縮事例を1つずつ ①工種または部位等 ②実施したことと品質確保のための留意事項 ③実施したことが現場作業の軽減または工期の短縮に結び付く理由 ④現場作業の軽減または工期の短縮以外に得られた副次的効果	労働生産性の向上のための取り組みについて2つ記述 ①取り組んだこと ②それによって得られる効果
令和元年	品質管理	重点的に品質管理を実施した事例を2つ記述 ①工種名、要求された品質およびその品質を実現させるために設定した品質管理項目 ②その品質管理項目を設定した理由 ③その品質管理項目について、実施した内容および留意した内容	以下について記述 ①作業所において、組織的な品質管理を行うための方法や手段 ②その方法や手段で組織的な品質管理を行うことによって得られる効果
令和2年	施工の合理化	労務工数軽減、工程短縮などの施工の合理化の2事例を記述 ①工種または部位等 ②実施した内容と品質確保のための留意事項 ③実施した内容が施工の合理化となる理由 ④施工の合理化以外に得られた副次的効果	施工の合理化の取組みのうち、品質を確保しながらコスト削減を行った2事例を記述 ①工種または部位等 ②施工の合理化の内容とコスト削減できた理由
令和3年	品質管理	現場で重点を置いて実施した品質管理の2事例を記述 ①工種名 ②品質の目標および重点品質管理項目 ③重点品質管理項目を定めた理由および発生を予測した欠陥または不具合 ④実施した内容およびその確認方法または検査方法	現場で行う品質管理活動について ①品質管理活動の内容および協力会社への伝達手段または方法 ②品質管理活動によってもたらされる良い影響
令和4年	施工の合理化	品質を確保した上での、施工の合理化から労働生産性の向上に繋がる現場作業の軽減を図った3事例 ①工種名 ②現場作業軽減のための実施内容と軽減必要理由 ③実施の際の低下が懸念された品質と品質確保のための留意事項	現場の労働者確保に関して ①確保を困難にしている現場の課題や問題点 ②①に効果ある建設現場での取組や工夫
令和5年	品質管理	現場で重点的に品質管理を行った3事例 ①工種または作業名等 ②施工にあたって設定した品質管理項目およびそれを設定した理由 ③その品質管理項目について実施した内容およびその確認方法または検査方法	①品質管理を的確に行うための作業所における組織的な取り組み ②その取り組みによって得られる良い効果

平成30年度は、1級建築施工管理技術検定 実地試験と1級建築士の製図試験が重なったため、両方を受検する者を対象に臨時試験が実施されたため、2回試験が行われている

3 〔工事概要〕の書き方

POINT
出題傾向と
ポイント

● 〔設問1〕の解答が無記載または記入漏れがある場合、採点の対象とならない。
● 経験した工事でないことが判明した場合は失格となる。

3-1 〔工事概要〕に関しての注意

－ 土木施工管理技術検定 第二次検定の問題には、「あなたが経験した工事でないことが判明した場合は失格となります」と記してある。建築施工管理技術検定 第二次検定の問題にはこのような注意書きはないが、盗用解答や創作工事であると判明した場合は失格となることは事実である。

－ それでは、どのようにして「判明する」のか?　それは、採点者が答案用紙から判断するということである。受検者が願書提出時に添付した経歴書と対照させながら採点するわけではない。経歴書に記していない工事を選んでも、一向に差支えない。経験した工事をすべて経歴書に記さない受検者がいてもおかしくないからである。

－ それでは、どのような判断根拠なのか?　それは、「**内容に矛盾のある答案**」と「**記すべきことを記していない答案**」ということである。

－ 例えば、工事概要のイ～へのうち工事場所だけが書いていないとか、工期だけが書いていない場合は、「あなたが経験した工事でないから書けないのだろう」と採点者が判断する根拠の一つである。このような場合は減点ではなく0点となるということである。

－ また、「東京都庁第2庁舎新築工事」というような有名工事の工事期間を2015年1月～2018年12月なんて記せば、明らかに嘘である。有名工事でなくても、採点者がたまたまその工事のことを知っていて、「そんな時期にこの工事が完成したはずはない」とか、「この工事はそんな大きな規模であるはずがない」と判断すれば、創作工事とみなされ、失格答案となる。

－ このように、「あなたが経験した工事でない」と判断される場合を含めて、「工事概要」の書き方のポイントを以下に記す。

3-2 工事名

1　固有名詞が含まれていること

－ 必ずしも正式な契約工事名にこだわる必要はないが、得意先名、工事の場所（地区、工区名等）、建物の種類（事務所ビル、マンション、病院等）、建築の種類（新築、増築、改修）等が具体的にわかるような名称（固有名詞が入っている）となっていなければならない。

－ 単に、マンション新築工事、病院改修工事というような工事名称を書けば、採点対象外となる。これは、「あなたが経験した工事でないから固有名詞を書けないのだろう」と採点者が判断する根拠の1つである。

－ 例えばマンション新築工事のうちの内装工事のみを請け負った場合でも、「○○マンション新築工事における内装工事」とか「○○マンション新築工事（内装工事）」のように、必ず固有名詞を含めて記述する。

試験概要と試験対策のポイント

3. 〔工事概要〕の書き方 施工経験記述

仮設・安全

躯体施工

仕上施工 学科記述解説

施工管理

法規

過去問題と解答

2 ┃ 建築工事であること

- 工事名は、「2-1 経験記述事例工事の選び方」(024ページ)に示した建築工事であることがわかる名称になっていなければならない。

- 「2-1 経験記述事例工事の選び方」に示すように、駅関連の建築物はプラットホーム上屋でないことが明確であるような工事名とすべきである。また、「2-2 認められないまたは選ばないほうがよい工事」(026ページ)記したように、「・・・・解体工事」というような解体だけの工事や、「・・・・足場工事」というような仮設だけの工事は避けたほうがよい。

- 新築、増築、改築(改修)工事の別がわかるような工事名であること。「○○マンション建築工事」では、新築か改修かわからない。新築か改修かによって、「ハ 工事の内容」の書き方が異なるからである。

3 ┃ 工事名の例

- 工事名の良い例、悪い例を **表1** に記す。

表1 ┃ 工事名の良い例・悪い例

悪い例	悪い理由	良い例
病院新築工事(外壁工事)	固有名詞がない	△△病院新築工事(外壁工事)
共同住宅改修工事	固有名詞がない	○○共同住宅改修工事
○○病院建築工事	新築、増築、改修の別が不明	○○病院新築工事
Y病院改修工事	頭文字だけではなく正式な名称を記す	吉田病院改修工事
○○マンション耐震化	工事名になっていない	○○マンション耐震改修工事
○○貯蔵タンク設置工事	工作物であり建築工事ではない	
××地区再開発に伴う解体工事	工事名が解体工事だけの工事は品質管理が記述し難い	××地区再開発における○○ビル改修工事
○○ビル新築工事(足場工事)	工事名が仮設だけの工事は品質管理が記述し難い	○○ビル新築工事(躯体工事)
○○○通信鉄塔建設工事	鉄塔工事は建築工事とみなされない	
○○駅改修工事	プラットホーム上屋とみなされる恐れがある	○○駅商業ビル改修工事
(仮称)○○○銀行改修工事	工事が終わっているので、いつまでも(仮称)を付けておくのはおかしい	○○○銀行改修工事

※ 以前、筆者の受検対策セミナー受講者から、「顧客との秘密保持契約上、固有名詞を記すことができないので、A社やB病院のような工事名称でもよいか」という質問があった。試験機関に問い合わせたところ、「解答内容については外部に決して漏れることがないので、正しい固有名詞を記して欲しい」とのことであった。

3-3 工事場所

- できるだけ番地、号まで記す。

- 建築工事は土木の道路工事や鉄道路線工事のように範囲があるわけではないので、番地が特定されるはずであり、契約書には必ず工事場所を番地、号まで記すはずである。

- 外国の地名を書いてはならない。あくまでも日本で行った工事を書く。

- 「工事場所」の良い例、悪い例を **表2** に記す。

表2 ┃ 工事場所の良い例・悪い例

悪い例	悪い理由	良い例
○○県△△市	できるだけ番地・号まで記す	○○県△△市××町2-3-15
JR東京駅構内	住所が記されていない	東京都千代田区丸の内1-○-××
831 3rd Ave, NY 10022	外国の地名はダメ	

3-4 工事の内容

1 ┃ 新築工事、増築工事

- 「工事の内容」には以下のような項目を記入する。

［1］ **建物用途**：事務所、共同住宅、病院、工場等の種別

［2］ **構造**：鉄筋コンクリート造、鉄骨造、木造等(RC造、SRC造、S造、W造等)

［3］ **階数**：8階建て、地上6階地下1階、平屋建等(8F、6F/B1F等)

［4］ **延べ面積、施工数量等**：建築一式工事の場合は延べ面積：5,500m²等
仕上工事、躯体工事の場合は施工数量：塗装面積6,000m²、鉄骨建方1,300t等

［5］ **主な外部仕上げ**：小口タイル張り、塗装仕上等

［6］ **主要室の内部仕上げ**：天井－クロス張り、壁－壁紙張り、床－フローリング等

－ 仕上工事、躯体工事で工種が1～2種類の場合は工事名に工種を記したうえで、工種ごとの施工数量を記す。工事名は「‥‥新築工事」で終えてはいけない。この場合、後の対策記述を記す際は、工事名に記したこの1～2種類の工種しか選べない。

> 例1　工事名：○○マンション新築における防水・塗装工事
> 屋上防水1,200m²、外壁塗装2,500m²
> 例2　工事名：○○事務所ビル新築における鉄骨工事
> 鉄骨建方1,300t

－ 仕上工事、躯体工事で工種が3種類以上の場合は、それぞれの工種と施工数量を列記する必要はない。工事名に外壁工事、内装工事、仕上工事、躯体工事等を記したうえで、代表的な工種を1つ記して、数量は建築一式の場合と同様延べ面積(延べ床面積)を記せばよい。この場合、後の対策記述を記す際は、複数の工種を選ぶことができる。

> 例1　工事名：○○マンション新築工事(仕上工事)
> 施工規模：ウレタン防水他施工延べ床面積2,500m²
> 例2　工事名：○○病院新築工事における内装工事
> 施工規模：吹付け塗装他施工延べ床面積2,800m²
> 例3　工事名：○○事務所ビル新築工事における躯体工事
> 施工規模：鉄骨建方他施工延べ床面積3,300m²

－ 「主な外部仕上げ」と「主要室の内部仕上げ」は、工種が1種類しかない躯体工事や仕上工事の事例でも、新築の場合は必ず記さなければならない(「躯体しかやってないので仕上げのことはわからない」という言い訳は通用しない)。

－ これらはいずれも代表的な1種類ずつを記せばよい。ただし、主要室の内部仕上げは、天井・壁・床に分けて記す。

－ 仕上工事、躯体工事で「‥‥新築工事」で終えてはいけない理由は、新築で仕上げだけ、躯体だけという工事はあり得ないからである。

2 改修工事

－ 建物用途：事務所、共同住宅、病院、工場等の種別。

－ 改修が建物全体にわたる場合は、構造、階数の記し方は新築の場合と同じ。改修が建物の一部の場合は、改修部分の延べ面積または施工量。

－ 仕上工事、躯体工事で、工種が1～2種類の場合と、3種類以上の場合の違いは、新築の場合の書き方と同様である。ただし、工事名は必ずしも「‥‥改修工事における塗装工事」や「‥‥改修工事(躯体工事)」とする必要はない(外壁塗装だけ、躯体だけの改修工事もあり得るからである)。

試験概要と試験対策のポイント

3.(工事概要)の書き方 施工経験記述

仮設・安全

躯体施工

仕上施工

学科記述解説

施工管理

法規

過去問題と解答

試験概要と試験対策のポイント

施工経験記述

仮設・安全

躯体施工

仕上施工

学科記述解説

施工管理

法規

過去問題と解答

3 工事の内容の良い例、悪い例

－ 「工事の内容」の良い例、悪い例を以下に記す。

悪い例

工事名：○○マンション新築工事
工事内容
共同住宅、SRC造、6階建て、塗装面積：2,500m²
外部：塗装仕上げ
内部：天井・壁：クロス張り、床：ビニルタイル

⇒

良い例

工事名：○○マンション新築工事（塗装工事）
工事内容
共同住宅、SRC造、6階建、塗装面積：2,500m²
外部：塗装仕上げ
内部：天井・壁：ビニルクロス張り、床：ビニルタイル

● 工事内容からは塗装だけを施工したことを示しているので、工事名は「‥‥新築工事」で終えてはだめで、塗装工事であることがわかるような工事名とすべき。

悪い例

工事名：○○マンション新築工事（鉄骨工事）
工事内容
共同住宅、SRC造、6階建、鉄骨建方：1,300t

⇒

良い例

工事名：○○マンション新築工事（鉄骨工事）
工事内容
共同住宅、SRC造、6階建て、鉄骨建方：1,300t
外部：塗装仕上げ
内部：天井・壁：ビニルクロス張り、床：ビニルタイル

● 新築工事の場合は、鉄骨建方しか施工していなくても、主な外部仕上げと主要室内部仕上げは記すべき。

悪い例

工事名：○○マンション新築工事（鉄骨工事）
工事内容
共同住宅、SRC造、6階建、延べ面積3,500m²
外部：塗装仕上げ
内部：天井・壁：クロス張り、床：ビニルタイル

⇒

良い例

工事名：○○マンション新築工事（鉄骨工事）
工事内容
共同住宅、SRC造、6階建、鉄骨建方：1,300t
外部：塗装仕上げ
内部：天井・壁：ビニルクロス張り、床：ビニルタイル

● 工事名が鉄骨工事であり、鉄骨建方だけの工事であるので、工事量は延べ面積ではなく鉄骨トン数で示すべき。

悪い例

工事名：○○マンション新築工事（防水・左官・塗装・タイル工事）
工事内容
共同住宅、SRC造、6階建、モルタル塗4,000m²、
屋上防水1,200m²、小口タイル2,500m²、
外壁吹付け塗装1,500m²
外部：吹付け塗装
内部：天井・壁：クロス張り、床：ビニルタイル

⇒

良い例

工事名：○○マンション新築工事（外壁工事）
工事内容
共同住宅、SRC造、6階建、
屋上防水他延べ床面積3,600m²
外部：吹付け塗装
内部：天井・壁：ビニルクロス張り、床：ビニルタイル

● 悪い例の書き方でも間違いではないが、工種が4つもあり、工事量としてすべて施工面積を列挙するのは複雑。工事名を「外壁工事」として、工事量は延べ床面積で記せばよい。

悪い例

工事名：○○邸新築工事
工事内容
個人住宅、木造、2階建、延べ面積120m²
外部：吹付塗装
内部：天井・壁：クロス張り、床：フローリング

● 1級建築の工事事例としては小規模すぎる。

悪い例

工事名：○○マンション新築工事における外壁工事
工事内容
共同住宅、SRC造、6階建、小口タイル張り2,500m²
外部：吹付け塗装
内部：天井・壁：クロス張り、床：ビニルタイル

⇒

良い例

工事名：○○マンション新築工事（外壁タイル工事）
工事内容
共同住宅、SRC造、6階建、小口タイル張り2,500m²
外部：小口タイル張り
内部：天井・壁：ビニルクロス張り、床：ビニルタイル

● 工事名が外壁工事となっているのに、工事内容・規模はタイル工事しか書いていない。工事名をタイル工事とするか、工事内容を「タイル工事他延べ床面積○○m²」とすべき。

悪い例

工事名：○○マンション改修工事
工事内容
共同住宅、延べ面積：2,500m²

⇒

良い例

工事名：○○マンション改修工事（内装工事）
工事内容
共同住宅、間仕切り工事および内装仕上げ工事等、改修部分延べ面積：2,500m²

● 改修内容がわからない。

3-5 工期

- 契約書等に記載されている工期、または実施した工期を記述する。
- 西暦でも和暦でもよいが、できるだけ日まで記す。
- 下請けの場合は、自社が請け負った工事のみの期間を記す。
- 必ず試験当日までに完成している工事を記す。
- あまり古い工事は選ばないほうがよい。古いというだけで認められないわけではないが、法規やさまざまな基準は頻繁に改正されており、改正前の法規や基準で対策を行ったということを採点者がどのように判断するかわからないからである。例えば、レディミクストの普通コンクリートの流動性管理は、以前はスランプだけによる規定であったが、2019年にスランプフローによる管理が追加された。10年以上前の工事で流動化剤を入れたレディミクストコンクリートをスランプ管理した事例を記したとしたら、現在ならスランプフローによる管理が普通なので、採点者がこれを良しとしない恐れがある。したがって、できれば5年前以内に完成した工事を選んだほうがよい。いくら古くても10年以上前に完成した工事を取り上げるのは好ましくない。一応は、平成26年以降の完成工事が目安となる。
- あまり短期間の工事は1級建築施工管理技術検定の事例としてふさわしくない(最低2カ月以上)。これは工事規模とも関連するので注意が必要である。
- 工事内容や工事場所との関係で、季節的、場所的に矛盾が生じるような期間でないかどうかチェックしておくべきである(例：東京都区内の工事で工事期間が4月～10月となっていて、寒中コンクリート対策を記すなど、非現実的な内容であれば、「あなたが経験した工事でない」と判断される恐れがある)。
- いい加減な工事期間を記した場合、万が一その工事のことを知っている採点者に当たったら、虚偽答案とみなされて採点対象外となる恐れがある。
- 工期の悪い例を **表3** に記す。

表3 | **工期の悪い例**

悪い例	悪い理由
2020年2月から1年間	期間を明確に記すべき　例：2020年2月1日～2021年1月31日
令和3年5月1日～5月15日	15日間の工事は小規模すぎる
2024年2月1日～12月31日	完成していない工事である
平成11年1月1日～12月31日	10年以上前で古すぎる
平成23年1月1日～令和3年12月31日	期間が長すぎる。継続工事であっても、1期・2期やその1・その2工事があるはず
工事名：さいたまスーパーアリーナ新築工事 期間：2020年12月1日～2022年2月28日	1996年12月～2000年3月の工事であり、このような有名工事は採点者が知っている可能性がある

3-6 あなたの立場

- 施工に関する指導・管理的立場を記す。受注者の立場なら、元請け・下請けを問わず「現場代理人」か「工事主任」と記すのが最も無難である。
- 工事部長、工事長など、会社の役職名を絶対に書いてはならない。
- 技術部としての技術指導員や設計監督員の立場は施工管理とは認められない。立場に「技術」や「設計」の文字を使ってはならない。

試験概要と試験対策のポイント

施工経験記述

仮設・安全

躯体施工

仕上施工

学科記述解説

施工管理

法規

過去問題と解答

- 指導・管理的立場とは、工事主任級以上の立場で施工管理を行った事例でなくてはならない。工事担当者、工事係員、職長、作業主任者は、工事主任級以上の施工管理的立場とはみなされない。
- 受注者の立場では、現場監督、工事監督員など、絶対に「監督」の文字を使ってはならない。建設業法上、監理・監督は発注者側の立場である。もし、発注者の立場で書く場合は、単に「監督員」と書かず、必ず「発注者監督員」と記すべきである。
- 「主任技術者」は記しても間違いではない。しかし、出題テーマが品質管理や工程管理に関する場合は問題ないが、令和4年度のような「労働生産性」に関する出題で原価管理のことを書いた場合は、原価管理は主任技術者の責務には含まれないので、減点対象となる恐れがある。
- あなたの立場の良い例、悪い例を 表4 に記す。

表4 | あなたの立場の良い例・悪い例

悪い例	悪い理由	良い例
地山掘削作業主任者	工事主任級以上の管理的立場ではない	工事主任
工事担当者、工事係員	工事主任級以上の管理的立場ではない	工事主任
統括安全衛生責任者	安全管理体制の責任者を書くべきではない	現場代理人
下請け責任者	下請けを強調する必要なし	現場代理人
施工管理責任者	工事主任級以上であることを明確にすべき	現場代理人、工事主任
現場監督	建設業法上は発注者の立場	現場代理人、工事主任
監督員	発注者側か受注者側かが不明	発注者監督員
工事部長	会社の役職名は不可	現場代理人
技術指導員	施工管理上の立場とはみなされない	工事主任、主任技術者
主任技術者	出題テーマが労働生産性の場合は不可	現場代理人、工事主任

3-7 あなたの業務内容

- 令和3年度以降の問題から、工事の内容として「へ　あなたの業務内容」が追加された。2級建築施工管理技術検定第二次検定では、以前からこの「へ　あなたの業務内容」の記述が求められていたが、1級建築施工管理技術検定第二次検定でもこれに準じた形となったということである。
- 「○○新築工事」、「○○改修工事」の場合　工事総合管理、工事施工管理全般
  「○○新築工事(仕上工事)」の場合‥‥‥‥‥‥仕上工事施工管理全般
  「○○改修工事における塗装工事」の場合‥‥‥塗装工事施工管理全般
  「○○改修工事における鉄骨建方工事」‥‥‥‥鉄骨工事施工管理全般
- ここでも、技術指導、設計管理、安全管理のように「技術」、「設計」、「安全」の立場を表わすような用語を用いてはならない。
- 発注者監督員の場合は、上記事例の「管理」を「監理」に変えればよい。

4 実施内容等を記述する準備

試験概要と試験対策のポイント

4 実施内容等を記述する準備 施工経験記述

仮設・安全

躯体施工

仕上施工

学科記述解説

施工管理

法規

過去問題と解答

POINT
出題傾向と
ポイント

- 指定テーマは、大別して「品質管理」、「施工の合理化」、「建設副産物対策」の3つである。
- 4〜5事例の対策事例を用意しておくことが望ましい

4-1 指定テーマごとに対策事例を用意しておく

- 前述のように、平成15年度以降の指定テーマは、大別して「品質管理」、「施工の合理化」、「建設副産物対策」の3つである。

- いずれのテーマも、工種を含めて4〜5事例の対策事例を用意しておくことが望ましい(「○○についての記述を除く」や「問題1-1と問題1-2の内容重複は避ける」という制約条件が付く場合があるので、3事例の用意ではその制約条件に引っかかる可能性がある)。

- 同じテーマでも、年度によって問われている内容やニュアンスが異なるので、用意した答案事例を丸暗記するのではなく、用意した事例について、「問い」に対する「解答」をアレンジする応用力が必要となる。

- 問題1-1の「上記の工事概要であげた工事」での対策と、問題1-2の「工事概要であげた工事にかかわらず」での対策に分かれている。問題1-1は、工事概要であげた工事以外の工種を書いてはいけないが、問題1-2は、建築工事ならどんなものでもかまわない。

- 工事名が「○○○新築工事における塗装工事」となっていれば、問題1-1は塗装工事以外のことは書いてはならない。また、逆に工事名が「○○○新築工事における仕上工事」となっているのに、3つとも塗装工事の工種で書くのは不自然である。**工事名、工事内容に記したのと矛盾するような工種名を選んではならない。**

- 「3つあげて」という要求であれば、必ず3つ記すこと。2つしか記さなければ67点満点からの採点となる。経験記述が60点以下ならまず合格は望めない。

- 工種や実施内容に建築工事以外の、電気工事、設備工事等を書いてはならない(空調機の室内機の取り付けや照明器具の取り付けに関することなどは不可)。

- 実施内容、理由、確認・検査方法、留意事項などを記す欄は、指定された行数まで埋めること(2〜3行指定の回答欄に1行しか記していない場合は、大きく減点される恐れがある)。

- 工種に解体工事を選んでも構わないが、選ぶなら、1つだけにしておくべきである。

- **工場製作**(プレハブ、プレキャスト、先組み、デッキプレート等を含む)の事例は、上記の3テーマすべてに適用可能なので、できるだけ1つは記述することをお勧めする。

  - **品質管理**:環境条件のよい工場のほうが、条件の悪い現場より加工精度が高く品質的に安定している。

  - **施工の合理化**:現場での加工、製作手間を省き、組立てだけを行えるので、省力化、工期短縮に繋がる。

  - **建設副産物対策**:工場で加工するので、現場での加工による端材や余材の発生が少なく、建設副産物の発生抑制につながる。

5 テーマが「品質管理」の場合

POINT
出題傾向と
ポイント

- 「品質管理」がテーマの場合の問題は、年度によって「問い」のニュアンスがさまざま。
- 実施内容、管理方法のいずれかで、管理項目の管理範囲内に収めたことを数値で示したい。

5-1 「品質管理」の考え方

- 「品質管理」がテーマの場合の問題は、年度によって「問い」のニュアンスがさまざまで、受検生は問題を前にしてどのような書き方をすればよいのか戸惑うことが多い。特に「問い」に記されている品質管理用語が毎回微妙に異なっているので、どの「問い」に対して、何を書けばよいのか悩むところである。
- 過去の出題事例や解答案から、筆者なりに **表1** のように整理した。

表1 品質管理用語の例

用語	内容	事例
発注者の要望	品質に関する定性的な要望 漠然とした内容もある	丈夫で長期的に使えるRC造の建物を望む
要求品質	発注者の要望を具体的に確保すべき性能で示したもの	耐久性の確保 強度の確保
品質（管理）目標	要求品質を満足するためのゴールを示したもの	コールドジョイントの防止 設計基準強度の確保
（品質）管理項目	品質目標を達成するために管理すべき対象（品質特性）で、数値化できる項目が望ましい	打ち重ね時間、スランプ、28日圧縮強度、打設温度、打設時間帯
実施内容 実施方法	管理項目を管理範囲内に収めるためにどのように施工したかの内容	出荷時間の調整、散水養生実施、打設時間帯の調整
管理内容 管理方法	検査、試験、データ管理等で管理範囲内に収まっていることの確認方法	スランプ試験、圧縮試験、x‒R管理図、生コン車到着時刻表

- 発注者の要望と要求品質は、場合によっては同じ意味に使われることもある。
- 要求品質と品質目標は、場合によっては同じ意味に使われることもある。要求品質や品質目標は、重要品質という表現を用いている場合がある。
- （品質）管理項目は、他社出版の解説書における過去の解答案では、品質特性ではない定性的な事項（スペーサの適正使用、下地の確認など）をあげている事例もあるが、本書においては、筆者は一貫して数値化できる品質特性を上げることを推奨している。
- 実施内容、管理方法のいずれかで、管理項目を管理範囲内に収めたことを数値で示すほうが得点は高くなる。

5-2 「品質目標」と「品質管理項目」の事例

- 表2 に、工種ごとに「品質(管理)目標」、「(品質)管理項目」、「実施内容・管理内容」の事例を示す。
- 「3-4 工事の内容」(030ページ)に記したように、1種類の工種しか示されないような工事名(「○○○新築工事における塗装工事」のような工事名)や工事の内容の場合、塗装工事だけで品質管理の実施内容について、同種とならない複数対策を解答するのは大変である。できれば複数工種をともなうような工事事例(「○○○新築工事における内装工事」、「○○○改修工事」等)を選んだほうが書きやすいと考えられる。

表2 ｜ 工種ごとの「品質管理」の事例

工種：地業工事

1	工種	地業工事(杭打ち工事、リバース工法)
	品質(管理)目標	掘削孔壁の安定性
	品質管理項目	泥水の比重、孔内水頭
	取上げた理由	泥水濃度は掘削壁保護面からは高いほうがよく、打設コンクリートの品質面では低いほうがよいのでそのバランスを考慮する必要があるから。また、水頭が確保されていないと地下水侵入に伴って孔壁崩壊につながるから。
	実施(管理)内容	泥水濃度は比重計により1.02〜1.08になるように管理した。また、地下水位計により孔内水位を地下水位＋2.5m以上に保つよう管理した。
2	工種	地業工事(杭打ち工事、アースドリル工法)
	品質(管理)目標	杭の支持力確保
	品質管理項目	杭の出来形精度
	取上げた理由	内径不足や鉛直精度の不良があると所定の支持力が得られない恐れがあり、建築物の基礎の沈下や傾きにつながるから。
	実施(管理)内容	掘削途中および掘削完了後に、超音波測定機により支持層、内径および鉛直精度(上下端の倒れの差)の確認を行い、設計値±20mmであることを確認した。
3	工種	地業工事(杭打ち工事、アースドリル工法)
	品質(管理)目標	杭のコンクリート耐久性の確保
	品質管理項目	杭コンクリートの余盛高さ
	取上げた理由	余盛不足は上端コンクリートの粗悪部分が残ることになり、余盛過多は斫りによるコンクリートがら処分量が多くなるだけでなく杭本体に過剰な振動を与えることになるから。
	実施(管理)内容	打設終了直前は生コン吐出速度を抑え、検測テープを用いて中央部付近と外周4か所を検測し、余盛が60〜80cmの間に入っていることを確認した。
4	工種	地業工事(杭打ち工事、アースドリル工法)
	品質(管理)目標	杭の支持力確保
	品質管理項目	杭コンクリートの強度
	取上げた理由	水中コンクリートとなるので品質が不安定であり、特にコンクリートの強度不足は支持力の低下をもたらし、建築物の基礎の沈下や傾きにつながる恐れがあるから。
	実施(管理)内容	トレミー管を打設境界面下2m以下に入れ、打設速度2.7m/hr.を目標に打設を行った。かなり安全を見た35N/mm²という設計基準強度であったが、現場採取による供試体の現場養生による28日強度は、3つとも40N/mm²以上であった。

試験概要と試験対策のポイント

施工経験記述

仮設・安全

躯体施工

仕上施工

学科記述解説

施工管理

法規

過去問題と解答

工種：土工事

5	工種	土工事（掘削工事）
	品質（管理）目標	床付地盤の安定性確保
	品質管理項目	地盤の高さ、平坦性
	取上げた理由	床付け地盤の不陸は建物荷重の均等な支持を損ない、また床付け高さの不足は耐圧盤の厚さ不足につながり、いずれも建物の傾きの原因となる恐れがあるから。
	実施（管理）内容	床付け面上50cmは人力掘削を行い、ランマ締固め後は1m間隔でレベル測量を行って、所定高さの±3mm以内に収まっていることを確認した。
6	工種	土工事（掘削工事）
	品質（管理）目標	床付地盤の安定性確保
	品質管理項目	地盤の支持力
	取上げた理由	床付け地盤の支持力不足は地盤沈下や建物の傾きにつながるから。
	実施（管理）内容	地盤が軟弱であったので、監理者の了解を得て床付け面下2mを地盤改良杭で改良を行い、強度○○N/mm²であることを確認した。また、床付け面はランマで突き固め、平板載荷試験により○○N/mm²であることを確認した。

工種：鉄筋工事

7	工種	鉄筋工事
	品質（管理）目標	鉄筋組み立て精度の確保
	品質管理項目	かぶり厚さ
	取上げた理由	かぶり厚さの不足はコンクリートのひび割れの原因となり、長期的には劣化による鉄筋の腐食につながることになるから。
	実施（管理）内容	配筋に際してはスペーサを4個/m²以上配置するよう指示した。打設前は係員に目視検査を行わせ、スケールの入った検査写真を撮影させて記録に残した。
8	工種	鉄筋工事
	品質（管理）目標	鉄筋組み立て精度の確保
	品質管理項目	重ね継手長さ
	取上げた理由	重ね継手長さ不足は、重ね合わせ部での鉄筋の引張力不足につながり、コンクリートの亀裂発生の原因ともなるから。
	実施（管理）内容	鉄筋加工段階から40D以上の重ね継手長さを考慮した切断、曲げ加工を行わせた。打設前は係員にスケールにより40D以上の重ね継手長さを確認させ、工事写真を撮らせた。
9	工種	鉄筋工事
	品質（管理）目標	圧接部の強度確保
	品質管理項目	ふくらみ、偏心量
	取上げた理由	ふくらみ不足、偏心量過多は鉄筋の引張力不足となり、コンクリートの亀裂発生の原因ともなるから。
	実施（管理）内容	係員にノギスによる圧接部全数の目視検査を行わせ、ふくらみ1.4D以上、偏心量1/5以下であることを確認した。基準以下のものは1カ所もなく、再圧接を行う必要はなかった。
10	工種	鉄筋工事
	品質（管理）目標	圧接部の強度確保
	品質管理項目	内部欠陥の有無
	取上げた理由	圧接部に不完全接合部（欠陥）があると、鉄筋の引張力不足となり、ひいてはコンクリートの亀裂発生の原因ともなるから。
	実施（管理）内容	外部試験機関に依頼し、1ロットに30カ所の超音波探傷試験を行い、すべて合格であることを確認して試験結果の資料等を監督員に提出した。

工種：型枠工事

	工種	型枠工事
11	品質（管理）目標	躯体の出来形精度確保
	品質管理項目	壁型枠の寸法精度
	取上げた理由	型枠の精度不足やはらみは躯体の出来形を損ね、美観上もよくないだけでなく、斫りや補修手間も多くなるから。
	実施（管理）内容	打設の衝撃荷重を十分考慮した型枠支保工計算を行い、それに基づいた施工図通りに組み立てさせた。打設前は係員にスケールによる寸法検査を行わせ、打設中は型枠大工を1人つけてはらみ防止の管理を行わせた。型枠脱型後は寸法検査を行い、設計値±2mmであることを確認した。
12	工種	型枠工事
	品質（管理）目標	床板コンクリートの亀裂防止
	品質管理項目	スラブ型枠の存置期間の確保
	取上げた理由	型枠の存置期間が短いとコンクリートの強度不足により亀裂の原因となるから。
	実施（管理）内容	現場養生した供試体3個の圧縮強度がすべて○○N/mm²以上であることを確認して、床版の型枠支柱の取り外しを行ったことにより、コンクリートに亀裂は発生しなかった。

工種：コンクリート工事

	工種	コンクリート工事
13	品質（管理）目標	生コンの受け入れ品質の確保
	品質管理項目	スランプ、空気量
	取上げた理由	スランプ、空気量が所定値を外れると強度不足、耐久性不足の原因となり、ジャンカの発生や凍害にもつながることになるから。
	実施（管理）内容	生コン車1台ごとに現場の品質管理担当者が受け入れ試験を行い、すべてスランプ18cm±2.5cm、空気量3.0～6.0%であることを確認して打設した。
14	工種	コンクリート工事
	品質（管理）目標	温度ひび割れの防止
	品質管理項目	単位セメント量、打設気温
	取上げた理由	夏季の打設であり、単位セメント量が多く、打設気温が高いと、セメントの凝結発熱による温度上昇と硬化終了後の常温に戻った時の温度差が激しく、外部拘束による温度ひび割れが生じやすくなるから。
	実施（管理）内容	普通ポルトランドセメントのセメント量を○○kg/m³とし、高性能減衰剤の使用を生コン工場に指定した。打設は気温が20℃以下の早朝から開始し、25℃以上になる前に終了できた。これにより、温度ひび割れの発生はなかった。
15	工種	コンクリート工事
	品質（管理）目標	コールドジョイント防止
	品質管理項目	打ち重ね時間、バイブレータ間隔
	取上げた理由	打ち重ね時間が長すぎたり、締固めが不十分であると、上下のコンクリートが一体とならず、打ち重ね部にコールドジョイントが発生してしまうから。
	実施（管理）内容	60分以内で到着する生コン工場を選び、工場と密に連絡を取って現場での生コン車待機時間を5分以内となるよう調整した。また、バイブレータをかける間隔を50cm以内とし、1カ所あたり5～10秒とし、下層に10cm以上挿入するよう指導した。

試験概要と試験対策のポイント

⑤ テーマが「品質管理」の場合 施工経験記述

仮設・安全

躯体施工

仕上施工

学科記述解説

施工管理

法規

過去問題と解答

試験概要と試験対策のポイント

施工経験記述

仮設・安全

躯体施工

仕上施工

学科記述解説

施工管理

法規

過去問題と解答

	工種	コンクリート工事
	品質（管理）目標	乾燥ひび割れの防止
	品質管理項目	湿潤養生期間
16	取上げた理由	床版の打設であったが、養生中にコンクリート表面が乾燥すると、水和反応が進まない状態で凝結速度が早まって、強度不足や表面ひび割れの原因となるから。
	実施（管理）内容	床版の側型枠を天端より5cm程度高くし、打設敷き均し直後に散水を行って全体をプール状態にした。そのまま5日間放置して、型枠脱型後も2日間は散水を行ったことにより、ひび割れは発生しなかった。
	工種	コンクリート工事
	品質（管理）目標	コンクリートの塩害防止
	品質管理項目	かぶり、W／C、塩化物イオン量
17	取上げた理由	鉄筋のかぶり不足、W／Cの過多により鉄筋軸方向ひび割れや断面欠損が生じ、ひび割れ部分から空気中の塩化物イオンが侵入して鉄筋を腐食させるから。また、コンクリート中の塩化物イオン量が多いと、この鉄筋腐食がさらに促進されるから。
	実施（管理）内容	かぶりを40mm以上となるよう1m²に4個のスペーサを配置し、打設前に係員に目視検査を行わせた。W／Cを52%、塩化物含有量を0.3kg／m³以下とするよう生コン工場に指示して、検査票を提出させた。

工種：鉄骨工事

	工種	鉄骨工事
	品質（管理）目標	高力ボルトの摩擦接合力確保
	品質管理項目	鉄骨プレートの表面粗度
18	取上げた理由	高力ボルトは軸力を摩擦力に変えてせん断抵抗をもたせるものであるため、所定の表面粗度が確保されていないと摩擦接合の機能を発揮できないから。
	実施（管理）内容	工場にてすべての接合面にショットブラストを行い、摩擦面の表面粗度計により50μmRzであることを確認して高力ボルト締め付けを行った。また、マーキングにより本締めが$120\pm30°$であることを全数目視確認行った。
	工種	鉄骨工事
	品質（管理）目標	鉄骨の溶接不良の防止
	品質管理項目	隅肉溶接サイズ
19	取上げた理由	隅肉溶接のサイズ許容差⊿Sや余盛高さの許容差Δaが大きすぎると熱を加え過ぎていることになり、応力上の弱点となるから。
	実施（管理）内容	気温5℃以下での溶接施工を避け、風速2m以上の場合は可搬式仮囲いを用いて施工を行った。施工後は溶接ゲージにより、⊿Sは0.5S以下かつ5mm以下、Δaは0.4S以下かつ4mm以下となっていることを確認した。
	工種	鉄骨工事
	品質（管理）目標	スタッド溶接部分の強度確保
	品質管理項目	仕上がり高さ、傾き
20	取上げた理由	指定寸法外や傾きが大きい場合は、応力伝達不足や変形につながるから。
	実施（管理）内容	専用電源を用いてスタッド溶接機にて下向き姿勢で施工することを徹底した。100本を1ロットとして1ロットから2本抜き取り、溶接ゲージを用いて、所定寸法の±2mm以内、傾き5°以内に収まっていることを確認した。

試験概要と試験対策のポイント

⑤テーマが「品質管理」の場合 施工経験記述

仮設・安全

躯体施工

仕上施工 学科記述解説 施工管理

法規

過去問題と解答

21	工種	鉄骨工事
	品質（管理）目標	鉄骨建て方精度の確保
	品質管理項目	柱の倒れ精度 e
	取上げた理由	倒れが大きいと、美観を損ねるだけでなく、建物の応力に偏りが生じるから。
	実施（管理）内容	1Fごとに下げ振りと治具を用いて建て入れ直しを行い、$e \leq H1,000$ かつ $e \leq 10mm$ を確認してから高力ボルトの本締めを行った。

工種：防水工事

22	工種	防水工事
	品質（管理）目標	止水性の確保
	品質管理項目	平場のルーフィングの重ね幅
	取上げた理由	ルーフィングの重ね幅が小さいと、そこが弱点となって止水性が確保されず漏水の原因となるから。
	実施（管理）内容	作業員に10cmの馬鹿棒を持たせて重ね幅を幅、長手両方向とも100mm以上確保するようにした。また、流し張りにより気泡、しわが入らないように注意し、重ねは千鳥張りにすることを徹底した。
23	工種	防水工事
	品質（管理）目標	止水性の確保
	品質管理項目	コンクリート下地の含水率
	取上げた理由	下地の乾燥が不十分であると、接着剤がうまく機能せず、防水層の剥れの原因となって漏水につながるから。
	実施（管理）内容	コンクリート打ち込み後2週間以上経過してからの防水工事とし、下地コンクリートは十分清掃して突起物のないようにして、高周波水分計により含水量8%以下であることを確認した。
24	工種	防水工事
	品質（管理）目標	止水性の確保
	品質管理項目	出隅角、入隅角部の増張り
	取上げた理由	屋上の現場打ちコンクリートの出隅角、入隅角部は応力上の弱点部分でもあり、ルーフィングの接着性が悪く、そこから漏水が生じやすくなるため。
	実施（管理）内容	出隅角、入隅角部は幅300mm以上のストレッチルーフィングで増し張りを行い、施工後は24時間水張試験を行って漏水のないことを確認した。

工種：タイル・木・屋根工事

25	工種	タイル工事
	品質（管理）目標	密着張りタイルの浮き、剥れの防止
	品質管理項目	接着力
	取上げた理由	躯体へのタイルの接着力不足は浮き・剥れ・剥落の原因となり、美観を損ねるだけでなく、躯体の劣化、飛来落下事故にもつながるため。
	実施（管理）内容	1回の塗り付け面積は2m²以下とし、塗り付け後20分以内に張り終えるよう時間管理を行った。打診検査により浮きのないことを確かめ、抜取り接着力試験により0.4N/mm²が確保されていることを確認した。

試験概要と試験対策のポイント

施工経験記述

仮設・安全

躯体施工

仕上施工

学科記述解説

施工管理

法規

過去問題と解答

26	工種	タイル工事
	品質(管理)目標	改良圧着張りタイルの浮き、剥れの防止
	品質管理項目	モルタルの塗り付け面積、塗置き時間
	取上げた理由	練ったモルタルが可使時間を超えると十分な接着力が失われ、タイルの浮き・剥れ・剥落の原因となり、美観を損ねるだけでなく、躯体の劣化、飛来落下事故にもつながるため。
	実施(管理)内容	1回の塗り付け面積は2m²以下とし、塗り付け後60分以内に張り終えるようにし、塗置き時間は30分程度となるように時間管理を行った。また、モルタル塗り厚は下地面4～6mm、タイル側は3～4mm程度となるように管理した。
27	工種	木工事
	品質(管理)目標	材料の変形防止
	品質管理項目	含水率
	取上げた理由	含水率の大きな木材は腐朽が進行しやすく、また材料搬入後および施工後に乾燥が進むと変形が生じやすくなるから。
	実施(管理)内容	入荷履歴記録の整備された木材販売業者を選定して注文し、現場搬入後は屋根のある材料置き場にシート掛けにて仮置きし、加工前に高周波水分計で含水率15%」以下であることを確認した。
28	工種	屋根工事
	品質(管理)目標	折版葺き屋根の確実な固定
	品質管理項目	緊結ボルト間隔とボルト穴
	取上げた理由	確実な固定の意味ではボルト間隔は短いほうが良いが、折版のボルト穴が多すぎたり大きすぎたりすると止水性に支障をきたすから。
	実施(管理)内容	折版のボルト穴はボルト径＋0.5mm以下とし、各山ごとにタイトフレームに固定して、重ね部の緊結ボルト間隔は600±10mmとなるように管理した。

工種：金属工事

29	工種	金属工事(軽量鉄骨天井下地工事)
	品質(管理)目標	十分なつり下げ強度を有するインサート
	品質管理項目	あと施工樹脂アンカーのピッチと強度
	取上げた理由	コンクリートの埋込式は打設作業により埋込み位置の精度が狂うおそれがあったので、後施工による樹脂アンカーとし、このピッチと引き抜き強度が天井軽鉄下地の仕上がりとつり下げの安全性にかかわると考えられるため。
	実施(管理)内容	穿孔径15mm、穿孔長110mmとし、カプセル状の樹脂アンカーを900mmピッチで施工した。施工に先立ち、引き抜き試験を行い、60KN以上の引き抜き力があることを確認した。
30	工種	金属工事(軽量鉄骨間仕切壁工事)
	品質(管理)目標	開口部の補強
	品質管理項目	ランナー、スタッドのピッチ
	取上げた理由	開口部が多く、重量建具の開閉に耐えられる構造とするため、短いピッチでランナー、スタッドを入れて補強する必要があったため。
	実施(管理)内容	スラブコンクリートにランナーを750mmピッチで入れてボルト固定し、スタッドは360mmピッチで建て込んだ。扉開口部はチャンネルを用いて補強し、スタッドの中貫材は部分的に溶接補強した。

工種：左官工事

31	工種	左官工事
	品質（管理）目標	モルタル左官仕上げ壁の剥離、ひび割れの防止
	品質管理項目	施工時、養生時の気温
	取上げた理由	冬季の外壁の施工であったので、施工後のモルタルが凝結前に凍結してしまい、十分なモルタル強度を発揮しない恐れがあったため。
	実施（管理）内容	モルタル1m³当たり15kgの防凍剤を使用し、気温5℃以上の日の施工とした。施工後は、壁面を工事用ビニルシートで覆い、ヒーターを入れて、養生気温が0℃以下とならないよう管理した。

32	工種	左官工事
	品質（管理）目標	モルタル左官仕上げ壁の剥離、ひび割れの防止
	品質管理項目	下地の乾燥度
	取上げた理由	下地の含水量が多いとモルタルの付着が不十分となり、また乾燥しすぎているとドライアウトにより水和反応が阻害されて硬化不良や接着不良となるから。
	実施（管理）内容	躯体打設14日以降に不陸調整をして目荒し・デッキブラシによる水洗いを行い、5日後に吸水調整材を下地全面にに塗布して下塗りを行った。下塗り後は水湿しを行った。

33	工種	左官工事
	品質（管理）目標	石膏プラスターの接着性確保
	品質管理項目	練置き時間
	取上げた理由	石膏プラスターは急速に硬化が進むため、可使時間内に塗りきらないと下地に対して十分な接着効果が得られないため。
	実施（管理）内容	下地はセメントモルタルで下ごすり、下塗り、むら直しを行い、櫛目を入れて14日間放置した。砂はプラスターの4割程度とし、加水後60分以内に使いきれる量を練ることを徹底した。

34	工種	左官工事
	品質（管理）目標	セメント袋の変質防止
	品質管理項目	材料置き場の湿度、広さ、積上げ高さ
	取上げた理由	現場は年間降雨量の多い多湿の地域であったので、セメントが保管中に多湿の外気の影響を受けて硬化してしまうのを防止する必要があったから。
	実施（管理）内容	アスファルトやルーフィング類などと同じく多湿の影響を受けやすい材料とともに上げ床式の10m²程度の密閉倉庫を仮設で設け、除湿器を設置して50％以下に調整した。また、セメント袋の積み上げは8袋以下となるように管理した。

工種：建具工事

35	工種	建具工事
	品質（管理）目標	木製扉の建付け精度の確保
	品質管理項目	建枠の内のり幅と高さ
	取上げた理由	建枠と扉の寸法が合わないと扉の開閉に支障をきたし、エンドユーザへの品質保証上問題が生じるから。またこれを避けるために建枠を修正するのに時間がかかるから。
	実施（管理）内容	木製扉と建枠を同じ建具メーカーに一式発注して、取付けはいずれも造作大工に一式施工させることによって業者間の調整不足による誤差をなくした。建枠は基準のピアノ線を張って、幅、高さとも許容差1mm以内に抑えることができた。

試験概要と試験対策のポイント

5 テーマが「品質管理」の場合 施工経験記述

仮設・安全

躯体施工

仕上施工 学科記述解説

施工管理

法規

過去問題と解答

試験概要と試験対策のポイント

施工経験記述

仮設・安全

躯体施工

仕上施工

学科記述解説

施工管理

法規

過去問題と解答

36	工種	建具工事
	品質（管理）目標	重量シャッターの確実な開閉
	品質管理項目	シャッターの開閉速度と感知装置の確認
	取上げた理由	シャッターの開閉速度は、緊急時の機能を確実に働かせることと挟まれ事故を防止するため。また、開閉ラインの障害があった場合これを確実に感知してシャッターの降下停止を行う必要があるため。
	実施（管理）内容	シャッター開閉速度は3回連続で開閉を行い、ストップウォッチで測定することにより所定秒数で開閉完了できることを確認した。自動感知装置は、降下中に実際に人や障害物を置いて、直ちに降下停止し反転上昇するかどうかを3回確認した。

工種：塗装工事

37	工種	塗装工事
	品質（管理）目標	モルタル下地塗装のふくれやはがれの防止
	品質管理項目	下地の含水率、PH
	取上げた理由	下地の乾燥が十分でなければ、塗料の変色、硬化不良が発生し、モルタルのアルカリ成分が塗膜に悪影響を与えて、ふくれや剥がれの原因となるから。
	実施（管理）内容	モルタル下地施工から3週間経過後の塗装計画とした。含水率は高周波水分計により10%以下であることを確認し、PH試験紙により8.5以下であることを確認して塗装を行わせた。
38	工種	塗装工事
	品質（管理）目標	鉄骨塗装改修における美観保持
	品質管理項目	旧塗装面の下地の平滑性
	取上げた理由	改修工事においては、旧塗装面の確実な下地処理を行って平滑性を保たなければ、長期的な浮き錆や剥離の原因となるから。
	実施（管理）内容	ディスクサンダー掛けにより旧塗装面の塗膜や錆を完全除去し、鉄面を露出させて平滑にし、変性エポキシ系錆止め塗料を塗布し、弱溶性フッ素樹脂系塗料で中塗り、上塗りを行った。
39	工種	塗装工事
	品質（管理）目標	鉄骨塗装のだれやしわの防止
	品質管理項目	塗料の希釈率、膜厚
	取上げた理由	過度の厚塗りや希釈はだれの原因となり、表面の上乾きによりしわを生じやすくなるから。
	実施（管理）内容	指定の希釈率を遵守し、刷毛やローラの運行を多くして均一に塗るよう管理した。膜厚はデジタル膜厚計により所定の膜厚が確保できているかを確認した。

工種：内装・ガラス工事

40	工種	内装工事
	品質（管理）目標	ビニル床シートの接着性確保
	品質管理項目	施工気温、養生期間
	取上げた理由	冬季の低気温の環境での施工は接着剤の硬化が遅く、また硬化前に局部的な荷重がかかるとしわや剥がれを生じる恐れがあるため。
	実施（管理）内容	室内にヒータを入れて採暖し5℃以下にならないようにして施工した。施工後は夜間には部屋を密閉し、投光器を入れて2週間5℃以上を保つようにした。

	工種	内装工事
	品質（管理）目標	内壁プラスターボードの目違い防止
	品質管理項目	平滑性、目地数
41	取上げた理由	ボード張り合わせの目地の箇所が多いと、そこでの目違いによる不陸が生じる可能性が大きく、平滑性が損なわれて美観上あまり好ましくないから。
	実施（管理）内容	天井高2,600mmに合わせてあらかじめ工場で裁断したプラスターボードを搬入した。現場では飲み込みを考慮して取り付けるだけで、水平方向の目地はなく、カットによる粉じんも発生しないので、引き渡し物の汚れも最小限に抑えられた。
	工種	内装工事
	品質（管理）目標	フリーアクセスフロアの寸法精度確保
	品質管理項目	平面性、高さ精度
42	取上げた理由	床面にかなりの不陸があり、仕上り状態の高さ精度や平坦性が確保されていないと、建具や家具のおさまりに支障が出るから。
	実施（管理）内容	高さ調節機能のある製品を使用したが、所定高さの±2mmとなるように設定した。また、1m間隔でレベル測量を行い、±2mmの範囲に収まっていることを確認した。
	工種	ガラス工事
	品質（管理）目標	ガラスの耐震性、耐風圧性、強度確保
	品質管理項目	網入り板ガラスの取り付け精度
43	取上げた理由	所定の面クリアランス、エッジクリアランスがないと、変形を受けた時の抵抗が弱く、ガラスの破壊につながる恐れがあるため。
	実施（管理）内容	セッティングブロックを溝の左右から1/4の位置に設置し、バックアップ材は充填深さを確保してからシーリングした。面クリアランスは5mm、エッジクリアランスは8mmとなるように調整した。
	工種	ガラス工事
	品質（管理）目標	ガラスの破損防止
	品質管理項目	施工後の養生
44	取上げた理由	ガラス設置後、他業種の工事作業員が誤って資機材等を接触させ、破損してしまったり、他業種の工事による材料飛散等でガラスが汚れるのを防ぐため。
	実施（管理）内容	ガラス設置後、青プリントの粘着タイプ養生シートを張り「ガラス注意」の張り紙をした。全工事終了後の引き渡し検査前にシートと張り紙ははがした。

※解答例の「取上げた理由」、「実施（管理）内容」を記す場合は、それぞれの現場状況を考慮して、指定行数までの記述となるようにしていただきたい。

5-3 過去の「品質管理」の問題への対処（問題1-1対応）

－ 品質管理として、「コンクリート工事」（039ページの15）、「防水工事」（041ページの23）、「タイル工事（密着張り）」（041ページの25）の3事例 表3 （次ページ）を用意していたとする（いずれも「4-2「品質目標」と「品質管理項目」の事例」の「 表2 」工種ごとの「品質管理」の事例」に含まれている）。

これらを、平成16年度以降の6回の品質管理関連の出題における『問題1-1の「上記の工事概要であげた工事」に対して、どのようにアレンジして解答に記すか、各出題年度ごとの問題と解答案を上げる。

試験概要と試験対策のポイント

5. テーマが「品質管理」の場合 施工経験記述

仮設・安全

躯体施工

仕上施工

学科記述解説

施工管理

法規

過去問題と解答

表3 品質管理関連の出題に対応する3事例

	工種	コンクリート工事
	品質（管理）目標	コールドジョイント防止
	品質管理項目	打ち重ね時間、バイブレータ間隔
15	取上げた理由	打ち重ね時間が長すぎたり、締固めが不十分であると、上下のコンクリートが一体とならず、打ち重ね部にコールドジョイントが発生してしまうから。
	実施（管理）内容	60分以内で到着する生コン工場を選び、工場と密に連絡を取って現場での生コン車待機時間を5分以内となるよう調整した。また、バイブレータをかける間隔を50cm以内とし、1カ所あたり5～10秒とし、下層に10cm以上挿入するよう指導した。
	工種	防水工事
	品質（管理）目標	止水性の確保
23	品質管理項目	コンクリート下地の含水率
	取上げた理由	下地の乾燥が不十分であると、接着剤がうまく機能せず、防水層の剥れの原因となって漏水につながるから。
	実施（管理）内容	コンクリート打ち込み後2週間以上経過してからの防水工事とし、下地コンクリートは十分清掃して突起物のないようにして、高周波水分計により含水率8%以下であることを確認した。
	工種	タイル工事
	品質（管理）目標	密着張りタイルの浮き、剥れの防止
25	品質管理項目	接着力
	取上げた理由	躯体へのタイルの接着力不足は浮き・剥れ・剥落の原因となり、美観を損ねるだけでなく、躯体の劣化、飛来落下事故にもつながるため。
	実施（管理）内容	1回の塗り付け面積は2m²以下とし、塗り付け後20分以内に張り終えるよう時間管理を行った。打診検査により浮きのないことを確かめ、接着力試験により0.4N/mm²が確保されていることを確認した。

1 令和5年度・令和3年度・平成28年度・平成23年度の出題に対する解答例

平成28年度の問題

> 工事概要であげた工事で、あなたが担当した工種において実施した**品質管理活動**の事例を2つあげ、次の①から③についてそれぞれ記述しなさい。
> ただし、2つの品質管理活動は、それぞれ異なる内容の記述とすること。
> ① 発注者や設計図書等により**要求された品質**およびその品質を満足させるために特に設定した**品質管理項目**を、工種名をあげて具体的に記述しなさい。
> ② ①で設定した品質管理項目について、**取り上げた理由**を具体的に記述しなさい。
> ③ ①で設定した品質管理項目をどのように管理したか、**その実施した内容**を具体的に記述しなさい。

解答例

		要求された品質	コールドジョイントの発生をなくす
	①	工種名	コンクリート工事
		品質管理項目	打設における打ち重ね時間
コンクリート工事	②	定めた理由	打ち重ね時間が長くなると前に打設したコンクリートの表面が硬化し、一体化せずにコールドジョイント発生の原因となるから。
	③	実施した内容	生コン工場は近距離の業者を選び、工場と密に連絡を取ることにより1車ごとの出荷時間を調整し、打ち重ね時間を60分以内となるようにした。
		要求された品質	ルーフィングの止水性確保
	①	工種名	防水工事
		品質管理項目	下地の含水率
防水工事	②	定めた理由	下地の乾燥が不十分であるとルーフィングが密着せず、漏水の原因となるから。
	③	実施した内容	躯体打設後、十分な乾燥養生期間をとり、高周波水分計で含水率が8%以下であることを確認して、天候の良い日にルーフィング張付けを行った。

試験概要と試験対策のポイント

5 テーマが「品質管理」の場合 施工経験記述

仮設・安全

躯体施工

仕上施工

学科記述解説

施工管理

法規

過去問題と解答

タイル工事	①	要求された品質	タイルの浮き、剥落、はがれの防止
		工種名	タイル工事（密着張り）
		品質管理項目	タイルの接着力
	②	定めた理由	躯体へのタイルの接着力不足は浮き、剥落、はがれの原因となり、美観を損ねるだけでなく、躯体の劣化、飛来落下事故につながる恐れがあるから。
	③	実施した内容	1回の塗付け面積は2m²以下とし、塗り付け後20分以内に張り終えるように時間管理を行った。打診検査により浮きのないことを確かめ、接着力試験により0.4N／mm²以上が確保されていることを確認した。

※ 令和5年度の問題は、実施した内容およびその確認方法または検査方法が求められている。防水工事とタイル工事はこの解答例のままで差し支えないが、コンクリート工事は「生コン車到着時刻を記録することにより、打ち重ね時間が60分以内であることを確認した」などのようにアレンジすればよい。

※ 令和3年度の問題は、定めた理由と発生を予測した欠陥または不具合となっている。コンクリート工事は「硬化によるコールドジョイント発生」、防水工事は「ルーフィングの剥がれによる漏水」、タイル工事は「接着不良によるタイル剥落」等を追加記述すればよい。

※ 平成23年度の出題は、「要求された品質」が「目標の品質」に、「品質管理項目」が「重点品質管理項目」に表現が変わっているだけなので、この平成28年度の解答案がそのまま適用できる。

2 令和元年度・平成26年度の出題に対する解答例

平成26年度の問題

工事概要であげた建築工事において、設計図書などから読み取った要求品質を実現するために行った**品質管理活動**を2つあげ、次の①から③について具体的に記述しなさい。

ただし、2つの品質管理活動の内容は、異なる記述とする。

① 設計図書などから読み取った**要求品質**と、それを実現するために定めた**重点品質管理目標**を、それぞれ具体的に記述しなさい。

② ①の重点品質管理目標を達成するために設定した、施工プロセスにおける**品質管理項目**とそれを**定めた理由**を、具体的に記述しなさい。

③ ②の品質管理項目について、どのように管理したか、**実施した内容**を、具体的に記述しなさい。

※ 令和元年度の問題は①がないだけで、②と③を3つの欄に分けて記すようになっている。

解答例

コンクリート工事	①	要求品質	コンクリートの強度確保
		重点品質管理目標	コールドジョイントの発生の防止
	②	品質管理項目	打設における打ち重ね時間
		定めた理由	打ち重ね時間が長くなると前に打設したコンクリートの表面が硬化し、一体化せずにコールドジョイント発生の原因となるから。
	③	実施した内容	生コン工場は近距離の業者を選び、工場と密に連絡を取ることにより1車ごとの出荷時間を調整し、打ち重ね時間を60分以内となるようにした。
防水工事	①	要求品質	防水工事における漏水の防止
		重点品質管理目標	ルーフィングの止水性確保
	②	品質管理項目	下地の含水率
		定めた理由	下地の乾燥が不十分であると、ルーフィングが密着せず、漏水の原因となるから。
	③	実施した内容	躯体打設後、十分な乾燥養生期間をとり、高周波水分計で含水率が8%以下であることを確認して、天候のよい日にルーフィング張り付けを行った。
タイル工事	①	要求品質	タイルの密着張りにおける美観の確保
		重点品質管理目標	浮き、剥落、はがれの防止
	②	品質管理項目	タイルの接着力
		定めた理由	躯体へのタイルの接着力不足は浮き、剥落、はがれの原因となり、美観を損ねるだけでなく、躯体の劣化、飛来落下事故につながる恐れがあるから。
	③	実施した内容	1回の塗り付け面積は2m²以下とし、塗り付け後20分以内に張り終えるように時間管理を行った。打診検査により浮きのないことを確かめ、接着力試験により0.4N／mm²以上が確保されていることを確認した。

試験概要と試験対策のポイント

施工経験記述

仮設・安全

躯体施工

仕上施工

学科記述解説

施工管理

法規

過去問題と解答

3 平成20年度の出題に対する解答例

平成20年度の問題

工事概要であげた工事について、あなたが設計図書、施工図、施工要領書などから確認し、管理した**重要品質（建物の重要な性能）**を2つあげ、それぞれ次の①から③について具体的に記述しなさい。ただし、2つの重要品質に関する記述の内容は、それぞれ異なるものとする。
① 重要品質として採りあげた理由
② あなたが採りあげた重要品質に関する品質管理活動を行うにあたって、定めた管理項目とそれにかかる工種名、およびその管理項目を定めた理由
③ ②の管理項目をどのように管理したか。

解答例

		重要品質	コールドジョイントの発生防止
コンクリート工事	①	採りあげた理由	コールドジョイントが生じるとコンクリート強度の低下につながるから。
	②	管理項目	打設における打ち重ね時間
		工種名	コンクリート工事
		定めた理由	打ち重ね時間が長くなると前に打設したコンクリートの表面が硬化し、一体化せずにコールドジョイント発生の原因となるから。
	③	管理内容	生コン工場は近距離の業者を選び、工場と密に連絡を取ることにより1車ごとの出荷時間を調整し、打ち重ね時間を60分以内となるようにした。
防水工事		重要品質	ルーフィングの止水性確保
	①	採りあげた理由	止水性が確保されないと漏水の原因となり、躯体劣化につながるから。
	②	管理項目	下地の含水率
		工種名	防水工事
		定めた理由	下地の乾燥が不十分であるとルーフィングが密着せず、漏水の原因となるから。
	③	管理内容	躯体打設後、十分な乾燥養生期間をとり、高周波水分計で含水率が8%以下であることを確認して、天候のよい日にルーフィング張り付けを行った。
タイル工事		重要品質	タイルの浮き、剥落、はがれの防止
	①	採りあげた理由	剥落、はがれは、美観を損ねるだけでなく、躯体の劣化、飛来落下事故につながる恐れがあるから。
	②	管理項目	タイルの接着力
		工種名	タイル工事（密着張り）
		定めた理由	躯体にタイルが十分接着していないと、浮き、剥落、はがれの原因となるから。
	③	管理内容	1回の塗り付け面積は2m²以下とし、塗り付け後20分以内に張り終えるように時間管理を行った。打診検査により浮きのないことを確かめ、接着力試験により0.4N／mm²以上が確保されていることを確認した。

試験概要と試験対策のポイント

⑤テーマが「品質管理」記述

施工経験記述の場合

仮設・安全

躯体施工

仕上施工

学科記述解説

施工管理

法規

過去問題と解答

4 平成18年度の出題に対する解答例

平成18年度の問題

上記の工事概要であげた工事において、あなたが現場で実施した、重点的な品質管理活動の事例を**3つ**あげ、それぞれ次の①から③について記述しなさい。ただし、3つの事例は、それぞれ異なる内容の記述とする。

① 発注者側の要望

あなたの立場で理解した**発注者側の要望**を簡潔に記述しなさい。

なお、発注者側の要望には、設計者、監理者、元請け、営業、上司等から聞いたことや、設計図書等から読み取った内容も含むものとする。

② 重点的な品質管理活動

①の発注者側の要望に応えるため、あなたが現場で重点的に実施した**品質管理活動の内容**を具体的に記述しなさい。

なお、品質管理活動の内容には、部位、作業内容等を含む記述とする。

③ 理由や経緯

重点的な品質管理活動を①の発注者側の要望に、応えるものと**考えた理由**や**結び付けた経緯**を具体的に記述しなさい。

解答例

コンクリート工事	①	発注者側の要望	躯体の強度低下や美観低下につながるコールドジョイントのないコンクリート仕上りを要望された。
	②	品質管理活動の内容	生コン工場は近距離の業者を選び、工場と密に連絡を取ることにより1車ごとの出荷時間を調整し、打ち重ね時間を60分以内となるように管理した。
	③	理由や経緯	打ち重ね時間が長くなると前に打設したコンクリートの表面が硬化し、一体化せずにコールドジョイント発生の原因となるから。
防水工事	①	発注者側の要望	躯体の劣化につながる漏水を絶対に生じさせない防水を要求された。
	②	品質管理活動の内容	躯体打設後、十分な乾燥養生期間をとり、高周波水分計で下地の含水率が8%以下であることを確認して、天候のよい日にルーフィング張り付けを行った。
	③	理由や経緯	下地の乾燥が不十分であるとルーフィングが密着せず、漏水の原因となるから。
タイル工事	①	発注者側の要望	躯体の劣化、飛来落下事故につながり、美観を損ねるような浮き、剥落、はがれのないタイル工事を要求された。
	②	品質管理活動の内容	1回の塗り付け面積は2m²以下とし、塗り付け後20分以内に張り終えるように時間管理を行った。打診検査により浮きのないことを確かめ、接着力試験により0.4N／mm²以上が確保されていることを確認した。
	③	理由や経緯	躯体にタイルが十分接着していないと、浮き、剥落、はがれの原因となるから。

5 平成16年度の出題に対する解答例

平成16年度の問題

上記の工事概要であげた工事において、次の①~③に関し、あなたが実際に関与したことを**2つ**記述しなさい。

① 上記建物の**品質**について、ホ.で記述した**あなたの立場に求められた管理項目**をあげなさい。ただし、コストに関する記述は除くものとする。

② ①の管理う項目を満足させるために、あなたが**実際に実施したこと**を、具体的に記述しなさい。

③ ②の実際に実施したことの**確認や記録をどのような方法で行ったか**、具体的に記述しなさい。

試験概要と試験対策のポイント

施工経験記述

仮設・安全

躯体施工

仕上施工

学科記述解説

施工管理

法規

過去問題と解答

解答例

コンクリート工事	①	管理項目	コンクリートの打ち重ね時間
	②	実施内容	生コン工場は近距離の業者を選び、工場と密に連絡を取ることにより1車ごとの出荷時間を調整し、打ち重ね時間を60分以内となるようにした。
	③	確認や記録方法	生コン工場から現場までの運搬時間を事前に走行することによって確認し、電話連絡ごとにその時刻を記録した。
防水工事	①	管理項目	防水工事のルーフィング張り付けに際しての下地の含水率
	②	実施内容	躯体打設後、十分な乾燥養生期間をとり、天候のよい日にルーフィング張り付けを行った。
	③	確認や記録方法	高周波水分計で含水率を測定し、記録した。含水率が8%以下であることを確認して、ルーフィング施工を行った。
タイル工事	①	管理項目	タイル密着張りにおけるタイルの接着力
	②	実施内容	1回の塗り付け面積は2m²以下とし、塗り付け後20分以内に張り終えるように時間管理を行った。
	③	確認や記録方法	打診検査により浮きのないことを確かめ、接着力試験により0.4N／mm²以上が確保されていることを確認し、試験結果を記録した。

5-4 過去の「品質管理」の問題への対処（問題1-2対応）

- 品質管理に関する問題1-2は、工種を問われているわけではなく、いずれも品質管理活動に関する「あるべき姿」の一般論を問うものであり、2～3のパターンを用意しておけばそれほど難しくはない。
- 特にオリジナリティが必要なわけでもなく、受検生間でも同じような解答が重なるものと考えられる。
- ここに、特定工種の品質管理活動の内容を記す受検者が多いが、あまりお勧めはできない。特定工種について記すことは間違いではないが、「品質管理活動」の主旨を誤解して実施対策を書いてしまったり、内容が問題1-1とダブっていたりすることが多いからである。
- ただし、問題のニュアンスが若干異なることにより、どのようなキーワードを含めるべきかだけは気を使っていただきたい。平成16年度以降の問題1-2に対する解答事例と考え方を以下に示すので、参考にしていただきたい。

1 平成28年度の出題に対する解答例

平成28年度の問題

> 工事概要にあげた工事にかかわらず、あなたの今日までの工事経験に照らして、品質管理目標、品質管理項目および活動内容を協力業者等に、周知するためおよびそれらに基づいて施工されていることを確認するための方法・手段を具体的に記述しなさい。
> なお、1、③の実施した内容と同一の記述は不可とする。

解答例

解答例1	周知方法・手段	自社で作成した工種別施工計画書に基づき、品質管理項目、管理値をさだめた施工要領書を協力業者に作成させ、それを自社でチェックして、作業員を交えた着前検討会において重要点の読み合わせを行い、全員に周知させる。
	確認方法・手段	工種ごとに現場担当者にチェックリストを作成させ、毎日午前と午後1回ずつ以上現場巡回による実施チェックを行わせて、その結果を現場代理人自ら確認して押印する。
解答例2	周知方法・手段	要求品質を踏まえた品質目標、品質管理項目を整理し、協力業者を交えた週1回の品質管理会議を開催して、施工に伴う管理項目データと管理値の比較を協力業者に示すとともに、今後の施工に向けた是正方法、対策方法を協力業者に自主提案させる。
	確認方法・手段	職長にチェックリストを渡して主要工程ごとにチェックを行わせるとともに、そのチェックリストを主任技術者が確認してサインすることで、品質管理活動が間違いなく実施されていることを確認する。

※令和3年度の①は平成28年度の解答を、②は後述の平成26年度の②の解答をそのまま記せばよい。

--

- 周知すべき対象は協力会社の作業員であり、「検討会」、「全員参加」、「自主的」等がキーワードとなる。
- 確認するのは自社(最終的には現場代理人)であり、その過程は「職長」、「現場担当者」、「工事主任、主任技術者」などが介在するが、いずれから記してもよい。確認であるから、押印やサインを記したほうがよい。

2 平成26年度の出題に対する解答例

平成26年度の問題

工事概要であげた工事にかかわらず、あなたの今日までの工事経験を踏まえて、次の①、②について具体的に記述しなさい。
① 作業所における組織的な品質管理活動は、どのように行ったらよいと思いますか、あなたの考えを記述しなさい。
② 組織的な品質管理活動を行うことにより、どのような効果が得られると思いますか、あなたの考えを記述しなさい。

※令和元年度、4年度はこれとほぼ同じ内容の問題。

解答例

解答例1	①	発注者や設計者の要求事項を確認して整理し、社内の品質管理責任者、技術部、設計部のスタッフを交えた品質管理に関する検討を行い、その結果を従業員と協力業者に周知させることにより、現場関係者が一丸となって顧客満足達成を図る。
	②	現場だけでなく社内スタッフの知識を活用することにより、高度の次元での品質管理の考え方が得られ、従業員と協力業者に組織としての品質管理活動の重要性を認識させることができる。
解答例2	①	従業員、協力会社代表を交えた品質管理検討会を開催し、発注者や設計者の要求品質を確認するとともに、目標品質、管理項目を設定し、それを達成するための品質管理活動を協力業者に提案させて、その結果を朝礼等で全従業員に周知徹底する。
	②	全作業員に品質管理活動の重要性を認識させることができるだけでなく、要求品質達成により顧客の信頼を得られることで今後の受注増にもつながる。

--

- 「組織的」は、現場管理者や従業員だけでなく、社内スタッフ、協力業者が一丸となって取り組み、周知徹底を図ること。
- 「効果」は、幅広い知見の獲得、作業員の認識の向上、得意先の信頼確保、受注の増大、職場環境の改善などがキーワード。

試験概要と試験対策のポイント

5 テーマが「品質管理」の場合 施工経験記述

仮設・安全

躯体施工

仕上施工

学科記述解説

施工管理

法規

過去問題と解答

試験概要と試験対策のポイント

施工経験記述

仮設・安全

躯体施工

仕上施工

施工管理

法規

学科記述解説

過去問題と解答

3 平成23年度の出題に対する解答例

平成23年度の問題

工事概要であげた工事にかかわらず、あなたの今日までの工事経験に照らして、次の①、②について簡潔に記述しなさい。
① 現場作業所で品質管理活動を組織的に行うには、**どのようにしたらよい**と思いますか、あなたの考えを記述しなさい。
② クレーム等のない、顧客の信頼を得られる建物を提供することは、施工者にとって**どのような意味**を持ちますか、あなたの考えを記述しなさい。

解答例

解答例1	①	発注者や設計者の要求事項を確認して整理し、社内の品質管理責任者、技術部、設計部のスタッフを交えた品質管理に関する検討を行い、その結果を従業員と協力業者に周知させることにより、現場関係者が一丸となって顧客満足達成を図る。
	②	品質管理の徹底が顧客にも社会的にも認知され、自社の信頼度が高まることにより、従業員、作業員のモチベーションが高まるだけでなく、今後の受注増にもつながる。
解答例2	①	従業員、協力会社代表を交えた品質管理検討会を開催し、発注者や設計者の要求品質を確認するとともに、目標品質、管理項目を設定し、それを達成するための品質管理活動を協力業者に提案させて、その結果を朝礼等で全従業員に周知徹底する。
	②	クレームによる補修や補償費用を削減することができ、収益性向上につながるとともに、社会的信用が増し、受注拡大につながる。

- ①は平成26年度とまったく同じ解答例を記して問題ない。
- ②は平成26年度と同じでもよいが、「クレームがない」ことによる補修、補償費の削減を強調したほうが得点は高くなると考えられる。

4 平成20年度の出題に対する解答例

平成20年度の問題

工事概要にあげた工事にかかわらず、あなたの今日までの工事経験に照らして、次の①、②について簡潔に記述しなさい。
① 品質の良い建物を提供するためには、**どのような施工**を行うことが必要だと考えますか。
② 品質の良い建物を提供することは、施工者にとって**どのような意味**を持つと考えますか。

解答例

解答例1	①	設計図書等から発注者、設計者の要求品質を理解し、施工図、施工計画書、施工要領書を作成し、従業員や作業員に周知するとともに、品質管理データ、記録をチェックして目標品質の達成を確認する。
	②	要求品質を満足した建物を提供することにより、顧客の信頼を得られ、社会的評価が高まることにより受注増にもつながる。
解答例2	①	発注者、設計者からの要求品質を踏まえた品質目標、品質管理項目を整理し、協力業者を交えた週1回の品質管理会議を開催して、施工にともなう管理項目データと管理値の比較を示すとともに、今後の施工に向けた是正方法、対策方法や検討情報を現場全員で共有する。
	②	品質の高い建物を作ることは、得意先に喜ばれ、自社の信用度が増し、それを今後の施工に生かすことで自社の技術力がアップするとともに、受注に向けての販売促進の武器ともなりうる。

- 平成26年度とほとんど同じ解答でも問題ない。

試験概要と試験対策のポイント

5. テーマが「品質管理」の場合　施工経験記述

仮設・安全

躯体施工

仕上施工

学科記述解説

施工管理

法規

過去問題と解答

- 「どのような施工を行うか」にこだわれば、「要求品質確認→品質目標設定→管理項目設定→作業標準設定→実施・データ・記録→是正」というPDCAの流れを記すのがよいが、必ずしもこれにこだわる必要はない。
- 組織的品質管理活動を記してもよい。
- ②は平成26年度と同様「効果」と捉えて記せばよい。

5　平成18年度の出題に対する解答例

平成18年度の問題

> 上記の工事にかかわらず、あなたの今日までの工事経験を踏まえて、品質に関する発注者側の要望や、それを実現するための現場の重点品質管理活動の内容を**協力業者に確実に伝達するため**、**その手段や方法**はどうあるべきか。現場作業所の活動と現場から社内関連部署への要請とに分けて、それぞれ具体的に記述しなさい。
> なお、協力業者は、下請け業者、取引業者、納入業者、専門工事業者などとする。

解答例

解答例1	現場作業所の活動	自社で作成した工種別施工計画書に基づき、品質管理項目、管理値を定めた施工要領書を協力業者に作成させ、それを自社でチェックして、合意のもとに品質管理活動を実施することを協力会社ごとに確認する。
	現場から社内関連部署への要請	技術部、設計部、品質管理部を含めた着前検討会を開催し、工種ごとの施工計画書を作成して品質目標、品質管理項目、管理値を定める。施工中においては、定期的に社内スタッフを交えた報告検討会を行うなど関連部署との連絡を密に行う。
解答例2	現場作業所の活動	発注者、設計者からの要求品質を踏まえた品質目標、品質管理項目を整理し、協力業者を交えた週1回の品質管理会議を開催して、施工に伴う管理項目データと管理値の比較を示すとともに、今後の施工に向けた是正方法、対策方法および検討情報を現場全員で共有する。
	現場から社内関連部署への要請	現場の品質管理データをリアルタイムで社内関連部署に報告し、問題があればその内容や指導事項を現場に連絡するといったWEB送信の体制を確立する。

- 平成26年度の回答の中から、協力業者に関するものを①に、社内関連部署に関するものを②に記せばよい。
- 伝達方法であるから、週1回会議、検討会、個別打合せ、WEB送信など、伝達手段を含めて記すべきである。

6　平成16年度の出題に対する解答例

平成16年度の問題

> 上記の工事にかかわらず、あなたの経験に照らして、**品質に関する顧客の満足を向上させる**ため建築工事における**組織の活動はどうあるべきか**、あなたの考えを記述しなさい。

- 平成26年度の解答例の①とほとんど同じ解答でも問題ない。

6　テーマが「施工の合理化」の場合

POINT
出題傾向と
ポイント

● 「施工の合理化」がテーマの場合は、生産性向上、省力化、工期短縮、コスト縮減を対象としていると考えてよい。

6-1　「施工の合理化」の考え方

- 「施工の合理化」とは、生産性向上、省力化、工期短縮、コスト縮減が主目的であるが、広義には利益確保のための安全管理、品質管理、環境対策全般の施工管理を含めている。建築施工管理技術検定 第二次検定において施工の合理化がテーマとなる場合は、**生産性向上、省力化、工期短縮、コスト縮減**を対象としていると考えてよい。

- 過去には、「工程管理」がテーマとなっていたが、施工の合理化は、工程管理の対策のうち、増員、増台、残業、土日祝祭日施工などのように工費増大に繋がる可能性がある、力業(ちからわざ)による対策は除かれる。つまり、簡単に言うと、「スマートな工程管理対策」である。

6-2　「施工の合理化」のキーワード

1　プレハブ化
- 材料・部品・製品をあらかじめ工場で作っておき、現場に搬入して、現場では組立てだけを行うこと。現場加工作業が削減されることにより、省力化、工期短縮につながり、端材の発生も少ない。

2　プレキャスト化
- 工場などであらかじめ製造されたコンクリート製品(柱、梁、スラブなど)を用いて現場で組立てを行うこと。コンクリートのプレハブ化のことであり、効果はプレハブ化と同じ。

3　先組み
- 現場内の加工場などで事前に一部または全部を組立て、施工場所に揚重して組立てること。作業条件のよい地上での組立てのため、現場での錯綜を防ぎ、組立て能率が高く、品質精度も安全も確保できる。

4　ユニット化
- 単品個別生産でなく、規格化された材料、製品のこと。大量生産によるコスト縮減効果があるが、現場では取り付け、組立てが統一されているので、施工時間が短く、また熟練を要した職人でなくても品質的にバラつきがなくなる。

5　並行作業
- 単なる増員ではなく、同種作業を区画に分けて同時施工したり、異種作業を後追いでずらして行ったりするなどの方法で、工期短縮や職人の手待ちを少なくするなどの効果がある。

6 同業社施工

- 建具扉は建具工事業者、扉枠は造作大工というような異業種の作業を、同一業者に発注することにより、業者間の連絡不備による修正作業や手待ち等の時間的ロスを少なくする。

7 一括発注

- 各工種で使用する材料や他現場の材料を集約して1つのメーカに一括発注することにより、スケールメリット的な材料費縮減の効果がある。

8 JIT（ジャストインタイム）納入

- 施工に合わせた材料や納入を行うことにより、仮置き場を少なくし、場内小運搬を少なくする。

9 材料変更

- セルフレベリング材、プレミックスモルタル、1成分系シーリング材など、工種ごとに省力化に繋がる材料に着目して、既存材料からの変更を行う。

10 工法変更

- デッキプレート、捨て型枠、逆打ち工法、機械式継手、無足場工法、GPC工法など、工種ごとに省力化や工期短縮につながる工法に着目して、既存工法からの変更を行う。

【注意事項】

- 並行作業を記すときは、単に「並行作業を行った」という言葉を使うだけでなく、例えば「●●作業と○○作業を××人ずつの2班体制で行った」というように具体的に記すべきである。
- プレハブや先組みを記す場合は、「工場で加工できるものはできるだけ」というような曖昧な表現ではなく、どんな部材（または部品、製品）をどこまでプレハブとしたのかを明確に記す必要がある。
- 本設および指定仮設の場合は、合理化のために施工者側で勝手に判断して変更することはできないので、**発注者の要求によりとか、発注者や設計者に申し入れて了解・承認を受けた旨**の記述を付加しておくべきである。
- 理由欄に、○○日短縮とか○○％工費縮減のような数値を含めると、得点は高くなる（非常識な数値でないことだけは要チェック）。

6-3 過去の「施工の合理化」の問題への対処（問題1-1対応）

- 施工の合理化は、平成19年以降平成30年の臨時試験を含めて7回出題されているが、平成25年と平成22年は内容がほとんど同じである。したがって、①工種・部位、②実施内容、③合理化理由、④品質確保理由の4つを記すことができるよう用意しておけばよい（平成19年は品質確保理由が含まれていないだけである）。
- 最近、施工の合理化として、労働生産性向上の問題が出題されるようになっている（平成30年臨時、令和2年、令和4年）。労働生産性とは、一定の労働時間当たりの生産量のことであり、労働生産性の向上は、同じ労働力で生産量を多くすること、あるいは同じ生産量をできるだけ少ない労働力で賄うことである。施工の合理化における省力化はすべてこれに該当すると考えられる。同じ対策でも、工期短縮を強調するのではなく、効率化や作業の軽減を強調すべきということになる。

試験概要と試験対策のポイント

施工経験記述

仮設・安全

躯体施工

仕上施工

学科記述解説

施工管理

法規

過去問題と解答

- ただし、複数記すことを求められるので、**工種は同じであってもよいが、同種の対策を記しては
  ならない。**例えば、塗装工事で「工場塗装による現場塗装の省力化」を記したら、コンクリート
  工事の「プレキャストによる現場型枠鉄筋組立ての省力化」を記してはならない（いずれも工場製作
  で同種とみなされる恐れがある）。

- 平成29年は、「合理化が必要となった原因」、「確保しようとした品質」というように、設問のニュ
  アンスが微妙に異なっている。しかし、解答例1ならば合理化必要原因は「外構工事の都合上
  足場を早く解体する必要が生じたため」、確保しようとした品質は「部分的補修の見映え」とす
  るなど、設問に応じた臨機応変な記述が要求される。

- また、最近は平成25年度のように「**躯体・仕上げ材料のプレカットに関する記述は不可とする**」
  などの制約条件が付されることがあるので、最初に問題をよく読むべきである。

- 品質確保理由は、「合理化を行ったことで品質が向上する」事例であればベターであるが、「合
  理化を行っても品質が損なわれない」事例でもさしつかえない。

- 以下に、工種ごとにいくつかのサンプルを上げるので、参考にしていただきたい。

- いずれも、問題1-1の「上記の工事概要であげた工事」に対する記述である。

1 解答例

1	工種・部位	仮設工事（足場組立て解体工事）
	実施内容	外部の枠組み足場を予定より1カ月前に解体し、部分的な外壁補修を高所作業車をレンタルして施工した。
	合理化理由	足場を1カ月早く解体することにより外構工事の着手時期を早められて工期短縮につながり、高所作業車のレンタル費用を考慮してもトータルコストは安くなるから。
	品質確保理由	高所作業車によるほうが部分的補修箇所へのジャストポイントの施工が容易で、外構のダメ工事も邪魔な足場がないので容易で、片付けも丁寧にできるから。
	労働生産性確保理由	高所作業車に変えることにより上下の足場移動の必要がなく、作業時間の短縮にも作業員の負担の軽減にもなるから。
2	工種・部位	地業工事（杭打ち工事）
	実施内容	基礎の杭打ちは油圧ハンマーによるコンクリートの既成杭であったが、これを発注者の承認を得て場所打ち杭のアースドリル工法に変更した。
	合理化理由	油圧ハンマーは騒音などの問題で施工日や施工時間帯が制限されていたが、無振動無騒音のアースドリル工法は住民反対などによる施工時間帯の制約を受けず、工期短縮につながるから。
	品質確保理由	打込み杭は地質条件によって高止まり等の恐れがあり、場所打ち杭なら確実に所定深さまで施工でき、計算通りの支持力が確実に得られるから。
	労働生産性確保理由	施工時間帯の制約を受けないことで、連続して作業ができ、防音壁等の余計な仮設工事を行わなくて済むことで作業の軽減につながるから。
3	工種・部位	地業工事（杭打ち工事）
	実施内容	基礎杭はアースドリルによる通常の場所打ち杭であったが、これを拡底杭に変更することを計算書を添えて発注者に申し入れ、承認を得た。
	合理化理由	拡底杭は通常の場所打ち杭に比べて本数や、掘削量、残土量、コンクリート量ともに少なく、トータル的に工費が安くなるとともに、汚泥となる安定液の廃棄量が少なくなるから。
	品質確保理由	深度や拡底径の検知システムを活用して管理することにより、1本ごとに設計通りの形状の拡底杭をまちがいなく施工できるから。
	労働生産性確保理由	掘削、残土処分、コンクリート打設等の総量が少なくなり、工期短縮とともに作業量そのものが軽減されるから。

4	工種・部位	土工事（山留め工事）
	実施内容	山留め支保工として、水平切梁工法を地盤アンカー工法に変更した。
	合理化理由	地盤アンカー工法は邪魔な切梁がないので、掘削、躯体工事がスムーズで、埋戻しに際しても箱抜き補修や切梁盛替えがなく工期短縮につながるから。
	品質確保理由	切梁部分の箱抜き補修がないため地下の躯体はきれいに仕上がるから。
	労働生産性確保理由	切梁がないことで掘削、躯体工事がやりやすく、また切梁ハコ抜き部分の補修もなく、作業量が少なくなるとともに、作業環境の改善にもつながるから。
5	工種・部位	土工事（山留め工事）
	実施内容	地下構造物の床付けがGL－20mであったので、山留め支保工として、水平切梁で下から躯体を立ち上げる従来工法を逆打ち工法に変更することを発注者に申し入れ、承認を得た。
	合理化理由	地下が深い場合は、逆打ち工法は地上と地下の並行施工が可能であり、全体工期の短縮につながるから。
	品質確保理由	切梁部分の箱抜補修がないため地下の躯体はきれいに仕上がるから。
	労働生産性確保理由	切梁がないことで掘削、躯体工事がやりやすく、また切梁ハコ抜き部分の補修もなく、作業量が少なくなるとともに、作業環境の改善にもつながるから。
6	工種・部位	土工事（山留め工事）
	実施内容	地下水位の高い場所での山留め掘削に、ウェルポイント工法を採用し、事前に地下水位を下げた。
	合理化理由	掘削、躯体構築に伴い、地下水湧水の水替えの必要がなく、ドライな状態での施工であるため作業もスムーズで工期短縮につながるから。
	品質確保理由	床付け面がドライであるため確実な地耐力が確保でき、作業性もよいため、躯体精度が高くなるから。
	労働生産性確保理由	掘削中の釜場盛替えの手間が不要になり、ドライ状態での施工となるので作業効率が上がり、総施工日数が少なくなるとともに、作業環境の改善にもつながるから。
7	工種・部位	鉄筋工事
	実施内容	現場内に○○m×○○mの加工場を設け、そこで梁鉄筋の主要部を事前組立して現場に搬入し、現場では取付組立だけ行えばよいようにした。
	合理化理由	現場における鉄筋組立て工数が減り、鉄筋工の人数も組立て日数も少なくなって工期短縮につながるから。
	品質確保理由	組立ての大部分が、作業条件のよい地上での作業となるので、高精度に仕上がるから。
	労働生産性確保理由	現場での加工手間や組立日数が大幅に削減されることで、施工量が少なくなるとともに、作業負担の軽減にもなるから。
8	工種・部位	鉄筋工事
	実施内容	柱鉄筋のD25の継手が圧接継手で設計されていたが発注者の承認を得て機械式継手に変更した。
	合理化理由	圧接継手は雨天や強風時に施工できないなど天候の影響を受けるが、機械式継手は天候に関係なく施工ができるので、工期短縮につながるから。
	品質確保理由	機械式継手は、圧接継手のように職人の技量に左右されず、均一な品質が確保できるから。
	労働生産性確保理由	機械式継手は圧接継手より短時間で作業が完了し、雨天でも作業できるため作業中断もなく作業効率が増すとともに、圧接の煙による作業環境悪化の防止にもなるから。
9	工種・部位	型枠工事
	実施内容	スラブの床コンクリート打設のための合板型枠を、発注者の承認を得てフラットデッキに変更した。
	合理化理由	型枠解体の必要がなく、解体の工数減による工期短縮につながるとともに、型枠残材がなくなることにより産廃が減り、工費節減にもなるから。
	品質確保理由	フラットデッキは工場製作なので、合板のように型枠大工の技量に左右されない型枠精度が保てるから。
	労働生産性確保理由	工場製作により現場での型枠加工手間が少なくなり、型枠解体手間がなくなることにより施工量が少なくなって大工作業の軽減となるから。

試験概要と試験対策のポイント

施工経験記述

仮設・安全

躯体施工

仕上施工

学科記述解説

施工管理

法規

過去問題と解答

10	工種・部位	型枠工事
	実施内容	基礎コンクリートの外型枠を、合板型枠から品質性能評価を取得したラス型枠に変更した。
	合理化理由	外型枠を解体する必要がなく、型枠残材削減、工期短縮につながり、クリアランス確保のための余掘りも少なくなって工費削減にもつながるから。
	品質確保理由	外側からの狭い作業エリアにおける防水施工よりも、内側からラス型枠に防水シートを事前張り付けしておくことにより、止水性能が向上するから。
	労働生産性確保理由	掘削量が少なくなることで作業の軽減となり、また型枠解体手間がなくなることにより大工作業の軽減となるから。
11	工種・部位	型枠工事
	実施内容	外壁の型枠を加工場で大パネル化し、クレーンでつり込んで組立てた。
	合理化理由	事前に大部分を加工場組立てすることにより、現場での組立て作業を少なくでき、工期短縮につながるから。
	品質確保理由	足場条件の悪い現場で組立てるよりも、地上の条件のよい加工場で組立てるほうが精度が高くなるから。
	労働生産性確保理由	地上で大パネル化することで、条件の悪い現場での型枠大工の組立作業の大幅な軽減となるから。
12	工種・部位	コンクリート工事
	実施内容	発注者の承認を得て、柱、梁の躯体の大部分にプレキャストコンクリートを採用した。
	合理化理由	現場での主作業は組立てと補強工事だけであり、型枠組立て、鉄筋組立て、打設、養生といった一連の工程を大幅に削減することにより、残材削減、工期短縮につながるから。
	品質確保理由	型枠組立て、鉄筋組立て、打設、養生がすべて条件の整った工場で行われるため、現場よりもコンクリートの品質管理が綿密に行われるから。
	労働生産性確保理由	型枠組立解体、鉄筋組立、コンクリート打設の一連の作業が大幅に軽減されるから。
13	工種・部位	コンクリート工事
	実施内容	冬季の施工であり、発注者の承認を得て、スラブの打設コンクリートに早強ポルトランドセメントを使用した。
	合理化理由	普通ポルトランドセメントより強度発現が早く、養生期間や型枠存置期間を短縮でき、工期短縮につながるから。
	品質確保理由	早強ポルトランドセメントの適切な使用は、冬季の場合、温度低下によるコンクリート凍害の防止にもなり、品質確保につながるから。
	労働生産性確保理由	凍結防止のための温風やヒーター養生の規模や期間を少なくでき、また養生期間の短縮により養生作業期間を削減できるから。
14	工種・部位	コンクリート工事
	実施内容	年末の12月27日を打設日と定め、事前に生コン工場を確保した上で、基礎コンクリートの鉄筋・型枠工事を集中的に実施し、予定の27日に約100m³のコンクリートを打設した。
	合理化理由	年末年始の8日間の休日を基礎コンクリートの養生期間に当てることにより、年明け作業開始日に直ちに型枠の解体に取り掛かれ、作業不可能日を有効に活用することができるから。
	品質確保理由	無理な養生期間短縮によるコンクリートの品質低下を防止できるから。
	労働生産性確保理由	養生期間を休日(非稼働日数)に当てることで所要作業日数を減らし、また施工中の手待ちがなくなり、工期短縮につながるから。
15	工種・部位	鉄骨工事
	実施内容	当初建逃げ方式で計画されていた高層階の鉄骨建方を、積み上げ方式で計画し直し施工した。
	合理化理由	高層階の積み上げ方式は後続工程との並行作業ができ、工期短縮につながるから。
	品質確保理由	建方順序を考慮した積み上げ方式は、建入れ直し精度が高く、後続工程の作業も空日が少なく連続作業で熟練度を増し、品質向上につながるから。
	労働生産性確保理由	高層階であったので、後工程との並行作業が可能であり、高能率で手待ちが少なく、所要作業日数が少なくなるから。

16	工種・部位	鉄骨工事
	実施内容	鉄骨の大半を加工場で地組みし、ブロックごとに現場に搬入してつり込み、取り付け組立てを行った。
	合理化理由	高所における現場組立て作業が少なく、地上のほうが作業効率も高いので工期短縮につながるから。
	品質確保理由	地上組立てのほうが作業がしやすく、精度が高くねじれも少ないから。
	労働生産性確保理由	地上で地組することで足場の悪い高所での組み立て作業を減らすことができ、工期短縮となるとともに、作業負担を軽減できるから。
17	工種・部位	鉄骨工事
	実施内容	鉄骨の工場製作時に、昇降タラップ、カンザシなどの金物類を事前に先付けして現場搬入し、組立てた。
	合理化理由	高所での現場金物取り付け作業が少なく、作業効率も高いので工期短縮につながり、さらに残材も少なくなるから。
	品質確保理由	工場製作のため、現場の足場の悪い高所より取り付け位置・寸法の精度が正確であるから。
	労働生産性確保理由	工場で製作することで、足場の悪い高所での取付作業を減らすことができ、工期短縮となるとともに、作業負担を軽減できるから。
18	工種・部位	鉄骨工事
	実施内容	高層階と低層の2棟の併設であったため、400t-mと230t-mの2台のタワークレーンを設置し、同時並行の建方を行えるようにした。
	合理化理由	タワークレーンの実質使用可能時間を長くとれることで、つり上げの順番待ちによる手待ちを少なくし、トータル工期の短縮が可能となるから。
	品質確保理由	2つの建物に使用する鉄骨ピースは、重さも長さも異なり、同じクレーンで連続使用することにより、取り付けがスムーズになり精度も増すから。
	労働生産性確保理由	吊り上げの順番待ちがなく工期短縮になるとともに、手待ち時間を減らすことで作業効率が上がり労働生産性向上につながるから。
19	工種・部位	防水工事
	実施内容	屋根のアスファルト防水を、発注者の承認を得て改質アスファルトシートのトーチ工法を採用して施工した。
	合理化理由	アスファルト溶融釜の管理手間を省くことができ、溶融アスファルトの臭気に対する近隣の苦情による施工中断もなく作業が効率的となるから。
	品質確保理由	アスファルト防水のように職人の技量差による塗りむらがなく、標準的な品質が確保できるから。
	労働生産性確保理由	アスファルト溶融釜の管理手間を省くことで作業能率が上がるとともに、臭気の心配もないことで作業環境の悪化防止につながるから。
20	工種・部位	防水工事
	実施内容	立上りの入隅部面取りモルタルを成形キャント材に変更して成形伸縮目地材を使用した。
	合理化理由	モルタル乾燥時間を省略でき、また、目地材注入の手間が省けるので省力化につながるから。
	品質確保理由	モルタルによる乾燥ひび割れの心配がなく、天端の水平精度が保てるから。
	労働生産性確保理由	モルタル乾燥時間を省け、目地材注入の手間を省けることで、所要作業日数の短縮になるとともに労働生産性向上にもつながるから。
21	工種・部位	防水工事（シーリング工事）
	実施内容	外壁シーリング工事において、低モジュラスの1成分系シリコーン系のシーリング材を使用した。
	合理化理由	2成分系のように混合割合や可使時間に細心の注意を払う準備時間を省略できるから。
	品質確保理由	2成分系に比べて可使時間が長く、職人による技量差が少ないので品質が安定しているから。
	労働生産性確保理由	材料混合の手間を省けることで作業時間の短縮となり、混合の管理の必要もなくシーリング作業に専念できて、作業条件がよくなり労働生産性向上につながるから。

試験概要と試験対策のポイント

[6] テーマが「施工の合理化」の場合 施工経験記述

仮設・安全

躯体施工

仕上施工

学科記述解説

施工管理

法規

過去問題と解答

試験概要と試験対策のポイント

施工経験記述

仮設・安全

躯体施工

仕上施工

学科記述解説

施工管理

法規

過去問題と解答

22	工種・部位	石工事
	実施内容	PC板の外壁に石張りを行うことになっていたが、発注者の承認を得てPC板に石材先付のGPC工法で施工した。
	合理化理由	現場での石張りの工程を省略することができ、工期短縮につながるとともに、現場での石の端材の発生も少なくなって建設副産物の発生抑制につながるから。
	品質確保理由	工場内で石材裏面の処理を十分に行えるので、ぬれ色、白華の発生が防止でき、またPC板に先付のため変形による割れもほとんどないから。
	労働生産性確保理由	現場での石張り工程がなくなることで作業時間の短縮となり、端材処理手間もなくなって作業環境の改善につながるから。
23	工種・部位	タイル工事
	実施内容	外壁は2丁掛けタイルを張ることになっていたが、発注者の承認を得て型枠先付工法で施工した。
	合理化理由	現場で職人が1枚ずつ張る手間を省略でき、工期短縮につながるとともに、タイル端材の発生も少なくなって建設副産物の発生抑制につながるから。
	品質確保理由	白華の発生がほとんどなく、職人による技量差もないことから、安定した品質が確保できるため。
	労働生産性確保理由	タイルを1枚ずつ張る手間がなくなり、作業時間の大幅な短縮と、端材が出なくなることで作業環境の改善にもつながるから。
24	工種・部位	タイル工事
	実施内容	外壁はコンクリートの上に密着張りでタイルを張ることになっていたが、ALCタイルパネルに替えることを発注者に申し入れ、承認されて施工した。
	合理化理由	現場で職人が1枚ずつ張る手間を省略でき、工期短縮につながるとともに、タイル端材の発生も少なくなって建設副産物の発生抑制につながるから。
	品質確保理由	工場製作のため強度、精度とも優れており、職人による技量差もないことから品質的に安定しているから。
	労働生産性確保理由	タイルを1枚ずつ張る手間がなくなり、作業時間の大幅な短縮と、端材が出なくなることで作業環境の改善にもつながるから。
25	工種・部位	タイル工事
	実施内容	外壁は2丁掛けタイル改良圧着張り工法で施工することになっていたが、マスク張り工法に変えて施工した。
	合理化理由	モルタルを躯体とタイルに塗る圧着張りよりも、マスク張りはモルタルの塗り作業が早く、作業効率がよいので工期短縮につながるから。
	品質確保理由	張り付けの熟練を要さず、接着力も高いため。
	労働生産性確保理由	マスク張りは改良圧着張りよりも塗り作業が早く、所要作業日数を減らせることで労働生産性向上につながるから。
26	工種・部位	木工事
	実施内容	工場にて構造材料の乾燥、矯正を行い、部位ごとに継手、仕口まで加工して現場に搬入し、組立てた。
	合理化理由	現場での加工はほとんどなく組立てるだけであり、大幅な工期短縮につながるとともに、木材の端材の発生も少なくなって建設副産物の発生抑制につながるから。
	品質確保理由	工場にて寸法が綿密に管理された条件での加工なので、現場加工よりも精度が高いから。
	労働生産性確保理由	工場製作により現場での加工手間を大幅に省くことで所要作業日数の短縮になり、加工端材が少なくなることで現場環境の改善にもつながるから。

27	工種・部位	屋根工事
	実施内容	屋上での縦型ルーフドレンを、屋根床版コンクリート打設前に設置し、躯体に埋め込んだ。
	合理化理由	事前に設置することで、コンクリートの斫り、取り付け、モルタル補修手間を省略できるから。
	品質確保理由	後斫りによる設置はドレン周囲が弱点となり、漏水の原因ともなるが、躯体に埋め込めば一体となってそのような弱点ができる心配もないから。
	労働生産性確保理由	事前設置により現場での斫り、取り付け、モルタル補修手間を省くことで所要日数の短縮となり、労働生産性向上につながるから。
28	工種・部位	屋根工事
	実施内容	操業中の工場のスレート屋根の改修工事で、軽量化カバーを使用した間接固定方法を採用して施工した。
	合理化理由	ビス用の新規穴あけをしないので、粉じんの発生がほとんどなく、操業中でも施工できるため工期短縮につながるから。
	品質確保理由	既存の大波スレートを傷付けることなくカバーできるため。
	労働生産性確保理由	現場での新規穴あけがないことで作業手間が減るとともに、穴あけによる粉塵発生がないことで、作業環境悪化の防止にもつながるから。
29	工種・部位	金属工事（間仕切り工事）
	実施内容	設計ではフロアを6部屋に軽鉄下地のボード間仕切りすることになっていたが、金属パーティションに変更することを発注者に提言し、承認を受けて施工した。
	合理化理由	金属パーティションの現場作業はレール取り付けだけなので、軽鉄下地組みおよびボード張りより大幅に作業手間が短縮されるとともに、軽鉄端材の発生もなくなるから。
	品質確保理由	金属パーティション材料を選べば遮音性等は間仕切壁と同等の性能が確保でき、また顧客にとっては、後日の間仕切り変更にも対応可能という顧客満足を満たすこともなるから。
	労働生産性確保理由	レール取り付けだけなので所要作業時間の大幅な短縮となり、軽鉄下地やボードの端材発生がないことで作業環境の改善にもつながるから。
30	工種・部位	金属工事
	実施内容	下地材の軽量鉄骨を、施工図を元に工場で部材ごとにプレカットして現場搬入し、組立てた。
	合理化理由	現場では組立て作業だけであり、加工に要する時間を節約でき、工期短縮につながるとともに、軽鉄端材の発生も少なくなって建設副産物の発生抑制につながるから。
	品質確保理由	作業条件のよい工場でのカットのため、加工精度が優れているから。
	労働生産性確保理由	工場でプレカットすることで、現場での加工手間を減らすことができ、軽鉄端材の発生も軽減できて作業環境の改善につながるから。
31	工種・部位	金属工事
	実施内容	プレキャストコンクリートのスラブであったので、事前に天井下地のアンカーボルトを所定位置に埋め込んでPC板を製作するようメーカーに依頼した。
	合理化理由	天井下地工事に際して、現場でアンカーボルトを後施工する必要がなく、工期を短縮できるとともにコンクリート粉末の処理費も不要となるから。
	品質確保理由	事前埋込みのため定着が確実で、引抜き強度が高く、工場埋込みのため寸法精度も高いから。
	労働生産性確保理由	事前埋込のため削孔手間が省けるとともに、現場削孔による粉塵の発生もないことから作業環境の改善につながるから。

試験概要と試験対策のポイント

6 テーマが「施工の合理化」の場合 施工経験記述

仮設・安全

躯体施工

仕上施工

学科記述解説

施工管理

法規

過去問題と解答

32	工種・部位	左官工事
	実施内容	床フローリングの下地モルタル塗りを、発注者の承認を得てセルフレベリング材に替えて施工した。
	合理化理由	通常のモルタル塗りに比べて均し手間が大幅に削減され、時間も左官職人の数も少なくて済むから。
	品質確保理由	水平性の確保に対しては職人による技量差が少なく、材料を選ぶことでひび割れの発生も少なくなるから。
	労働生産性確保理由	モルタルの混合手間、均し手間が大幅に削減されることで作業時間の短縮、作業量の軽減につながるから。
33	工種・部位	左官工事
	実施内容	柱の耐震補強に対し、特殊ポリマーセメント（製品名：〇〇）塗り付けによる補修を顧客に提唱し、施工した。
	合理化理由	増し打ちに比べて施工が簡単であり、通常のセメントよりも厚塗りが可能なので、工期が少なくて済むから。
	品質確保理由	接着性に優れており、乾燥収縮に対しても普通のセメントに比べて効果があるから。
	労働生産性確保理由	通常セメントより厚塗りが可能なことで作業時間の短縮となり、作業量の軽減につながるから。
34	工種・部位	左官工事
	実施内容	外壁のタイル下地のための左官工事に際して、プレミックスモルタルを使用して施工を行った。
	合理化理由	現場にてモルタルの調合を行う手間が省け、工期短縮につながるとともに、砂やセメントの余剰材料発生も少なくなるから。
	品質確保理由	用途に合った最適な配合がなされており、既調合なので常に安定した品質が得られるから。
	労働生産性確保理由	現場での混合手間を省けることで作業時間の短縮となり、砂やセメントの端材が発生しないことで作業環境の改善にもつながるから。
35	工種・部位	建具工事
	実施内容	ホテルの木製扉と扉枠を木製建具メーカーに発注し、納入品を造作大工に一体で取り付け工事を外注した。
	合理化理由	従来の取り付けは、扉枠は造作大工に、扉は建具業者が施工していたが、一体発注することで手待ちや引継ぎ連絡等の手間を省き工期短縮となるから。
	品質確保理由	別業者同士の場合、扉と扉枠の寸法の微妙なずれが生じることがあったが、工場で一体製作することにより、寸法の狂いがなくなるから。
	労働生産性確保理由	一体発注により引継ぎ・連絡手間を省けて時間短縮となり、労働生産性向上につながるから。
36	工種・部位	建具工事
	実施内容	PCF（プレキャストコンクリートフォーム）板にアルミサッシを取り付けて同時打ちし、現場に搬入して取り付けた。
	合理化理由	サッシを工場で同時打ちすることにより、現場でのアルミサッシ取り付け手間を省くことができるから。
	品質確保理由	工場でPCF板と同時打ちすることにより、気密性が保持でき、漏水のないサッシを提供できるから。
	労働生産性確保理由	工場での同時打ちにより現場での取付手間を大幅に短縮でき、端材発生も少なく、現場環境の改善につながるから。

37	工種・部位	塗装工事
	実施内容	鉄骨の錆止め塗装を、鉄骨製作と同じ工場で行い、現場で組立てた後は部分的な仕上げ塗装だけを行った。
	合理化理由	現場での高所における塗装作業が少なくなり、工期短縮につながるとともに安全性も確保でき、また塗料の余材発生も少なくなるから。
	品質確保理由	高所での現場塗装よりも均質でむらのない塗装が行え、品質が向上するから。
	労働生産性確保理由	工場塗装により現場での作業を大幅に削減でき、塗料余材発生も少なくなることで現場環境の改善にもつながるから。
38	工種・部位	塗装工事
	実施内容	外壁の補修塗装工事において、塗膜剥離に水系一液塗料剥離剤を使用した。
	合理化理由	塗装面に塗布するだけなので、剥離手間が少なく、新規塗装にかかれる時間が早くなるから。
	品質確保理由	剥離がスムーズで、ケレン等により下地材を痛めることがないから。
	労働生産性確保理由	剥離手間を削減できることで作業時間の短縮となり、作業量の軽減につながるから。
39	工種・部位	塗装工事
	実施内容	外壁の塗り替えに際し、得意先に厚膜形水性フッ素樹脂塗料を使用することを提唱し、承認を得て施工した。
	合理化理由	一回塗りで70μの塗膜厚が得られ、2工程のため工期短縮につながるから。
	品質確保理由	フッ素樹脂は高耐候性で、メンテナンス周期が長いから。
	労働生産性確保理由	2工程のため塗装の総所要作業時間を短縮でき、作業量の軽減につながるから。
40	工種・部位	内装工事
	実施内容	2,600mmの天井高さ内壁プラスターボードの施工に際し、あらかじめ2,620mmにプレカットした状態で搬入するようメーカーに指示した。
	合理化理由	現場では飲み込みを考慮して取り付けるだけであり、現場でのカット手間も省け、カット残材の発生も少なくなって建設副産物の発生抑制につながるから。
	品質確保理由	切断時の損傷も粉じんによる汚れもなく、清潔な状態で施工でき、品質向上につながるから。
	労働生産性確保理由	現場でのカット手間を省けることで所要時間の短縮となり、端材の発生も少ないことから作業環境の改善にもつながるから。
41	工種・部位	内装工事
	実施内容	内壁は軽量鉄骨下地にプラスターボード張りの計画であったが、発注者の承認を得て、石膏ボード直張り工法に替えて施工した。
	合理化理由	圧着するだけなので、複数業者が絡む当初の工法より施工が簡単で工期が短縮でき、工費も安くなるから。
	品質確保理由	コンクリートの不陸なおしが不要であり、熟練を要さなくても比較的安定した品質の施工ができるから。
	労働生産性確保理由	圧着するだけなので施工時間の短縮となり、施工が簡単なので熟練を要さなくても作業量の軽減につながるから。
42	工種・部位	内装工事
	実施内容	壁、天井クロス張りを移動式足場を用いて施工した。
	合理化理由	全足場の場合は控え等の足場と壁の接触部分の補修を行う必要があるが、移動足場ならそのような補修はほとんどなく、余計な補修作業手間を削減できるから。
	品質確保理由	全足場の控えや壁との接触部分の補修を行うことによる塗りむらなどがなく、均質な塗装ができるから。
	労働生産性確保理由	足場の組立解体手間を省け、また控え部分の補修手間も不要となることから工期短縮、作業量の軽減につながるから。

試験概要と試験対策のポイント

施工経験記述

仮設・安全

躯体施工

仕上施工

学科記述解説

施工管理

法規

過去問題と解答

43	工種・部位	カーテンウォール工事
	実施内容	ガラスと耐火ボードを組み込んだユニットを、現場の加工場で地組みしてタワークレーンで揚重し、取り付けた。
	合理化理由	高所での現場組立て手間を省略することができ、工期短縮につながるとともに、高所の危険作業も少なくでき、安全性が確保できるから。
	品質確保理由	加工場でのユニット生産のため、品質も精度も一定しており、品質確保につながるから。
	労働生産性確保理由	足場の悪い高所での組立て手間を削減することで、工期短縮、危険作業の軽減につながるから。
44	工種・部位	ガラス工事
	実施内容	特殊樹脂パック（製品名：○○）を用いたサッシ溝による自立タイプのガラス手すりを採用した。
	合理化理由	樹脂パックの硬化が速く、その日のうちにシーリング、笠木の取り付けなどの次工程に進むことができるから。
	品質確保理由	特殊樹脂パックを使用するため従来工法のような揺れやガタツキがほとんどなく、品質が安定しているから。
	労働生産性確保理由	樹脂パックの硬化が早いことで、その日のうちにシーリング、笠木取り付けにかかれ、工期短縮、労働生産性向上につながるから。

※ 解答例の「実施内容」、「合理化理由」、「品質確保理由」、「労働生産性確保理由」を記す場合は、それぞれの現場状況を考慮して、指定行数までの記述となるようにしていただきたい。

6-4 過去の「施工の合理化」の問題への対処（問題1-2対応）

- 施工の合理化に関する問題1-2は、いずれも問題1-1の解答例と同じでよく、さらに「上記の工事概要であげた工事」にこだわらなくてよいので、どんな工種の事例を記してもよい。ただし、記すに当たっては次のことを注意していただきたい。

- 問題1-1で記した合理化内容と重複してはならず、また、問題1-2で2つ記すことを求められている場合はその2つは同種の合理化内容であってはならない。

- 問題1-1のように、工種、部位を記すことが求められていなくても、必ず合理化方法の中に、「○○工事において‥」とか「○○の施工に際して‥」というように、工種や部位を記しておくべきである。

- 以下に、年度ごとの問題に対する注意事項を記すので、参考にしていただきたい。

1 平成29年度の出題に対する解答例

平成29年度の問題

> 工事概要にあげた工事にかかわらず、あなたの今日までの工事経験に照らして、品質を確保したうえで行う施工の合理化の方法であって、**建設資材廃棄物の発生抑制**に効果があると考えられるものについて、次の①から②を具体的に記述しなさい。
> ただし、1.の②から④と同じ内容の記述は不可とする。

解答例

解答例1	施工の合理化の解答例：11（058ページ）	施工方法	外壁の型枠を加工場で大パネル化し、クレーンでつり込んで組み立てる。
		効果理由	足場条件の悪い現場よりも加工場の方が組立精度はよく、現場での加工が少ないので端材も少なく、木材の発生残材が少ないため。

解答例2	施工の合理化の解答例：23（060ページ）	施工方法	外壁の2丁掛けタイル張りを、発注者の承認を得て型枠先付工法の施工に変更する。
		効果理由	白華の発生がほとんどなく職人による技量差がないことから品質確保につながり、タイル端材の発生も少なくなるため。
解答例3	施工の合理化の解答例：29（061ページ）	施工方法	軽量鉄骨下地のボード間仕切りを、発注者の承認を得て金属パーティションに変更する。
		効果理由	金属パーティション材料を選べば遮音性は間仕切り壁と同等性能が確保でき、また軽鉄端材も少なくなるため。

- 「施工の合理化」・「品質確保」・「建設副産物対策」の3つのテーマのすべてを満足した事例を作っておくべきということになる。
- 「施工の合理化の解答例」(056～063ページ)で示した事例で適用できるのは次のとおりである。
  3、9、10、11、12、17、22、23、24、26、29、31、34、37

2 平成25年度の出題に対する解答例

平成25年度の問題

> 上記の工事概要であげた工事にかかわらず、あなたの今日までの工事経験に照らして、施工の合理化の方法であって、建設資材廃棄物の縮減に効果があると考えられる**施工方法**と、それが**効果的であると考える理由**を具体的に記述しなさい。
> ただし、現在一般的に行われている躯体・仕上げ材料のプレカットに関する記述は除くものとする。また、上記1の②「実施した内容」および③「合理化に結び付く理由」と同じ内容の記述は不可とする。

解答例

解答例1	施工の合理化の解答例：3（056ページ）	施工方法	アースドリルによる通常の場所打ち杭としての基礎杭を、拡底杭に変更することを計算書を添えて発注者に申し入れ、承認を得て施工する。
		効果理由	拡底杭は通常の場所打ち杭に比べて本数や、掘削量、残土量、コンクリート量ともに少なく、発生残土も汚泥となる安定液の廃棄量も少なくなるから。
解答例2	施工の合理化の解答例：26（060ページ）	施工方法	木造建物の梁、柱躯体工事において、工場にて構造材料の乾燥、矯正を行い、部位ごとに継手、仕口まで加工して現場に搬入し、組立てる。
		効果理由	現場では加工はほとんどなく組立てるだけであるので、加工に伴う端材や木くずの発生量が極めて少なくなるから。
解答例3	施工の合理化の解答例：34（062ページ）	施工方法	外壁のタイル下地のための左官工事に際して、プレミックスモルタルを使用して施工を行う。
		効果理由	現場にてモルタルの調合を行う場合、調合度合いによって使用する砂やセメントを調整する都合上余分に用意をし、施工後に余剰材料を廃棄しなければならないが、プレミックスモルタルは既に調合済みなので、余分な廃棄量が少なくなるため。

- 単に工期短縮や工費削減でなく、「建設資材廃棄物の縮減に効果ある」対策であることを強調しなければならない。
- 「躯体・仕上げ材料のプレカットに関する事例」を記してはならない。
- 「施工の合理化の解答例」(056～063ページ)で示した事例で適用できるのは次のとおりである。
  3、9、10、12、17、22、23、24、26、29、31、34、37

試験概要と試験対策のポイント

施工経験記述

仮設・安全

躯体施工

仕上施工

学科記述解説

施工管理

法規

過去問題と解答

3 平成22年度の出題に対する解答例

平成22年度の問題

> 工事概要であげた工事にかかわらず、あなたの今日までの工事経験に照らして、品質を確保した上で行う、次の①、②について具体的に記述しなさい。
>
> ただし、1の「② 実施した内容」と重複しないこと。
>
> ① 工期短縮に効果がある施工の合理化の**内容**と工期短縮となる**理由**
>
> ② 省力化に効果がある施工の合理化の**内容**と省力化となる**理由**

解答例

解答例1	施工の合理化の解答例：9（057ページ）	①	スラブの床コンクリート打設のための型枠工事において、合板型枠をフラットデッキに変更することにより、型枠解体工程が不要となり、工期短縮につながる。
		②	スラブの床コンクリート打設のための型枠工事において、合板型枠をフラットデッキに変更することにより型枠解体手間が不要となり、型枠大工の人工が少なくなる。
解答例2	施工の合理化の解答例：12（058ページ）	①	RC造の柱、梁の躯体の大部分に対して、発注者の承認を得たうえでプレキャストコンクリートを採用することにより、現場での型枠・鉄筋組立て、養生、型枠解体作業が大幅に少なくなり、工期短縮につながる。
		②	RC造の柱、梁の躯体の大部分に対して、発注者の承認を得たうえでプレキャストコンクリートを採用することにより、現場での型枠・鉄筋組立て、養生、型枠解体作業が大幅に少なくなり、現場作業の省力化につながる。
解答例3	施工の合理化の解答例：32（062ページ）	①	床フローリングの下地モルタル塗りを、発注者の承認を得てセルフレベリング材に替えて施工することにより、床均しの時間を短縮することができ、工期短縮につながる。
		②	床フローリングの下地モルタル塗りを、発注者の承認を得てセルフレベリング材に替えて施工することにより、床均し手間が少なくてすみ、左官職人の数が削減される。

- 上記事例は、同じ内容を①と②のいずれの観点からでも記せることを示している。解答に際しては、①と②はそれぞれ別の対策事例を記す。
- 省力化は手間や労働力を省くことであり、ひいては工期短縮につながる。
- 同じ内容であっても、②は「手間や労働力が省ける」ことを強調し、①は省力化を含めて「工期短縮ができる」ことを強調すればよい。
- 品質確保理由は、問題1-1の事例とまったく同じでよい。

4 令和4年度の出題に対する解答例

令和4年度の問題

> あなたの今日までの建築工事の経験を踏まえて、建設現場での労働者の確保に関して、次の①および②について具体的に記述しなさい。
>
> ただし、労働者の給与や賃金に関する内容および、1.の②と同じ内容の記述は不可とする。
>
> ① 労働者の確保を困難にしている現場が直面している課題や問題点
>
> ② ①に効果があると考える建設現場での取組みや工夫

- ① 他産業よりも残業時間が多く週休2日制採用の会社も少ない、「きつい」「危険」「汚い」の3Kの代表、少子高齢化、徒弟制度的な因習、等がキーワード
- ② 外国人労働者の受入れ、シニア世代の受入れ、障害者の受入れ、テレワーク・リモートワークの実施、AI・RPA導入による時間創出、資格取得支援、等がキーワード

7 テーマが「建設副産物対策」の場合

試験概要と試験対策のポイント

7 テーマが「建設副産物対策」の場合

施工経験記述

仮設・安全

躯体施工

仕上施工

学科記述解説

施工管理

法規

過去問題と解答

POINT
出題傾向と
ポイント

● 「建設副産物対策」がテーマの場合は、**発生抑制、再利用**（再生利用、熱利用を含む）、**適性処分**の順で考え、それぞれに2〜3事例を用意しておくべきである。

7-1 「建設副産物対策」の考え方

－ 建設副産物は、広義には現場事務所から排出されるコピーくず、廃棄書類、弁当がら、飲料ペットボトルや空き缶等も含まれるが、建築施工管理技術検定のテーマとなる建設副産物は、**現場で発生する建設副産物だけを対象とすべき**である。

－ 建設副産物は、発生した段階ではまだ廃棄物ではなく、利用できず処分に回すことになって初めて産業廃棄物となる。したがって、適正処分以外の対策においては、対象とする建設副産物は、廃棄汚泥とか木くずのように産業廃棄物の名称ではなく、建設汚泥や発生木材のような名称とすべきである。

－ 「3-4 工事の内容」（030ページ）に記したように、1種類の工種しか示されないような工事名（「○○○新築工事における塗装工事」のような工事名）や工事の内容の場合、建設副産物の3つの対策を解答するのは大変である。できれば複数工種をともなうような工事事例（○○○新築工事における内装工事、○○○改修工事等）を選んだほうが副産物の種類を変えることができて書きやすいと考えられる。

7-2 「建設副産物対策」の種類

1 発生抑制（リデュース）

－ 建設副産物の発生そのものをなくす、または少なくすることである。
  a) 余剰材料の持ち込み回避（適正量の発注）
  b) 過剰梱包の回避（木枠、段ボール、ビニル包装材等）
  c) ユニット製品化（現場加工を少なくする）
  d) 材料変更（廃棄物とならない仮設材料、合板型枠ではなく鋼製型枠等）
  e) プレハブ化、プレカット（工場加工、事前加工により現場での端材発生防止）
  f) 工法変更（現場で加工が少ない工法や副産物の出ない工法の採用、デッキプレートなど）
  g) 縮減（圧縮、脱水等により、廃棄物発生容積や重量を減らす）

2 再使用（リユース）

－ 副産物を加工しないで、同じ用途で何度も使用したり、別用途で使用する。
－ キーワードは「転用」
－ 現場内での再使用例があればベターだが、当現場の副産物を他現場で再使用する事例でもよ

試験概要と試験対策のポイント

施工経験記述

仮設・安全

躯体施工

仕上施工

学科記述解説

施工管理

法規

過去問題と解答

い。他現場の副産物を当現場に使用するのはあまりお勧めできない。建設副産物は当現場内で発生したものを取り上げたほうが問題の主旨に合致する。

3 再生利用（リサイクル）

- 副産物を加工再生し、同じ用途または別用途に使用することである。
- 現場内での再生利用例があればベターだが、再生には設備が必要なので、再生工場へ持ち込むのが一般的である。その場合は、何に再生されるかまで記したほうがよい。
- 残材のメーカー引取りの場合は、再生指定を受けたメーカーであることを記したほうがよい。
- リサイクル品を使った製品の当現場での使用（グリーン調達）は、問題の主旨からしてあまりお勧めはできない。建設副産物は当現場内で発生したものを取り上げたほうが問題の主旨に合致する。

4 熱回収

- 建設副産物を単に焼却するだけでなく、温水利用、蒸気利用、温風利用、発電利用、燃料利用等の目的に使用することである。
- 焼却が安易にできなくなった昨今では、現場内での熱回収はほとんど行われていないであろうから、熱回収を行っている事業者（製造メーカー、リサイクルセンター等）に持ちこむのが一般的である。
- その場合、回収熱が何に利用されている施設かを明確に記しておくべきである。
- 熱回収として解答が特に求められていない場合、再生利用に熱回収を含めてもよい。

5 適正処分

- 廃棄物処理法に基づき、収集運搬と処理とに分けて間違いのない許可業者と契約を交わしマニフェストを発行して処分を行ったことを書けばよい。
- 「定期的に最終処分場を視察して処分状況を確認した」等の記述があれば得点はアップする。
- 現場に分別コーナを設けて分別収集を徹底したという対策記述は構わないが、建設副産物名を「建設副産物全般」とか、工種名を「全工種」などと記してはいけない。工種や、建設副産物名を特定することが求められている場合は、全体の中でも特に留意した工種、建設副産物に着目して記すべきである。
- 適性処分の対策として、分別は記してもよいが、リサイクルのことは記してはいけない。適正処分とは「正しく廃棄する」ことである。

7-3 過去の「建設副産物対策」の問題への対処（問題1-1対応）

- 建設副産物対策は、平成15年以降に6回出題されているが、平成24年と平成21年は内容がほとんど同じである。したがって、発生抑制、再使用、再生利用、熱回収、適性処分の建設副産物対策ごとに①工種名、②建設副産物名、③実施した内容、④結果とあなたの評価の3つを記すことができるよう用意しておけばよい。ただし、平成27年は発生抑制だけで2事例をあげることになっているので、できれば異なった建設副産物で複数事例の用意が必要となった。
- 平成15年と平成17年は建設副産物対策ごとという制約はなく、また平成15年は結果とあなたの評価は求められていなかった。
- 以下に、工種ごとにいくつかのサンプルを上げるので、参考にしていただきたい。
- いずれも、問題1-1の「上記の工事概要であげた工事」に対する記述である。

1 解答例

試験概要と試験対策のポイント

「7. テーマ」が「建設副産物対策」の場合

仮設・安全

躯体施工

仕上施工

学科記述解説

施工管理

法規

過去問題と解答

発生抑制

<table>
<tr><td rowspan="4">発生抑制</td><td>工種名</td><td>型枠工事</td></tr>
<tr><td>建設副産物名</td><td>合板型枠残材</td></tr>
<tr><td>実施した内容</td><td>ベニヤパネルによる合板型枠を使用せず、鋼製型枠を用いて型枠組立てを行うことにより、型枠残材（木材）の発生を抑制した。</td></tr>
<tr><td>結果とあなたの評価</td><td>一部役物の合板型枠以外はすべて鋼製型枠を用いたので、型枠残材の発生はほとんどなく、木くずとしての産廃処理費用を大幅に節減できた。</td></tr>
<tr><td rowspan="4">発生抑制</td><td>工種名</td><td>内装工事</td></tr>
<tr><td>建設副産物名</td><td>石膏ボード</td></tr>
<tr><td>実施した内容</td><td>内装壁の石膏ボードを天井高に合わせてプレカットして納入するようメーカーに指定することにより、現場でのカット端材の発生をなくした。</td></tr>
<tr><td>結果とあなたの評価</td><td>現場の端材発生がなくなり、カットによる粉塵の発生もなくなったことから清潔な状態での施工が可能となり、引渡しまでの汚れの心配がなくなった。</td></tr>
<tr><td rowspan="4">発生抑制</td><td>工種名</td><td>型枠工事</td></tr>
<tr><td>建設副産物名</td><td>コンクリート斫りがら</td></tr>
<tr><td>実施した内容</td><td>安全計算に基づき十分な強度のある型枠支保工を組立てるとともに、隙間や、漏れのないようコーナー部をモルタルコーティングして、型枠脱型後のはらみ出しや漏れによるコンクリート斫りをなくした。</td></tr>
<tr><td>結果とあなたの評価</td><td>脱型後の斫りはなく、引渡し物の精度美観の保持にもつながり、作業員の建設副産物発生抑制意識も品質確保意識も向上した。</td></tr>
<tr><td rowspan="4">発生抑制</td><td>工種名</td><td>基礎工事（杭打ち工事）</td></tr>
<tr><td>建設副産物名</td><td>コンクリート斫りがら</td></tr>
<tr><td>実施した内容</td><td>アースドリルの生コン打設終了間際は吐出速度を抑え、検測テープを用いて中央部分と外周4か所を検測することにより余盛高さを管理することで、杭頭処理による余分な斫りがらの発生を少なくした。</td></tr>
<tr><td>結果とあなたの評価</td><td>杭頭は設計高＋60〜80cmの範囲内におさまり、斫りがらは当初計画の30%減となった。</td></tr>
<tr><td rowspan="4">発生抑制</td><td>工種名</td><td>建具工事</td></tr>
<tr><td>建設副産物名</td><td>梱包用段ボール</td></tr>
<tr><td>実施した内容</td><td>鋼製建具の段ボールの梱包をなくし、部分的な布養生による搬入で材料損傷を防止することにより、空段ボールの発生量を減らした。</td></tr>
<tr><td>結果とあなたの評価</td><td>段ボールの集積場所は広い場所が必要であるが、この面積が半分以下となり、紙くずとしての産廃処理費用も50%節約できた。</td></tr>
</table>

再使用

<table>
<tr><td rowspan="4">再使用</td><td>工種名</td><td>型枠工事</td></tr>
<tr><td>建設副産物名</td><td>合板型枠残材</td></tr>
<tr><td>実施した内容</td><td>合板による組立型枠表面に、打設前に剥離剤を塗布し、脱型時におけるコンクリート片の付着を極力防止して、解体後十分にケレンを行い、合板型枠の平均3回転用を行った。</td></tr>
<tr><td>結果とあなたの評価</td><td>当初は1.5回の転用で実行予算を組んでいたが、3回転用により型枠材料費が40%削減でき、木くずとしての産廃処理費も30%削減できた。</td></tr>
</table>

試験概要と試験対策のポイント

施工経験記述

仮設・安全

躯体施工

仕上施工　学科記述解説

施工管理

法規

過去問題と解答

再使用	工種名	土工事（掘削工事）
	建設副産物名	建設発生土
	実施した内容	近接する当社の別現場で丁度埋戻し工事が行われていたので、本現場の根切り掘削で発生した建設残土を、その別現場に搬出し、埋戻し材として利用した。
	結果とあなたの評価	自由処分となっていた掘削残土を、処分費を払うことなく再利用することができ、またその別現場が近かったので、運搬時間も運搬費も削減できて工期短縮にもつながった。
再使用	工種名	土工事（埋戻し工事）
	建設副産物名	建設発生土
	実施した内容	近接する当社の別現場で丁度根切り掘削工事が行われていたので、発注者の承認を得て、本現場の地下躯体工事終了後に、その別現場からの掘削発生土を本現場に搬入し、埋戻し材として利用した。
	結果とあなたの評価	埋戻し土は購入土を予定していたが、別現場の発生土は含水率や汚染の有無を調査して埋戻し材として問題のないことがわかったため、それを利用することで埋戻し土の購入費用が不要となり、工費縮減にも大きく寄与できた。
再使用	工種名	塗装工事
	建設副産物名	塗料の空き缶
	実施した内容	塗装工事で使用する塗料の空き缶を水洗いし、番線で取っ手を付けて現場内の各所に小物の金属くずやプラスチックくずの回収用として設置した。
	結果とあなたの評価	小物残材回収用の容器を別途購入する必要がなく、経費が削減できただけでなく、残材を利用して現場がきれいになるという意識を作業員に植え付けることができた。
再使用	工種名	解体工事
	建設副産物名	発生木材
	実施した内容	木造建物の解体に際し、梁や柱の長尺物をできるだけ損傷することなくばらし、釘仕舞いして、再利用材として木材販売店に安価で売却した。
	結果とあなたの評価	木くずとしての産業廃棄物を20％削減でき、安価ながら木材売却できた。売却した木材は、後日古民家修繕の梁、柱に利用されたことを確認した。

再生利用

再生利用	工種名	解体工事
	建設副産物名	コンクリート塊
	実施した内容	RC造の建物解体で生じたコンクリート塊を、現場で破砕機をレンタルして砕石とし、改修の建築工事で使用する構内仮設道路の路盤材として再生利用した。
	結果とあなたの評価	仮設道路のための路盤砕石等の購入材費が30％削減でき、コンクリート塊としての産業廃棄物処理費も60％の削減ができた。
再生利用	工種名	解体工事
	建設副産物名	アスファルトコンクリート塊
	実施した内容	解体工事で発生したアスファルトコンクリート塊を下請けの舗装会社に持ちこんで材料試験を行い、発注者の承認を得て、構内の新規アスファルト舗装工事における再生砕石として再生利用した。
	結果とあなたの評価	アスファルトの材料費を10％削減できたとともに、アスファルトがらとしての産業廃棄物処理費を30％削減できた。

試験概要と試験対策のポイント

7. テーマが「建設副産物対策」の場合　施工経験記述

仮設・安全

躯体施工

仕上施工

学科記述解説

施工管理

法規

過去問題と解答

再生利用	工種名	解体工事
	建設副産物名	発生木材
	実施した内容	木造建物で発生した解体木材を、破砕機をレンタルして現場でチップ化し、発注者の承認を得てアスファルトに混入し、構内の歩道の舗装材料に再利用した。
	結果とあなたの評価	木くずの産業廃棄物としての処理費が30％削減でき、得意先からも自然を生かした景観であるとの評価を得た。
再生利用	工種名	解体工事、型枠工事
	建設副産物名	発生木材、型枠残材
	実施した内容	解体工事で発生する木材や合板型枠の残材を釘仕舞いし、パーティクルボードメーカーに無料で引取ってもらった。
	結果とあなたの評価	パーティクルボードとして再生利用することにより、木くずとしての産業廃棄物処理費を50％削減することができた。
再生利用	工種名	内装工事
	建設副産物名	石膏ボード端材
	実施した内容	内装工事でカット等した端材を集積し、再生工場指定を受けたボードメーカーに搬入して、再生石膏ボードとして利用してもらった。
	結果とあなたの評価	引取り費を交渉することにより、石膏ボード端材の産業廃棄物としての処理費が30％削減できた。
再生利用	工種名	地業工事
	建設副産物名	余剰安定液
	実施した内容	アースドリル杭打ちで発生する余剰安定液を、機械をレンタルして現場内で脱水、乾燥、固化処理し、現場内の仮設道路の路床材に混ぜて再生利用した。
	結果とあなたの評価	再生利用はもちろんのこと、再生利用できないものも縮減されているので、汚泥の建設廃棄物処理費としての費用をトータル50％削減することができた。
再生利用	工種名	タイル工事
	建設副産物名	タイル端材
	実施した内容	現場でカットしたタイル端材や損傷タイルを集積し、再生工場指定を受けたタイルメーカーに搬入して、再生タイルとして利用してもらった。
	結果とあなたの評価	引取り費交渉することにより、タイル端材の産業廃棄物としての処理費が30％削減できた。

熱回収

熱回収	工種名	解体工事、型枠工事
	建設副産物名	発生木材、型枠残材
	実施した内容	解体工事で発生する木材や合板型枠の残材を、熱回収施設設置者認定を受けた焼却施設に搬入し、同施設に併設する温水プールの熱源とすることができた。
	結果とあなたの評価	直接持ち込むことで収集運搬費用を削減でき、地域のリサイクル活動の一環を担えたと評価している。

試験概要と試験対策のポイント

施工経験記述

仮設・安全

躯体施工

仕上施工

学科記述解説

施工管理

法規

過去問題と解答

熱回収	工種名	内装工事
	建設副産物名	プラスチック残材
	実施した内容	断熱工事に使用するウレタン残材や梱包用のスチロールを集積し、近隣にある中間処理工場に持ち込むことにより、RPF固形燃料への再利用を行った。
	結果とあなたの評価	RPFは地元の製紙工場のボイラー燃料として熱利用され、地元自治体の推奨するリサイクル活動に貢献できた。
熱回収	工種名	建具工事
	建設副産物名	梱包用段ボール(紙くず)
	実施した内容	建具を梱包していた段ボールを集積し、地元のクリーンセンターに持ち込んで焼却処理することにより、同施設に併設されるクアハウスの熱源として利用できた。
	結果とあなたの評価	直接持ち込むことで収集運搬費用を削減でき、地域のリサイクル活動の一環を担えたと評価している。

適正処分		
適正処分	工種名	解体工事
	建設副産物名	建設混合残材
	実施した内容	建設混廃分別設備を有する収集運搬と処分の許可業者と契約を交わしてマニフェストを発行し、引取らせ、分別処理を行った。定期的に最終処分場の視察を行った。
	結果とあなたの評価	法に準拠した適正処分が行われているかの確認の習慣が従業員に身に付き、その後、できるだけ分別集積して混合廃棄物をなくすべきという自覚が従業員にも作業員にも芽生えた。
適正処分	工種名	解体工事
	建設副産物名	飛散性石綿
	実施した内容	解体工事で発生した飛散性廃石綿を、指定を受けた廃石綿処理業者に契約を交わしてマニフェストを発行し引取ってもらい、溶融処分を行った。
	結果とあなたの評価	特別管理産業廃棄物の扱いの重要性と特殊性を従業員が認識することができ、その後、作業員にとっても健康で安全な作業ができるようになった。
適正処分	工種名	土工事(掘削工事)
	建設副産物名	掘削残土(汚染土壌)
	実施した内容	Pb含有が規定量を超えていた掘削残土を、指定を受けた汚染土処理業者に契約書を交わして引取ってもらい、洗浄処理を行った。
	結果とあなたの評価	処理後の残土は、当現場の埋戻しに再利用することで、購入埋戻し土の費用を50%削減できた。
適正処分	工種名	地業工事
	建設副産物名	建設汚泥
	実施した内容	アースドリル杭打ち工事で使用する使用済み安定液を、許可を受けた収集運搬業者、処分業者と契約を交わし、マニフェストを発行して引取らせ、脱水、固化処理後最終処分場に埋め立てた。
	結果とあなたの評価	法に準拠した適正処分が行われているかの確認の習慣が従業員に身に付き、汚泥と残土をできるだけ分けるべきとの認識が作業員にも芽生えた。

※ 解答例の「実施した内容」、「結果とあなたの評価」を記す場合は、それぞれの現場状況を考慮して、指定行数までの記述となるようにしていただきたい。

2 平成30年度の出題に対する解答例

平成30年度の問題

工事概要であげた工事において、あなたが実施した建設副産物対策に係る3つの事例をあげ、それぞれの事例について、次の①から④を具体的に記述しなさい。

ただし、3つの事例の③および④はそれぞれ異なる内容の記述とする。

なお、ここでいう①建設副産物対策は、**発生抑制、再使用**または**再生利用**とし、重複して選択してもよい。

① 建設副産物対策（該当するものを1つ○で囲むこと。）
② 工種名等
③ 対策として実施したことと実施に当たっての留意事項
④ 実施したことによって得られた副次的効果

- ③は「実施内容」だけでなく「留意事項」も記すことになっている。環境、法規（手続き）、品質、安全等の観点から留意事項を付加すればよい。

- また④は単なる「効果」ではなく「副次的効果」を記すことになっている。したがって、環境面以外の、合理化（コスト縮減、省力化、工期短縮）、安全、品質等の効果を記せばよい。069～072ページの事例を修正して以下に示す。

解答例

建設副産物対策	発生抑制
工種名	型枠工事
実施内容と留意事項	安全計算に基づき十分な強度のある型枠支保工を組立てるとともに、隙間や、漏れのないよう留意してコーナー部をモルタルコーティングし、型枠脱型後のはらみ出しや漏れのコンクリート斫りをなくした。
副次的効果	脱型後の斫りによる余分な費用は発生せず、引渡し物の精度美観の保持にもつながり、作業員の建設副産物発生抑制意識も品質向上意識も向上した。
建設副産物対策	発生抑制
工種名	建具工事
実施内容と留意事項	鋼製建具の段ボールの梱包をなくし、部分的布養生による搬入で材料損傷を防止することにより、空段ボールの発生量を減らした。仮置き場では汚れを防止するためシート掛けをすることに留意した。
副次的効果	段ボールの集積場所は広い場所が必要であるが、この面積が半分以下となり、紙くずとしての産廃処理費用も50％節約できた。

建設副産物対策	再使用
工種名	土工事
実施内容と留意事項	近接する当社の別現場で丁度埋戻し工事が行われていたので、本現場の根切り掘削で発生した建設残土を、その別現場に搬出し埋戻し材として利用した。汚染物質がないかに留意し、公的機関でサンプル調査を行った。
副次的効果	自由処分となっていた掘削残土を、処分費を払うことなく再利用することができ、またその別現場が近かったので、運搬時間も運搬費も削減できて工機短縮にもつながった。
建設副産物対策	再使用
工種名	解体工事
実施内容と留意事項	木造建物の解体に際し、梁や柱の長尺物をできるだけ損傷することなくばらし、再利用材として木材販売店に安価で売却した。売却に際しては、釘仕舞いに留意した。
副次的効果	木くずとしての産業廃棄物費用を20％削減でき、安価ながら木材売却できたことで雑収入に計上することができた。

試験概要と試験対策のポイント

7 テーマが「建設副産物対策」の場合　施工経験記述

仮設・安全

躯体施工

仕上施工

学科記述解説

施工管理

法規

過去問題と解答

試験概要と試験対策のポイント

施工経験記述

仮設・安全

躯体施工

仕上施工

学科記述解説

施工管理

法規

過去問題と解答

建設副産物対策	再生利用
工種名	解体工事
実施内容と留意事項	RC造の建物解体で生じたコンクリート塊を、現場で破砕機をレンタルして砕石とし、改修の建築工事で使用する構内仮設道路の路盤材として再生利用した。再生材の混入割合に留意し、○○％以下となるよう指示をした。
副次的効果	仮設道路のための路盤砕石等の購入材費が30％削減でき、コンクリートがらとしての産業廃棄物処理費も60％の削減ができた。

建設副産物対策	再生利用
工種名	解体工事
実施内容と留意事項	解体工事で発生したアスファルトがらを下請の舗装会社に持ちこんで材料試験を行い、発注者の承認を得て、構内の新規アスファルト舗装工事における再生砕石として再生利用した。再生材の混入割合に留意し、○○％以下となるよう指示をした。
副次的効果	アスファルトの材料費を10％削減できたとともに、アスファルトがらとしての産業廃棄物処理費を30％削減できた。

建設副産物対策	再生利用
工種名	解体工事
実施内容と留意事項	木造建物で発生した解体木材を、破砕機をレンタルして現場でチップ化し、発注者の承認を得てアスファルトに混入し、構内の歩道の舗装材料に再利用した。釘の混入がないよう留意し、磁選機を取り付けた。
副次的効果	木くずの産業廃棄物としての処理費が30％削減でき、得意先からも自然を生かした景観であるとの評価を得た。

建設副産物対策	再生利用
工種名	型枠工事
実施内容と留意事項	合板型枠の残材をパーティクルボードメーカーに無料で引き取ってもらった。釘仕舞いに留意するとともに、再生工場指定を受けたメーカーであることを確認した。
副次的効果	木くずとしての産業廃棄物処理費を50％削減することができ、解体に際して釘仕舞いが重要であるという意識を作業員が持つことができた。

建設副産物対策	再生利用
工種名	内装工事
実施内容と留意事項	内装工事でカット等した端材を集積し、ボードメーカーに再生石膏ボードとして利用してもらった。再生工場指定を受けたボードメーカーであることを確認した。
副次的効果	引取り費を交渉することにより、石膏ボード端材の産業廃棄物としての処理費が30％削減できた。

7-4 「建設廃棄物の適正処理」問題への対処（問題1-2対応）

— 平成27年度の問題1-2は、「産業廃棄物の適正処分にあたっての留意事項を2つ記述せよ」という問題であった。「産業廃棄物の」という問題表現なので、建設副産物ではあるが産業廃棄物には該当しない土砂(建設発生土や汚染土壌)の適正処分を記してはならない。

— 平成30年度の問題1-2は、「建設廃棄物の適正処理の事例を2つあげ、対策として実施したことと、それらを適切に実施するための留意事項を具体的に記述せよ」という問題であった。

— いずれも「7-3 過去の建設副産物問題への対処」の「適正処分」(072ページ)を参考に記せばよい。次ページに平成30年度の問題と解答例を示す。

工事概要であげた工事にかかわらず、あなたの今日までの工事経験に照らして、〔問題1〕で記述した内容以外の建設副産物対策として、建設廃棄物の適正な処理の事例を2つあげ、対策として実施したことと、それらを適切に実施するための留意事項を具体的に記述しなさい。
ただし、2つの事例は異なる内容の記述とする。

解答例

解体工事で発生する建設混合廃棄物の処理	
実施したこと	建設混廃分別設備を有する収集運搬と処分の許可業者と契約を交わしてマニフェストを発行し、引き取らせ、分別処理を行った。
留意したこと	法に準拠した適正処分が行われているかの確認のため、定期的に最終処分場の視察を行った。

解体工事で発生する飛散性廃石綿	
実施したこと	指定を受けた廃石綿処理業者に契約を交わしてマニフェストを発行し引き取ってもらい、溶融処分を行った。
留意したこと	レベル3ではあったが、PETシートで囲い、許可を受けた専門の工事業者に作業を行わせた。

7-5 「地球環境保全のための取り組み」問題への対処（問題1-2対応）

－ 過去には、平成17年、21年、24年の3回、いずれも問題1-2の「工事概要であげた工事にかかわらず‥‥実施すべき取り組み、対策」として出題されている。

－ いずれも、問題1-1の「上記の工事概要であげた工事」において「建設副産物対策」が出題テーマとなった場合と対になっての問題1-2の出題であった。

－ それぞれの環境問題がどのようなもので、何に起因しているか、その防止対策としてどのような方法があり、特に建設工事、建設現場においてはどのような取り組みがあるをまとめておくとよい。

－ 自分の携わった工事でなくてもよく、一般論でよい。

1 地球温暖化

－ **概要**：二酸化炭素(CO_2)、メタン(CH_4)、亜酸化窒素(N_2O)、フロンなどの「温室効果ガス」が大気中に大量に放出され、地球全体の平均気温が急激に上がり始めている現象のこと。

－ **対策**：CO_2発生抑制につながる石油などの化石燃料の削減、電力使用の節約など省エネに関する対策はほとんど該当すると言ってよい。CO_2吸収対策としての緑化も該当する。

建築工事現場での取り組み

［1］ 従業員のマイカーの通勤を禁止し、最寄駅からのマイクロバス送迎に切り替える。

［2］ 工事用連絡車両を一般のガソリン車からハイブリッド車に切り替える。

［3］ クールビズを奨励し、事務所内のエアコン設定温度を28℃とする。

［4］ 待機中の工事用運搬車両のアイドリングストップを徹底する。

［5］ 掘削重機械の空ふかしや高速運転を避けることを作業員に徹底する。

［6］ 場内小運搬用のフォークリフトをエンジン式から電気式に切り替える（エンジン式から電気式への切り換えは、どんな機械に対しても該当する）。

試験概要と試験対策のポイント

施工経験記述

仮設・安全

躯体施工

学科記述解説

仕上施工

施工管理

法規

過去問題と解答

［7］仮設事務所の屋根に散水機を取り付けることにより、夏季における事務所内の温度低下を図る(断熱ガラス、カーテン、植樹など、事務所内の断熱対策に関するものはすべて該当する)。

［8］工事用の照明をすべてLED照明に切り替える。

［9］外壁の一部にグリーンウォール(緑化壁面)を取り入れることを顧客に提唱する。

2　熱帯雨林の減少

－**概要**：伐採や農地開発による熱帯雨林の森林破壊が進み、急速に減少・劣化してきていることにより、絶滅生物種の増加、「温室効果ガス」の大気中への大量放出が生じ、地球温暖化の原因ともなってきていること。

－**対策**：木材の使用制限、木材製品から他原料製品への転換、木材製品の再利用、つまり「できるだけ木を使わない」がキーワードである。

建築工事現場での取り組み

［1］ベニヤパネルによる合板型枠を使用せず、鋼製型枠を用いて型枠組立てを行うことにより、木材原料の消費を減らす(デッキプレート、メッシュ型枠の採用なども該当する)。

［2］合板による組立型枠表面に、打設前に剥離剤を塗布し、脱型時におけるコンクリートの付着を極力防止して、解体後十分にケレンを行い、合板型枠の転用回数を増す。

［3］場内小運搬用の木製パレットを樹脂製のパレットに変更する。

［4］木造建物の解体に際し、梁や柱の長尺物をできるだけ損傷することなくばらし、釘仕舞いして、再利用材として木材販売店に売却する。

［5］内装材の木製ボードを、発注者の承認を得て、石膏ボードや再生のパーティクルボードに切り替える。

［6］木造軸組みの設計となっている内装下地工法を、発注者の承認を得て軽量鉄骨軸組み工法に変更する。

3　資源の枯渇

－**概要**：木材などの森林資源、石油・石炭・天然ガスなどの化石燃料、金属や石灰岩類などの鉱物資源等が、自然のプロセスにより補給される速度以上に、人間などの利用速度が速く、そのためそれらの天然資源が枯渇していくこと。森林資源の枯渇は地球温暖化にもつながっている。

－**対策**：枯渇が懸念される資源の製品の再利用、再生利用、代替原料の開発などがキーワードで、植林などもこれに該当する。対策を記す場合は、どんな資源の枯渇対策かを明記すべきである。

建築工事現場での取り組み

［1］現場で発生した番線、釘、鉄筋、鉄骨くずは分別回収し、指定を受けた再生業者に有償売却することにより鋼材の再資源化を図る。

［2］鋼製建具の段ボールの梱包をなくし、部分的布養生による搬入で材料損傷を防止することにより、段ボールの使用量を減らす。

［3］RC造の建物解体で生じたコンクリート塊を、現場で破砕機をレンタルして砕石とし、改修の建築工事で使用する構内仮設道路の路盤材として再生利用することにより、バージン材の砕石使用量を減らす。

［4］解体工事で発生したアスファルトコンクリート塊を下請けの舗装会社に持ちこんで材料試験

を行い、発注者の承認を得て、構内の新規アスファルト舗装工事における再生砕石として再生利用することにより、バージン材の砕石使用量を減らす。

[5] 現場でカットしたタイル端材や損傷タイルを集積し、再生工場指定を受けたタイルメーカーに搬入して、再生タイルとして利用してもらうことにより、タイル原料の使用量を減らす。

[6] その他、「2｜熱帯雨林の減少」の対策は、すべて木材の資源枯渇対策にも適用できる。

4　大気汚染

- **概要**：工場、事業所、自動車、家庭から排出された各種の汚染物質によって大気が通常の組成と異なった状態となることにより、これらが人の健康を害し、生活を妨げ、動植物に被害を与えること。最近では自動車排ガスのNOx、セメントや微細土粒子の粉じん、飛散性アスベスト、焼却によるダイオキシン等が問題となっている。

- **対策**：汚染物質の発生の少ない燃料・原料・機械の開発・使用（エコカー等）、発生汚染物質の捕獲・拡散防止（集塵機、水噴霧等）、汚染物質の発生を少なくする機械の操作（アイドリングストップ）など。

建築工事現場での取り組み

[1] 場内の重機械は、すべてオフロード法の規制をクリアしたものを使用する。

[2] 外壁塗装の塗材を、発注者の承認を得て油性塗料から有機溶剤を含まない水系塗料に切り替える。

[3] RC造の建物解体に際し、現場周囲を工事用シートで覆い、作業員が相番としてホースで水をかけながら解体実施することにより粉塵の発生を防止する。

[4] 外壁防水に際し、発注者の承認を得て、溶融アスファルトを使用しないトーチ工法に切り替えることにより、気化アスファルトの大気拡散をなくす。

[5] 工事用運搬車両のタイヤについた泥が乾燥して一般道路に粉塵が拡散するのを防止するため、工事用出入り口の付近に洗車ピットと洗浄機を設置する。

[6] その他、「1｜地球温暖化」（075ページ）の対策[1]、[2]、[4]〜[6]は、すべて大機汚染防止対策にも適用できる。

5　水質汚染

- **概要**：工業廃水・家庭雑排水に含まれる有害物質や、肥料・農薬、その他人間活動により海洋・河川・井戸水・水道水などが汚染されること。

- **対策**：汚染物質の捕獲・除去（PH処理、ろ過など）、雨水・湧水と汚染水の混合防止および分流、流出防止（防油堤等）など。

建築工事現場での取り組み

[1] 地下掘削中に揚水した湧水は、沈砂槽を設けてろ過処理を行い、濁度を測定して規定以下であることを確認したうえで下水放流する。

[2] コンクリートの打設中および養生に用いた排水は、沈殿槽を設けてろ過およびPH処理をし、規定値以下であることを確認したうえて下水放流する。

[3] アースドリルによる場所打ち杭に使用する安定液はノッチタンクに回収し、土砂を沈降させて、上澄み液をPH処理し、下水放流するとともに、汚泥は流出しないよう蓋をし、許可を受けた収集運搬業者、処理業者に委託処理する。

試験概要と試験対策のポイント

施工経験記述

仮設・安全

躯体施工

仕上施工

学科記述解説

施工管理

法規

過去問題と解答

6　土壌汚染

- **概要**：有害な物質(特定有害物質)が土壌に浸透して土壌や地下水が汚染された状態のこと。現在生産活動中の工場等による土壌汚染も問題ではあるが、一般的には、過去の生産活動等により汚染された土壌が現在の人間活動に影響を与えていることが問題となっており、対策もこちらのほうがメインとなっている。

- **対策**：土地の転用用途や原因物質により実施時期や対策手法が異なるが、掘削除去、原位置浄化、覆土による封じ込めなどの手段が取られる。

建築工事現場での取り組み

[1] 重金属含有が規定量を超えていた掘削残土を、指定を受けた汚染土処理業者に契約書を交わして引取ってもらい、洗浄処理を行うとともに、処理後の残土は、有害物質がないことを検査で確認したうえで、当現場の埋戻しに再利用する。

[2] 床付け面以下の地盤改良を行うに当たり、セメントを使用すると六価クロム汚染の懸念があるため、発注者の承認を得て石灰を使用する。

[3] 埋戻しを行うに際し、他現場での根切り発生土を流用することになっている場合、土壌汚染の心配があるため、公的機関によって汚染物質の有無を調査し、指定基準以下であることを確認したうえで埋戻しを行う。

[4] 建築予定敷地の土壌汚染調査を行い、重金属が規定含有量を超えている場合、発注者と相談の上、敷地周囲をSMWによる遮水壁により取り囲み、上部をコンクリートで覆うことにより、封じ込めを行う。

7　地盤沈下

- **概要**：自然的または地下水揚水などの人為的要因により地面が沈下する現象を指し、広義には盛土や構造物の荷重による局部的な沈下も含む。公害としては人為的要因によるものをいい、建設工事では根切り、地下水揚水、振動機械、締固め不足等による地盤沈下が問題となる。

- **対策**：地下水位低下の抑制、ヒービング・ボイリング防止、地盤改良、振動防止工法・機械の採用などがキーワード。

建築工事現場での取り組み

[1] 山留めの根切り掘削において、背面の地下水位が高い粘性地盤では、ヒービングの恐れがある。地下水位を下げると地盤沈下の原因となるので、山留めの根入れ長を長くし、床付面下を地盤改良することにより、ヒービングを防止して地盤沈下に対応する。

[2] 山留めの根切り掘削において、背面の地下水位が高い砂質地盤では、ボイリングの恐れがある。地下水位を下げると地盤沈下の原因となるので、水平方向、鉛直方向の切梁ピッチを短くして支保工強度を増すことによりボイリングを防止し、地盤沈下に対応する。

[3] 地下水位の高い山留めの根切り掘削において、湧水の揚水に伴い地盤沈下のおそれがあるので、リチャージ工法により不透水層まで揚水を還元する。

[4] 地下水位の高い地盤の地下掘削は、湧水揚水に伴い地盤沈下の恐れがあるので、山留め壁を止水性の高い鋼管矢板とし、不透水層まで根入れして湧水量を極力抑える。

[5] 地下の躯体施工終了後の埋戻しは、長期に渡り圧密沈下による地盤沈下の恐れがあるので、20cmごとに埋め戻して小型のランマで入念に締固め、不等沈下を防止する。

[6] 山留め壁の鋼製杭打込みは、バイブロハンマーを使用すると周囲の地盤沈下を引き起こす恐れがあるので、埋め込み方式のプレボーリング工法とする。

学科記述解説

試験概要と試験対策のポイント

施工経験記述

仮設・安全

躯体施工

仕上施工

学科記述解説

施工管理

法規

過去問題と解答

1 仮設・安全

POINT
出題傾向と
ポイント

- 「仮設計画」、「安全管理」に関し、3つの課題に対して、留意または検討すべき事項、作業内容や対策等をそれぞれ2つずつ記述させる問題が出題されている。
- 当初は、奇数年度（平成）には「仮設計画」、偶数年度（平成）には「安全管理」と交互に出題されてきた。しかし、平成30年（2018年）には臨時試験で「仮設計画」が出題され、令和元年（2019年）にも引き続いて「仮設計画」が出題されたため、次年度以降の出題が読み難くなった。いずれが出ても書けるように用意をしておく必要がある。

CHECK
第二次検定
の出題内容

年度	仮設計画	安全管理
R5	仮設物設置計画留意検討事項を2つ記述 1.くさび緊結式足場 2.建設用リフト 3.場内仮設道路	
R4		状況または作業内容と防止対策を2つ記述 1.墜落、転落による災害 2.崩壊、倒壊による災害 3.移動式クレーンによる災害
R3	仮設物設置計画留意検討事項を2つ記述 1.仮設ゴンドラ 2.場内仮設事務所 3.工事ゲート（車両出入口）	
R2		安全使用のための留意事項を2つ記述 1.外部枠組足場 2.コンクリートポンプ車 3.建設用リフト
R1	設置計画の作成に当たり留意し、検討した事項を2つ記述 1.荷受け構台 2.鋼板製仮囲い（ゲート及び通用口を除く） 3.工事用エレベーター	
H30 （臨時）	設置計画の作成に当たり留意し、検討した事項を2つ記述 1.場内仮設道路 2.建設用リフト 3.排水（濁水）処理設備	
H30		災害発生の恐れのある作業の内容と防止対策を2つ記述 1.墜落・転落による災害 2.電気による災害 3.車両系建設機械による災害
H29	設置計画の作成に当たり、留意または検討すべき事項を2つ記述 1.つり足場 2.起伏式（ジブ）タワークレーン 3.仮設ゴンドラ	
H28		機械・設備を安全に使用するのための留意事項を2つ記述 1.ロングスパンエレベータ 2.高所作業車（.クローラ式垂直昇降型） 3.バックホウ（バケット容量0.5m³程度）
H27	設置計画の作成に当たり、留意または検討すべき事項を2つ記述 1.外部枠組足場 2.仮設電力設備 3.荷受け構台	
H26		災害発生の恐れのある作業の内容と防止対策を2つ記述 1.墜落災害 2.崩壊・倒壊災害 3.重機関連災害
H24 以前	平成13、14、16、17、19、21、23、25年に出題	平成10、11、12、15、18、20、22、24年に出題

平成30年度は、1級建築施工管理技術検定 実地試験と1級建築士の製図試験が重なったことで、両方を受検する者を対象に臨時試験が実施されたため、2回試験が行われている

試験概要と試験対策のポイント

施工経験記述

仮設・安全

駆体施工

仕上施工

学科記述解説

施工管理

法規

過去問題と解答

1-1 過年度の出題項目

- 平成15年〜令和5年の出題項目は以下のとおりである。
  [1] 仮設計画
  　仮設道路(5回)、(枠組、つり、くさび緊結式)足場(4回)、荷受け構台(3回)、鋼製仮囲い(3回)、(工事用)ゲート(3回)、仮設事務所(3回)、乗入れ構台(2回)、仮設電気設備(2回)、揚重機(2回)、仮設ゴンドラ(2回)、工事用エレベータ(建設用リフトを含む)(2回)、山留め、排水(濁水)処理設備
  [2] 安全管理
  　墜落・転落災害(足場の安全使用を含む)(8回)、重機(車両系建設機械)関連災害(3回)、崩壊・倒壊災害(3回)、交流アーク溶接機(2回)、建設用リフト(2回)、移動式クレーン(2回)、電気による災害、第三者災害、飛来落下災害、高所作業車、ロングスパンエレベータ、バックホウ、コンクリートポンプ車

1-2 問題文に関する注意事項

- 一般的には、仮設計画は「設置上の留意点」、安全管理は「防止対策」または「安全点検事項」を書かせる問題である。
- しかし、同じ出題項目でも年度によって問題文に微妙なニュアンスの違いがある。あまり細かいことに気を遣う必要はないが、一応は問題文の内容に沿った解答が望まれる。
- 過年度の問題文から、留意しておくべき事項をいくつか記す。

1　作業内容記述
- 安全管理の場合、災害の恐れのある「作業状況」と「防止対策」とに分けて記述する場合がある。
- 「作業状況」と「防止対策」とを完全に分けて記すのがよいが、解答欄が分けられていない場合は、「‥‥の作業において‥‥の恐れがあるので‥‥する」のように、1つの文章で記してもよい。

2　除外項目
- 仮設の設置計画では、申請、保守点検、材料不良に関するものの記述は除外する場合が多い。
- 安全管理では、要求性能墜落制止用器具や保護帽の着用、朝礼時の注意喚起、点検や整備などの日常管理、安全衛生管理組織、新規入場者教育、資格・免許・届出など、どんな事故防止対策にも共通な安全管理一般論に関する記述を除外する場合が多い。

3　重複記述
- 1つの項目に対して2つ記述するのであるが、その記述内容が3つの項目間で重複あるいは類似していてはならない。

4　理由記述
- 平成21年のように、留意・検討事項とその理由を記させる場合がある。
- 「留意・検討事項」と「理由」とを完全に分けて記すのがよいが、解答欄が分けられていない場合は、「‥‥のため‥‥する」や「‥‥ので‥‥する」のように、1つの文章で記してもよい。

試験概要と試験対策のポイント

施工経験記述

仮設・安全

躯体施工

仕上施工

学科記述解説

施工管理

法規

過去問題と解答

1-3 仮設工事計画の留意点

- 仮設工事に関しては、「第3章 躯体施工」の記述と重複する部分があるが、ここでは問題2の記述式問題に対する内容を主体に、施工計画上の留意点を記す。細かい数値を覚えるに越したことはないが、むしろ赤太字部分のキーワードを記憶しておくことが重要である。
- 注意すべきは、「設置計画上の留意点」という出題であれば、あくまでもその仮設を設置するための事前計画上の留意点を記すことである。例えば、「足場設置計画上の留意点」であれば、「要求性能墜落制止用器具を親綱にフック掛けする」とか「手すりを取り外したら復旧する」とかの、使用に際しての留意点を記してはいけない。

1 山留め支保工施工計画上の留意点 （100ページ図4参照）

[1] 地質、地形条件に応じた山留め、支保工の型式を選択する。

[2] 組立て順序を記した施工図に基づき施工する。

[3] 隣接建物や構造物の現状を調査し、写真や記録に残しておく。

[4] 施工に当たり、地下埋設物の事前調査を行い、移設、防護などを施す。

[5] ヒービング、ボイリング、盤ぶくれ等の恐れがある場合は、地下水位を下げる等の事前対策を施す。

[6] 工事用車両の交通に与える影響や騒音・振動に関する近隣住民からの要請を考慮して、施工方法、施工時間帯などを計画する。

2 乗入れ構台施工計画上の留意点 （096ページ図5参照）

[1] 重機・工事用車両等の上載荷重、風荷重、衝撃荷重、地震等荷重に対して十分な耐力を有することを安全計算によって確認する。

[2] 組立て順序を記した施工図に基づき施工する。

[3] 必要な位置に水平つなぎ、ブレース等の補強を行う。

[4] 構台支柱と山留めの中間支柱との兼用をしないようにする。

[5] 構台の水平、鉛直精度を確保する。

[6] 乗り込みスロープの勾配は、1/10～1/6程度とする。

[7] 作業床には、墜落防止用に、高さ85cm以上の手すりと中さん等を設ける。

[8] ボルト締結部の緩みや溶接接合部の不良がないか、定期的な点検計画を立てる。

3 荷受け構台施工計画上の留意点

[1] 揚重機の位置を考慮し、資機材の搬出入に適した位置に設ける。

[2] 揚重機の能力、揚重材の形状・寸法・数量に応じた形状規模（広さ）のものとする。

[3] 材料の取り込みおよび水平運搬に便利な位置を選ぶ。

[4] 自重、積載荷重、作業荷重、風荷重、機械の水平動荷重に対して十分安全な構造とする。

[5] 敷地境界付近に設置する場合は、幅木やメッシュシートを設ける等第三者への飛来落下防止措置を講ずる。

[6] 作業床には、墜落防止用に、高さ85cm以上の手すりと中さん等を設ける。

4 （鋼製）仮囲い施工計画上の留意点

[1] 高さを1.8m以上とする。

[2] 風圧や衝撃に対して十分な耐力を維持できるよう、適切な建地間隔とし、十分な深さまで打込む。

[3] 控えは埋め込み材に堅固に取り付ける。

[4] 鋼鈑は十分な**断面性能と許容耐力**を有することを確認する。

[5] ゲート近くでは、場合によっては接触事故防止のため**透明なアクリル板**の使用を検討する。

[6] 鋼鈑の外面は、街の景観を考慮した**色やデザインで塗装**する。

5 車両出入口（ゲート）施工計画上の留意点

[1] 工事用車両の円滑な入退場ができる幅、高さを有するように計画する。

[2] 扉は**引き戸または内開き**とし、通行者や交通の妨げとならない位置に設置する。

[3] ゲートは、盗難や事故防止のため、**施錠**できるようにする。

[4] カーブミラーなどを設置して運転者が安全確認しやすいように配慮する。

[5] 交差点の近くなど見通しの悪い場所や交通量の多い場所を避け、入退場に支障のない位置に設置する。

[6] 場合によってはゲート近くの仮囲いを透明なアクリル板とし、接触事故防止を図る。

6 （場内）仮設道路施工計画上の留意点

[1] 作業員の通行動線と車両動線ができるだけ交差しないように計画する。

[2] **地盤耐力を低下させない**よう、地盤改良や鉄板敷き等を行う。

[3] 車両、重機の大きさや通行量に合わせた**幅員**とする。

[4] 雨水が滞留しないよう、横断勾配を付けて**水はけ**をよくし、排水溝を設置する。

[5] 再生骨材や、現場発生土、斫りがらなどの**再生材使用**を検討する。

[6] 短期使用の仮設道路については、**設置や撤去が簡単な方式**を採用する。

7 仮設事務所施工計画上の留意点

[1] 現場や加工場の**状況**が把握しやすい場所に設ける。

[2] 給排水や受電など、インフラ設備を引込みやすい場所に設ける。

[3] 作業員の**出入り口**に近い場所に設ける。

[4] 会議や打ち合わせの**スペースを確保**できる広さとする。

[5] 構造安全、採光・換気なための開口部確保など、**建築基準法を遵守**した計画とする。

[6] 近隣の民家の側に窓や通路を設けない。

8 揚重機施工計画上の留意点 （133ページ 図9、図10 参照）

[1] つり荷重、作業半径、建築物の高さ、所要工期を考慮した能力の揚重機を選定する(高い建物は固定式、長い建物は移動式)。

[2] 場合によっては能力の異なる**複数**の揚重機を設置する。

[3] 送電線からの**離隔距離**、電波障害の有無などを検討する。

[4] 支持構台や構造体本体は、地震や強風等の荷重を考慮し、十分構造的に**安全**かどうかの検討を行う。

[5] 設置位置はゲートからの**搬入動線**に近く、かつ作業場までの運搬が容易な場所とする。

試験概要と試験対策のポイント

施工経験記述

仮設・安全

躯体施工

仕上施工

学科記述解説

施工管理

法規

過去問題と解答

試験概要と試験対策のポイント

施工経験記述

仮設・安全

躯体施工

仕上施工

学科記述解説

施工管理

法規

過去問題と解答

［6］ 場内通行車両の動線とクレーンの動線の輻輳を極力避けるよう検討する。

［7］ 高層建物においては必要とされる揚程が最大揚程を超えていないことを確認しておく。

［8］ クレーンの各部が建物に干渉しないよう、また、旋回時に旋回体およびジブが敷地外に出ないように計画する。

［9］ 使用クレーンの定格荷重表（定格荷重と旋回半径の確認）を作成して掲示する。

［10］ 建設用リフトを使用する場合には人は載ってはならない旨を標示する。

9 仮設電気設備

［1］ 動力、照明、通信などの機器の使用計画に基づき負荷設備容量を山積みし、最大負荷の60％程度の受電設備容量の計画とする。

［2］ 配線総延長を極力短くするため、受変電設備はできるだけ現場敷地の中央部に配置する。

［3］ 極端なピーク時には発電機を組み合わせるなど合理的な電力供給とする。

［4］ キュービクルの周囲は立ち入り禁止とするため、フェンス等による仮囲いを設ける。

［5］ 電力使用申し込みから受電まで1カ月余りかかるので、その期間を考慮して計画する。

［6］ 仮設電気設備の撤去時期と本設への切り換え方法を検討する。

10 外部足場 （095ページ図1〜図3参照）

［1］ 組立図を作成し、それに基づいて組み立てる。

［2］ 敷地の地盤の高低差を考慮し、地盤強度の確保、設置スペースの確保を行う。

［3］ 建地は敷板、ベース金具を用い、脚部は根がらみを設ける。

［4］ 足場の種類に応じた建地の間隔を遵守する。

［5］ 足場の種類に応じた壁つなぎ、控えの間隔を遵守する。

［6］ 第三者への飛来落下事故防止のため、必要な構造の防護棚（朝顔）を設ける。

［7］ 高さ85cm以上の手すりおよび中さん等を設ける。

11 つり足場

［1］ 作業床の幅は40cm以上とし、かつすき間はないようにすること。

［2］ 荷重による構造計算を行ったうえで、つりワイヤーロープ、つり鎖等の太さとつりピッチを決定する。

［3］ 床材は、転位または脱落しないように、足場けた、スターラップに取り付けること。

［4］ 足場桁、スターラップ、作業床等に控えを設ける等動揺または転位を防止するための措置を講ずること。

［5］ つり足場の上で脚立、はしごを用いてはならない旨の表示をする。

12 工事用エレベーター

［1］ エレベーターから屋内作業場への出入口の段差を小さくする。

［2］ 停止階には、出入口および荷の積卸し口の遮断設備を設ける。

［3］ 昇降路には人が出入りできないように、また、積み荷の落下、飛散がないように外周を金網等で養生する。

［4］ 積載人数・積載物の最大荷重に応じた定格荷重のものを選定する。

〔5〕積載物の最大寸法に応じた荷台面積とし積載物が荷台より出ないようにする。

〔6〕作業に必要な最大揚程高さで設置が可能であるか確認する。

〔7〕安全装置、ブレーキの性能を把握して計画する。

13 仮設ゴンドラ

〔1〕ケージ本体の重量と積載荷重を充分に支えることのできるつり元となる固定物の強度を確認すること。

〔2〕建物の大きさ,形状,工事内容を考慮し、適切なゴンドラ機種を選ぶこと。

〔3〕作業員,通行人への安全確保と環境対策のため、必要に応じて養生を行うこと。

〔4〕つり元からケージにいたるつりワイヤロープの確実な取り付けが行えるかを確認すること。

〔5〕機材搬入出の経路、保管スペースの確保、監視人の配置等を考慮して計画する。

〔6〕移設時や撤去作業を行う上での障害はないかを確認して計画する。

14 排水処理設備

〔1〕工事に従事する人員の確認。

〔2〕汚水、雑排水、地下水・雨水、特殊排水ごとに排水時期、排水場所、排水量を把握。

〔3〕公共下水道の利用の可否の確認。

〔4〕PH、SS等の排水基準の確認。

〔5〕濁水処理設備の処理方法と処理能力の確認。

〔6〕洗車装置の場合は搬出入車両の台数の確認。

〔7〕仮設排水路の、排水量に応じた断面と勾配の検討。

1-4 安全管理の留意点

ここに記す各種災害の防止対策の内容は、前述の仮設工事計画と重複するものがある。仮設工事計画は仮設備という設備の設置という観点からの留意点であり、その中には安全に対する考慮も含まれている。一方、災害防止対策は建設作業における安全上の留意点であり、仮設備に関するものは重複するが、仮設備だけでなく危険行為の禁止も含まれている。

1 墜落災害防止対策

〔1〕足場は組立図を作成し、それに基づいて組み立てる。

〔2〕高所作業においては必要な照度を確保する。

〔3〕足場の床面は、つまづき等のないように整理整頓し、清掃する。

〔4〕高さ85cmの手すりと中さんを取り付ける。

〔5〕フルハーネス型墜落制止用器具を掛けるための親綱を設置する。

〔6〕臨時に取り外した手すりは作業終了後必ず復旧し、責任者に報告させる。

〔7〕作業開始前、悪天候の後、震度4以上の中震の後は足場点検を行う。

〔8〕高さ1.5mを超える箇所には昇降設備を設ける。

〔9〕部分的な補修工事においては、高所作業車の使用など無足場工法を採用する。

試験概要と試験対策のポイント

施工経験記述

仮設・安全

躯体施工

仕上施工

施工管理

法規

学科記述解説

過去問題と解答

試験概要と試験対策のポイント

施工経験記述

仮設・安全

躯体施工

仕上施工

学科記述解説

施工管理

法規

過去問題と解答

2 飛来落下災害防止対策

[1] 一般道路に面した足場には、必要な強度を持つ**防護棚**を2m以上張り出して設置する。

[2] 高所作業中は落下防止紐を工具に取り付けて作業することを徹底させる。

[3] 上下作業を禁止し、高所作業の下はバリケード等で囲い立入禁止措置をとる。

[4] 外部足場には養生用のメッシュシートを張り、幅木を取り付ける。

[5] 高さ3m以上の高所から物体を投下する時は、投下設備を設け、監視人を置く。

[6] 足場上の床は整理整頓し、材料や工具が風で飛来落下しないようにする。

3 重機関連・車両系建設機械災害防止対策

[1] 揚重中の移動式クレーンの転倒事故を防止するため、敷き鉄板を敷き、アウトリガーを最大限に張り出して設置する。

[2] 揚重中におけるつり荷の落下事故を防止するため、ワイヤーロープの安全率は6以上とし、素線の切断率、直径の減少率が規定以上のワイヤーロープは使用しない。

[3] 掘削中のショベルが後進する際に掘削溝に転落する事故を防止するため、誘導者を配置する。

[4] 掘削中のバックホーが旋回中に作業員に接触する事故を防止するため、バリケード等により旋回範囲内への立入禁止措置をとる。

[5] バックホーでダンプに土砂を積み込む際は、運転者との接触事故防止のため、ダンプの運転席と反対側に旋回させ、荷台後方から積込む。

[6] つり荷の落下事故防止のため、アームやバケットにフック、シャックルを取り付けた時以外は、バックホーやショベル等の掘削機で物をつらないようにさせる。

[7] 重機によるはさまれ事故防止のため、重機作業開始前にブレーキ、クラッチの点検をさせる。

[8] 現場内を重機や工事用車両が走行する際には、交通事故防止のために制限速度を定める。

 ※ どんな重機のどんな事故防止を対象にした対策かを明確にする。

4 崩壊・倒壊災害防止対策

[1] コンクリート打設による型枠支保工の崩壊を防止するため、構造計算により作成した組立図に基づき組み立てる。

[2] 地下掘削中にボイリングによる山留め壁の崩壊を防止するため、背面の地下水位を下げる。

[3] 高所作業における足場の倒壊を防止するため、水平・鉛直方向とも規定の間隔で壁つなぎ・控えをとる。

[4] 土留め支保工のない明りの地山掘削を行う際は、地山の崩壊を防止するために、地質に応じて定められた勾配を超えないようにする。

[5] 根切り法面の降雨による崩壊を防止するために、表面をシートで覆い、排水溝を設ける。

[6] 移動式クレーンの転倒事故を防止するため、敷き鉄板を敷き、アウトリガーを最大限に張り出して設置する。

[7] 仮囲いの風圧や衝撃に対する転倒事故を防止するため、建地を適切な間隔とし、十分な深さまで打込む。

[8] 乗入構台の倒壊を防止するため、定められた順序で組立て、必要な位置に水平つなぎ、ブレース等の補強を行って、構台支柱と山留めの中間支柱との兼用をしないようにする。

[9] 定置式クレーンの転倒事故を防止するため、支持構台や構造体本体は、地震や強風等の荷重を考慮し、十分構造的に安全かどうかの検討を行う。

 ※ 何の崩壊事故防止かを明確に記すことが必要。

5　第三者災害防止対策

[1] 一般道路に面した外部足場での通行人への飛来落下事故を防止するため、張り出し長さ2m以上の防護棚を設け、工具に飛来落下防止紐を取り付けて作業させる。

[2] 現場の出入口での搬入車輛と通行人との接触事故を防止するため、必要な幅員の仮設歩道を設け、誘導員を置いて、車両出入りの際に誘導する。

[3] 稼働中の工場敷地内での工事で、工事用車両と一般車両との接触事故を防止するため、工事用車両の搬入時間帯を制限し、速度制限を行う。

[4] 材料置き場に第三者が立ち入って、荷崩れの下敷きになり被災することを防止するため、高さ1.8m以上の仮囲いで囲い、施錠して、立入禁止措置をとる。

[5] 移動式クレーン転倒による第三者災害を防止するため、敷き鉄板により地盤反力を確保し、アウトリガーを最大限に張り出して設置する。

[6] 山留めの根切りに伴う隣接建物の不同沈下を防止するため、地盤に応じた山留めや支保工を選定する。

[7] 外壁塗装における塗料が飛散して隣地の建物や洗濯物を汚さないようにするため、外装材を工場塗装による外壁パネルに切り替える。

※ 第三者に対するどんな事故防止かを明確にする。

6　外部足場の点検事項

[1] 床材の損傷、取り付けおよびかけ渡しの状態。

[2] 足場板の緊結状態。

[3] 足場上の資材の緊結状態、整理整頓状態。

[4] 手すり等の高さ、取り外しおよび脱落の有無。

[5] 筋かい、控え、壁つなぎ等の補強材のピッチ、取り付け状態。

[6] 建地のピッチ、布の高さおよび損傷の有無。

[7] 地盤の緩みによる敷板、ベース金具の沈下、移動の有無。

[8] 制限荷重の表示の有無。

7　移動式足場（ローリングタワー）の点検事項

[1] 足場板の緊結状態。

[2] 制限荷重の表示の有無。

[3] 脚輪のストッパーの作動状態。

[4] 控え枠の取り付け状態。

[5] 高さ90cm以上で中さん等の手すりおよび高さ10cm以上の幅木が取り付けてあるかの確認。

[6] 補強材の取り付け状態、損傷の有無。

8　交流アーク溶接機の点検事項

[1] 自動電撃防止装置の作動状況。

[2] 接地（アース）を確実にとっているか。

[3] 溶接棒のホルダーの絶縁性能。

[4] ケーブルの被覆の損傷や劣化の有無。

[5] 感電防止用漏電遮断装置の作動状況。

試験概要と試験対策のポイント

施工経験記述

仮設・安全

躯体施工

仕上施工

学科記述解説

施工管理

法規

過去問題と解答

[6] 局所排気装置等の粉じん防止対策の有無。

[7] 呼吸用保護具の整備状況。

※ 平成30年の「電気による災害防止」の場合は、これに加えて、キュービクル・変圧器の仮囲い、架空電線からの離隔距離、水濡れ防止等を記してもよい。

9　移動式クレーンの点検事項

[1] 定格荷重に見合ったアウトリガーの張り出し確保の確認。

[2] 設置位置の水平度や地盤反力の確保の確認。

[3] ブレーキ、クラッチ、コントローラの機能の確認。

[4] 過巻防止装置、過負荷警報装置の作動状態の確認。

[5] 旋回範囲内への立入禁止措置の確認。

[6] ワイヤーロープの素線の切断率、直径の減少率が規定以下であるかの確認。

10　機械・設備使用上の安全留意事項

[1] ロングスパンエレベータ。
- エレベーターから屋内作業場への出入口の段差を小さくする。
- エレベーターの停止階には、出入口及び荷の積卸し口の遮断設備を設ける。
- エレベーターの昇降路には人が出入りできないように、又、積み荷の落下、飛散がないように外周を金網等で養生する。
- 作業員に安全作業上の厳守事項並びに当該機械の運転者、性能等を周知させる看板を設置する。
- 見やすい場所に、最大積載荷重や制限人数の表示を行う。

[2] 高所作業車。
- 積載荷重の厳守。
- 水平に設置、坂道での使用禁止。
- 作業床を挙げた状態で走行しないこと。
- 強風等の悪天候時は作業は絶対に行わないこと。
- 機械の安全装置は絶対に解除しないこと。
- 作業区画を設置、明示し立入禁止を実施すること。

[3] バックホウ。
- 旋回範囲内に作業員や第三者を立ち入らせないこと。
- 前照灯を備え付けること。
- バケットにフック・シャックルを取り付けたとき以外は、バケットで荷をつってはいけない。
- 路肩・傾斜地での作業や労働者の作業箇所に後進して接近するときは、誘導者を配置すること。
- 運転者が運転席を離れるときは、バケットを地上に降し、原動機を止めて走行ブレーキをかけること。
- トラックに土砂等を積み込むときは、荷台の後方から旋回させて積み込むこと。

[4] コンクリートポンプ車。
- ポンプ車の操作者とホース先端の打設者との間で一定の合図を定める。
- 輸送管やホースが振れて作業員が被災したりするのを防止するために、建造物に固定するなどの振れ止め措置を施す。

- 打設後の洗浄ボールにより作業員が被災することを防止するため、ホース先端に洗浄ボール飛び出し防止装置を設ける。
- 輸送管が外れて第三者や建物に飛散するのを防止するために、輸送管の連結部は固定金具で緊結する。
- ブーム車の場合、打設中の転倒を防止するために、敷き鉄板等を敷き、アウトリガーを最大限に張り出す。
- ブーム車の場合は、旋回範囲内に作業員や第三者を立ち入らせないような措置をとる。
- ブーム車の場合は、送電線から離隔距離が取れるような場所に設置する。

EXERCISE
過去問題
平成25年
問題2

建築工事において、次の1から3の仮設物の設置計画に当たり、留意または検討すべき事項をそれぞれ2つ、具体的に記述しなさい。
ただし、解答はそれぞれ異なる内容の記述とし、保守点検等設置後の運用管理上の記述は除くものとする。また、使用資機材に不良品はないものとする。
1. 場内仮設事務所
2. 場内仮設道路
3. 鋼板製仮囲い（ゲートおよび通用口を除く）

考え方
本文にて解説しているので、ここでは考え方を示す。
機能上や安全上のキーワードを2つ以上思い出せればよい。設置後の安全点検は除くので、計画時点での安全考慮すべき事項でなければならない。

1. 場内仮設事務所（083ページ「7｜仮設事務所施工計画上の留意点」参照）
- 大枠としては、位置と広さと法令遵守の3つである。
- 位置は、監視しやすい、インフラを引込みやすい、出入り口に近い等を考える。単に「適切な位置を選ぶ」だけでは少々物足りない。
- 広さは、打ち合せ・会議のスペース確保、従業員人数に応じた広さである。「適切な広さを確保する」だけでも50%くらいの得点はあろう。
- 法令は、建築基準法の「仮設であっても緩和されない規定」を思い出していただきたい。建築士による設計・監理、建物の構造安全、採光・換気等建物の環境、50m²を超える防火地域・準防火地域の屋根の制限に関する規定等を記すのがよい。単に、「建築基準法を遵守した構造計画とする」だけでも50%程度の配点はあろう。

2. 場内仮設道路所（083ページ「6｜（場内）仮設道路施工計画上の留意点」参照）
- キーワードは、動線、幅員、地耐力、排水である。
- 「動線に留意する」なら60点、「歩行者と車両の通行動線に留意する」なら75点、「歩行者と車両の通行動線が交差しないような計画とする」なら満点に近い。
- 単に「適切な幅員を確保する」、「水はけをよくする」とだけ記しても、70～75%程度は確保できる。

3. 鋼板製仮囲い（ゲートおよび通用口を除く）（083ページ「4｜（鋼製）仮囲い施工計画上の留意点」参照）
- 一般的には転倒防止に対する措置で、建地の間隔、埋め込み深さ、控え、地盤、耐風圧、耐衝撃などがキーワードである。
- 立地状況によっては人の寄りかかりや車両の接触に対する倒壊防止を記してもよい。
- 安全にこだわらず、「周囲の景観とマッチするようなデザイン」とか、「地域住民の意向を反映したペイント」等を記してもよい。

試験概要と試験対策のポイント

施工経験記述

仮設・安全

躯体施工

仕上施工

学科記述解説

施工管理

法規

過去問題と解答

2 躯体施工

POINT
出題傾向と
ポイント

- 「躯体施工」からの出題は、施工上の留意事項を記述する「記述式問題」と、3つの語句のうち、最も不適当な語句を探し出し適当な語句を記入する「語句訂正問題」とが交互に出題されてきたが、令和4年からは「語句訂正問題」または「穴埋め問題」が五肢一択の「選択問題」として出題されている。

- 過去の出題傾向をみると、奇数年度（平成・令和）は「記述式問題」、偶数年度（平成・令和）は「語句訂正問題」（選択問題）が出題されているため、令和6年度（2024年度）は「選択問題」が出題される可能性が極めて高い。「仕上施工」とは逆となっている。

- いずれにせよ、第一次検定の四肢一択問題とは異なり、各種工事に対する正確な技術知識を十分に理解する必要がある。

CHECK
第二次検定
の出題内容

凡例：●…語句訂正問題（回答記入式）、◐…語句訂正問題（回答選択式）または穴埋め問題（回答選択式）、⬤…記述式問題

分野		H20	H21	H22	H23	H24	H25	H26	H27	H28	H29	H30	H30(臨時)	R1	R2	R3	R4	R5
地盤調査	平板載荷試験			●					●		●	●	●				○	
	仮設通路						●											
仮設工事	脚立足場の足場板																	
	つり足場の安全係数													●	●			
	トラッククレーン、クローラークレーン、タワークレーンの性能比較	●				●				●								
土工事	根切り工事								⬤							⬤	○	
	山留め工事（親杭横矢板工法）				●													
	山留め工事（切梁工法）																	●
	山留め工事（地盤アンカー工法）										⬤							
	ヒービング、ボイリング、クイックサンド							⬤			⬤							
	切梁にプレロード導入時の留意 事項	●																
	ディープウェルとウェルポイントの工法比較							⬤							◐			
地業工事	場所打ちコンクリート杭地業のコンクリートの打設						⬤											
	場所打ちコンクリート杭各種工法の比較				⬤													
	安定液、分散剤、CMC、スライム処理	●						⬤										
	ベノト杭の鉄筋かごの共上がり防止																	
	場所打ちコンクリート杭工事の杭頭処置			●														
	アースドリル工法と孔壁の保護																	
	オールケーシング工法										◐			◐			○	
	既製コンクリート杭埋込み工法									⬤				⬤	●			
鉄筋工事	鉄筋の継手																	
	異形鉄筋の単位質量、圧延マーク、標準長さ																	
	鉄筋のガス圧接技量資格と鉄筋径				⬤													
	鉄筋組立の留意事項					⬤					◐	◐						
	鉄筋のスペーサー、バーサポート					⬤												●
	鉄筋のガス圧接	●				⬤										◐		
	鉄筋の機械式継手																	
コンクリート工事	コンクリートの骨材温度、表面温度の影響																	
	コンクリートの空気量の計測方法																	
	コンクリートの養生															◐	●	
	コンクリートポンプによるコンクリート打設							⬤			⬤							
	暑中コンクリートの打設と養生					⬤									○			
	コールドジョイント発生防止の処置・対策					⬤				⬤								●
	コンクリートの沈みひび割れの防止対策	●																
	コンクリートに含まれる塩化物			●		●												
	コンクリートの調合								⬤									

平成30年度は、1級建築施工管理技術検定 実地試験と1級建築士の製図試験が重なったため、両方を受検する者を対象に臨時試験が実施されたため、2回試験が行われている。

凡例：●…語句訂正問題（回答記入式）、◐…語句訂正問題（回答選択式）または穴埋め問題（回答選択式）、●…記述式問題

分野		H20	H21	H22	H23	H24	H25	H26	H27	H28	H29	H30	H30(臨時)	R1	R2	R3	R4	R5
コンクリート工事	コンクリートのスランプ試験の方法	●																
	コンクリート打設時の分離とシュートの関係					●			●						●			
	型枠に作用するコンクリートの側圧			●				●									◐	
	型枠の積載荷重												●					
	型枠支保工で鋼管枠とパイプサポートを支柱として用いる時の処置	●					●											
	型枠と適用部位																	
	型枠組立時の締付金物							●			●						◐	
	型枠支保工の組立・存置・取り外し														●			
	柱・梁型枠の加工・組立		●														●	
	デッキプレート（フラットデッキ）									●								●
鉄骨工事	仮ボルトの留意事項					●	●											
	トルシア形高力ボルト摩擦接合の本締め完了後の確認事項	●								●								
	トルシア形高力ボルトの締め付け	●					●								●			
	鉄骨の建入れ直し										●							
	頭付きスタッドボルトの溶接後の打撃曲げ試験の判定					●				●								
	アーク溶接、ガスシールドアーク溶接、セルフシールドアーク溶接の溶接姿勢、作業能率の比較					●												
	ガスシールドアーク溶接の欠陥							●										
	構造耐力を負担するアンカーボルト																	
	スタッド溶接の施工管理								●		●						◐	
	耐火被覆（吹付けロックウール工法）									●								
その他の工事	木造軸組構法のアンカーボルト	●																

試験概要と試験対策のポイント
施工経験記述
仮設・安全
躯体施工
仕上施工
施工管理
法規
過去問題と解答
学科記述解説

2-1 地盤調査

重要 >>>>
- 「地盤調査」は、過去の出題頻度はあまり高くないが、各地盤調査の概要を理解する必要がある。

1 種類と調査事項

[1] 一般的にロータリー式ボーリングが用いられ、あらゆる地層の削孔が可能である。

[2] サンプリングとは、地盤の強度や変形特性等を把握するために、ボーリング孔および支持層から地質試験用資料を採取することをいう。

[3] サウンディングとは、地中にサンプラー等を挿入し、貫入・回転・引抜き等を行い、そのときの抵抗値から地盤の性状を調査することをいう。

[4] 標準貫入試験 図1（次ページ）は、N値（地盤強度）を求める試験である。N値から地盤の地耐力や杭の支持力を推定することができる。

[5] 標準貫入試験 図1（次ページ）は、専用ハンマーの打撃によってボーリングした孔底の試料を採取するので、乱した試料の採取となる。

試験概要と試験対策のポイント

施工経験記述

仮設・安全

躯体施工

学科記述解説

仕上施工

施工管理

法規

過去問題と解答

memo >>>>

●乱さない試料では、採取後、実験室等で圧力をかけたりして
性状を調べることができる。不攪乱試料。

［6］平板載荷試験 図2 は、厚さ25mm以上、直径30cm以上の円形の鋼板にジャッキにより垂直荷重を与え、載荷圧力、載荷時間、沈下量を測定する。

［7］平板載荷試験 図2 の試験地盤に礫が混入する場合は、礫の最大寸法が載荷板直径の1/5程度を目安とし、不適の場合は大型の載荷板を用いることが望ましい。

［8］平板載荷試験 図2 では、荷重と沈下量により、載荷面から載荷幅の1.5〜2.0倍程度の深さまでの支持力がわかり、地耐力、変形係数、地盤係数を求められる。

［9］現場透水試験とは、単一のボーリング孔において、孔内水位を変化させ水位の回復を測定する試験で、地盤の透水係数を求めることができる。

［10］一軸圧縮試験は、主として乱さない粘性土を対象とした試験法であり、砂質土の強度と剛性を求めることはできない。

［11］粒度試験は土の粒子の大きさや配合を調べる試験であり、地盤の変形係数（土の硬さを示す尺度）を求めることはできない。地盤の変形係数は、平板載荷試験等により求めることができる。

［12］粒度試験結果から求めた粒径加積曲線は、透水係数の推定や液状化強度の補正等に用いられる。

［13］圧密試験は、軟弱な粘性土地盤における圧密沈下の可能性を調べる室内試験であり、粘性土の透水係数を求めることができるが、砂質土の沈下特性を求めることはできない。

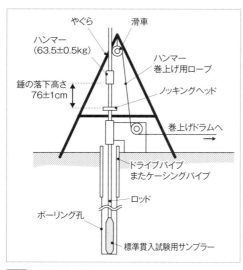

図1 | 標準貫入試験

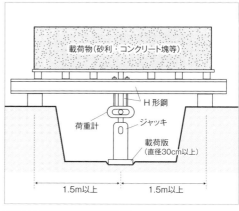

図2 | 平板載荷試験装置の例

表1 地盤調査の種類と調査事項

調査法	機器または調査法の種類		適用土質	調査事項または用途
ボーリング	ロータリー式ボーリング		土と岩のあらゆる地層	地盤構成、サンプリング、標準貫入試験等
	オーガーボーリング		孔壁崩壊のない粘性土、砂質土	浅い深さの地盤構成
	試掘		土と岩のあらゆる地層	原位置での土の採取、原位置試験
	コアボーリング		岩盤	岩盤コアの連続サンプリング
サンプリング	固定ピストン式シンウォールサンプラー		軟弱な粘性土	軟弱な粘性土の乱れの少ない試料採取
	ロータリー式2重管サンプラー		硬質粘性土	乱れの少ない試料採取
	ロータリー式3重管サンプラー		硬質粘性土、砂質土	乱れの少ない試料採取
	ブロックサンプリング		すべての土	土壌として乱れの少ない試料採取
	原位置凍結サンプリング		砂、砂礫	乱れの少ない試料採取
サウンディング	標準貫入試験		玉石を除くあらゆる土	N値、土の状態（せん断抵抗角、粘着力、相対密度等）
	オランダ式2重管コーン貫入試験		玉石を除くあらゆる土	粘性土のせん断強度の測定
	スウェーデン式サウンディング試験		玉石、礫を除くあらゆる土	標準貫入試験の補助、戸建住宅
	ポータブルコーン貫入試験		軟弱な粘土、高有機質土	軟弱な粘性土のせん断強度
	ベーン試験		軟弱な粘土、高有機質土	軟弱な粘性土のせん断強度
	オートマチックラムサウンディング		玉石、礫を除くあらゆる土	標準貫入試験の補助
	電気式静的コーン貫入試験		玉石、礫を除くあらゆる土	土層の判別、軟弱な粘性土のせん断強度の測定
載荷試験	地盤の平板載荷試験		すべての土	地耐力、変形係数、地盤係数
	孔内水平載荷試験		すべての土	地耐力、変形係数、地盤係数
	坑の鉛直載荷試験		すべての土	支持力の確認（信頼性が高い）
	坑の水平載荷試験		すべての土	坑の水平耐力
	坑の引抜試験		すべての土	坑の引き抜き抵抗力
物理探査 物理検層	地表探査法	電気探査	土と岩のあらゆる地層	地下水の帯水層、基盤の深さ・風化状況の推定
		表面波探査	土と岩のあらゆる地層	地盤のS波速度の分布
	孔内探査法	常時微動測定	土と岩のあらゆる地層	地盤の卓越周期と増幅特性
		弾性波速度検層	土と岩のあらゆる地層	地盤の弾性波（P波およびS波）の速度分布
		電気検層	土と岩のあらゆる地層	地盤の比抵抗分布
		密度検層	土と岩のあらゆる地層	地盤の密度分布
		地下水検層	土と岩のあらゆる地層	地下水の流動速度、帯水層の位置
間隙水圧測定	間隙水圧計		土と岩のあらゆる地層	間隙水圧
透水試験	室内	透水試験	すべての土	透水係数
	現場	透水試験	土と岩のあらゆる地層	透水係数
		揚水試験	砂、砂礫	透水係数、貯留係数、湧水量、影響範囲、動水勾配

試験概要と試験対策のポイント

施工経験記述

仮設・安全

躯体施工

学科記述解説

仕上施工

施工管理

法規

過去問題と解答

試験概要と試験対策のポイント

施工経験記述

仮設・安全

躯体施工

仕上施工

施工管理

法規

学科記述解説

過去問題と解答

2-2 仮設工事

重要 >>>>

- ●「仮設工事」は、第3章「躯体施工」としての出題は少ないが、第2章「仮設・安全」の設問に解答するための基本的知識を確認しておく。

1 仮設通路

[1] 事業者は、作業場に通じる場所および作業場内には、労働者が使用するための安全な通路を設け、これを常時有効に**保持**しなければならない。

[2] 屋内に設ける通路は用途に応じた幅を有し、通路面から高さ1.8m以内に障害物をおいてはならない。

[3] 機械間またはこれと他の設備との間に設ける通路については、幅80cm以上としなければならない。

2 仮設足場

[1] 単管足場とは、単管パイプと専用金具を用いて組み上げた足場のことである。

[2] 建地間隔は桁行方向1.85m以下、梁間方向1.5m以下とする。

[3] 単管足場の場合、建地を2本組とする部分は、建地の最高部から測って31mを超える部分とする。ただし、建地の下端に作用する設計荷重が当該建地の最大使用荷重を超えない場合はこの限りではない。

[4] 単管足場 **図1** の壁つなぎ間隔 **表1** は、垂直方向5m以下、水平方向5.5m以下とする。

[5] 枠組足場 **図2** とは、製品化された建枠を継手金物などで組立てた足場のことである。

[6] 建枠は、高さ2m以下とし、枠の間隔は1.85m以下とする。

[7] 枠組足場の壁つなぎ間隔 **表1** は、垂直方向9m以下、水平方向8m以下とする。

[8] くさび緊結式足場とは、一定間隔に緊結部を備えた鋼管を支柱として、「くさび」という金具をハンマーで打ち込んで組み立てる足場のことである。

表1 | 壁つなぎ間隔

鋼管足場の種類	最小間隔（m）	
	垂直方向	水平方向
単管足場	5	5.5
枠組足場（高さ5m未満のものを除く）	9	8

[9] 落下物を防ぐための防護柵（朝顔）には、木板を使用する場合は厚さ15mm以上とする。

[10] 防護柵のはね出しは、水平面に対し20〜30°の角度で、足場から水平距離で2m以上とする **図3** 。

[11] つり足場とは梁等からつり下げられた足場のことである。

[12] つり足場における安全係数は、つりワイヤーロープおよびつり鋼線は10以上、つり鎖およびつりフックは5.0以上、つり鋼帯およびつり足場の上下支点部は鋼材の場合2.5以上とする。

[13] 不安定なつり足場上で脚立やはしご等を用いてはならない。

memo >>>>

- ●壁つなぎの最小間隔は、単管足場で垂直5mと水平5.5m、枠組足場で垂直9mと水平8mと数値が近いので間違えやすい。

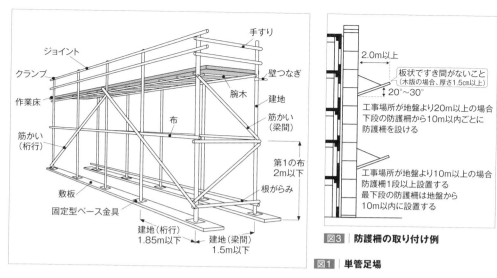

図3 防護柵の取り付け例

2.0m以上

板状ですき間がないこと
（木版の場合、厚さ1.5cm以上）

20°～30°

工事場所が地盤より20m以上の場合
下段の防護柵から10m以内ごとに
防護柵を設ける

工事場所が地盤より10m以上の場合
防護柵1段以上設置する
最下段の防護柵は地盤から
10m以内に設置する

図1 単管足場

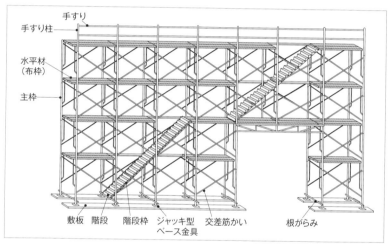

図2 枠組足場

3 登り桟橋

[1] 登り桟橋 図4 は人の昇降または材料運搬等に用いるために設置された仮設の斜路で、労働安全衛生規則により、設置基準が定められている。

[2] 仮設通路の勾配は30°以下とする。勾配が15°以上の場合は踏桟などの滑り止めを設ける。

[3] 高さ8m以上の登り桟橋には、7m以内ごとに踊り場（長さ1.8m以上）を設ける。

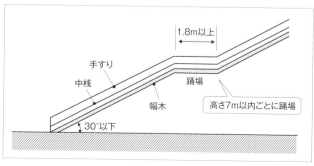

図4 登り桟橋の例

試験概要と試験対策のポイント

施工経験記述

仮設・安全

躯体施工

仕上施工

学科記述解説

施工管理

法規

過去問題と解答

試験概要と試験対策のポイント

施工経験記述

仮設・安全

躯体施工

仕上施工　学科記述解説

施工管理

法規

過去問題と解答

4 　乗入れ構台 図5

[1] 乗入れ構台は、根切り、地下構造物、鉄骨建方、山留め架構の組立て、解体等の工事を行う際に、自走式クレーン車・トラック類・生コン車・コンクリートポンプ車等の走行と作業、各資材の仮置き等に使用する。

[2] 構台の構造は、各種施工機械や車両の自重とその走行・作業時の衝撃荷重、仮置き資材の荷重、地震・風などの荷重に耐えられるよう設計する。

[3] 構台の大引材や根太材は強度検討の他に、たわみ量についても検討する。

[4] 構台の支柱は、本設の基礎・柱・梁・耐力壁と重複しないよう留意する。

[5] 構台の支柱は、原則として山留めの棚杭（切梁の支持杭）と兼用してはならない。

[6] 構台の幅員は6〜8mが一般的であるが、車両動線を一方通行とした場合は4mにできる。

[7] 構台に曲がりがある場合は、隅切りを設けるなど車両の回転半径を考慮して計画する。

[8] 構台の作業床の床材(覆工板)間のすき間は30mm以下とする。

[9] 構台の作業床のレベルは、本設の1階床面より上げて計画する。

memo >>>>

● 構台を設置したまま、地下躯体コンクリート打設する際、1階床のコンクリートをコテで均すため、構台の床材を支える大引の下端と1階コンクリート仕上り面との間隔は200〜300mmを確保する。

[10] 進入路のスロープの勾配は1/6〜1/10が一般的であるが、使用する重機や車両の腹が擦らないよう留意する。

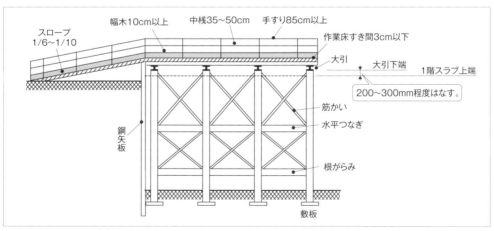

図5　乗入れ構台の例

5 　脚立足場 図6

[1] 足場板の設置高さは、2m未満とする。

[2] 脚立と脚立との間隔は、1.8m以下とする。

[3] 足場板の支点から突出部の長さは、10cm以上かつ20cm下とする。

[4] 足場板を長手方向に重ねる場合は、支点の上で重ね、重ね長さは20cm以上とする。

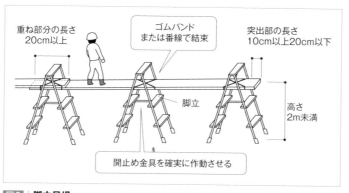

重ね部分の長さ
20cm以上

ゴムバンド
または番線で結束

突出部の長さ
10cm以上20cm以下

脚立

開止め金具を確実に作動させる

高さ
2m未満

図6｜脚立足場

$2\text{-}3$　**土工事**

重要 ▶▶▶▶

> ・「土工事」では、切梁にプレロード導入時の留意事項、地下水
> 処理の工法比較、および根切り工事の異常現象に関して、過
> 去に複数回出題されている。

1 ｜ 根切り

[1] 根切りとは、基礎や地下構造物を建設するために、地盤を掘削することをいう。

[2] 法付けオープンカット工法の法面保護をモルタル吹付けで行った場合は、水抜き孔等を設ける必要がある。

[3] 粘性土地盤において法付けオープンカット工法を実施する場合は、円弧すべりに対する安定を検討する必要がある。

[4] 根切りにおいて、床付け面を乱さないため、機械式掘削では、床付け面上30〜50cmの土を残し手掘りとするか、ショベルの刃を平状のものに替えて掘削する。

[5] 杭間地盤の掘り過ぎや掻き乱しは、杭の水平抵抗力に悪影響を与えるため行ってはならない。

1 ｜ ヒービング

[1] ヒービング **図1** とは軟弱粘性土地盤を掘削するとき、根切り底面が膨れ上がる現象をいう。

[2] ヒービング対策

a) 剛性の高い山留め壁を、ヒービングの恐れのない良質な地盤まで根入れする。

b) 根切り底以深の軟弱地盤を、ヒービング発生の恐れのないせん断強度の地盤に改良する。

c) 敷地に余裕のある場合には、周囲の地盤をすき取り、土圧を軽減する。

d) 大きな平面を一度に掘削しないで、ブロック分けし、分割施工する。

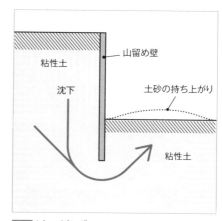

粘性土

沈下

山留め壁

土砂の持ち上がり

粘性土

図1｜ヒービング

試験概要と試験対策のポイント

施工経験記述

仮設・安全

躯体施工

学科記述解説

仕上施工

施工管理

法規

過去問題と解答

試験概要と試験対策のポイント

施工経験記述

仮設・安全

躯体施工

仕上施工

学科記述解説

施工管理

法規

過去問題と解答

2 | ボイリング

[1] ボイリング 図2 とは、砂質地盤において地下水位が高い場合、上向きに流れる水流の圧力のために、砂粒が撹拌され湧き上がる現象をいう。また、このような砂の状態をクイックサンドという。

[2] ボイリング対策。

a) 止水性のある山留め壁の根入れを深くし、動水勾配を減らす。

b) 止水性のある山留め壁を不透水性地盤まで挿入し、地下水を遮断する。

c) 掘削場内外の地下水位を、ウェルポイント工法やディープウェル工法などにより低下させる。

d) 掘削場内を地盤改良し、透水性の減少や強度の増加をはかる。

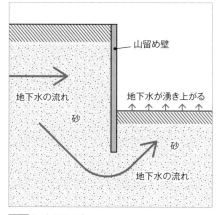

図2 | ボイリング

3 | 盤ぶくれ

[1] 盤ぶくれ 図3 とは、粘性土などの難透水層（水を透しにくい層）より下の被圧地下水の水圧によって掘削底面が持ち上がる現象をいう。

[2] 盤ぶくれ対策。

a) 根切り底面下の地下水位（水圧）を、ウェルポイント工法やディープウェル工法などにより低下させる。ただし、周辺地盤についての水位低下や地盤沈下の検討が必要である。

b) 止水性のある山留め壁を被圧帯水層以深の不透水性地盤まで根入れする。

c) 掘削場内を地盤改良し、地下水を遮断し土かぶり圧を増加させる。

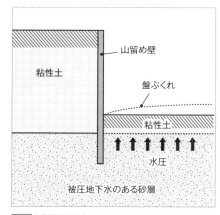

図3 | 被圧地下水による盤ぶくれ

memo >>>>

●ヒービングは粘性土、ボイリングは砂質土において生じる異常現象。対策を混同しないこと。

2 山留め 表1

[1] 山留めとは、根切り周囲の地盤の崩壊や土砂の流出を防止するための仮設物である。

[2] 親杭横矢板工法とは、鉄骨の親杭を地中に設置し、根切りを行いながら親杭の間に横矢板を速やかに挿入していく工法である。

[3] 親杭横矢板工法は、経済的であるが止水性はない。

[4] 親杭横矢板工法において、根入れ部は親杭のみで連続性がないため、ヒービング対策にはならない。

［5］　親杭横矢板工法において、プレボーリングで親杭を設置する際、親杭の受動抵抗を十分に発揮させるため、杭の根入れ部分にはセメントベントナイト液の注入を行う。

［6］　親杭横矢板工法の横矢板は、親杭へのかかり代が30〜50mm程度になるよう長さを調節する。

［7］　鋼矢板工法とは、鋼板の矢板のジョイント部をかみ合わせながら、地中に設置する工法である。

［8］　鋼矢板工法は、止水性が高く、軟弱地盤などに適するが、礫層などの硬い地盤には適さない。

［9］　ソイルセメント柱列山留め壁工法(SMW)とは、アースオーガーでソイルパネルをつくり、その中にH鋼などを挿入し、柱列状の山留め壁を築造する工法である。

［10］　ソイルセメント柱列山留め壁工法は、比較的剛性が高く、振動・騒音が少なく、補強材の打込みや引抜きがないため、周辺地盤に与える影響は少ない。

［11］　ソイルセメント柱列山留め壁工法は、泥水処理が不要で、排出泥土も場所打鉄筋コンクリート山留め壁工法に比べて少ない。

［12］　ソイルセメントは、止水性があり、山留め構造材の一部として使用される場合がある。

［13］　ソイルセメントは、N値50以上の地盤、大径の玉石や礫が混在する地盤では、先行削孔併用方式を採用してエレメント間の連続性を確保する。

［14］　場所打鉄筋コンクリート山留め壁工法とは、地中を掘削後、鉄筋かごを挿入し、コンクリートを打設して山留め壁を造成する工法である。

［15］　場所打鉄筋コンクリート山留め壁工法は、止水性は極めて高く、剛性の大きい山留め壁の築造が可能である。

表1 ｜ 山留め工法の分類

分類	特長	
親杭横矢板工法	鉛直に設置した親杭に、掘削の進行にともなって横矢板をかませ山留め壁としながら掘り進む工法。止水性はない。比較的硬い地盤でも玉石層でも施工可能。湧水処理に問題があるが、水圧がかからないので支保工に有利。打込み時の振動・騒音が問題になるが、オーガーなどの削孔併用で低減が可能。	
鋼矢板工法	接続性のある仕口を有する鋼矢板をかみ合わせて連続して打込み、あるいは埋め込んで山留め壁とする工法。止水性がよい。地盤によって打込めない場合があるとともに、打込み時の振動・騒音が問題。かみ合わせ部の強度的信頼性が問題となるとともに、外れた場合の止水方法が問題。水圧を受けるので、親杭横矢板工法と比べて支保工応力が大きい。	
ソイルセメント柱列山留め壁工法	山留め壁としてセメントミルクを注入しつつ、その位置の土を撹拌してソイルセメント壁を造成し、骨組みにH鋼等を建込む工法。汚水処理が不要。上記2工法と比べて振動・騒音が少ない。壁の剛性も比較的大きくできる。止水性はかなり期待できるうえ、場所打ち鉄筋コンクリート山留め壁工法より施工性もよく経済的である。	
場所打ち鉄筋コンクリート山留め壁工法	地中に掘削したトレンチに鉄筋かごを入れてコンクリートを打って造成した山留め壁。親杭横矢板工法、鋼矢板工法と比べて振動・騒音の問題が少ない。壁の剛性は大きくできる。孔壁保護に安定液を用いるので、安定液の処理が問題になる。止水性はきわめてよい。また親杭横矢板工法に比べて支保工応力が大きい。コストは高い。	鉄筋かご

試験概要と試験対策のポイント
施工経験記述
仮設・安全
躯体施工
仕上施工
学科記述解説
施工管理
法規
過去問題と解答

試験概要と試験対策のポイント

施工経験記述

仮設・安全

躯体施工

仕上施工

学科記述解説

施工管理

法規

過去問題と解答

1 | 山留め壁

[1] 山留め壁背面に作用する側圧は、一般に深さに比例して増大し、地質や地下水位に応じた側圧係数を用いて算出する。

[2] 山留め壁の頭部の変位を把握するためには、山留め壁の頂点に測点を設け、事前に設置した不動点を通して、トランシットとスケール、またはピアノ線とスケールを用いて、山留め壁の変位を計測する。

2 | 山留め支保工

山留め支保工は、山留め壁に作用する側圧を支えるとともに、山留め壁の変形をできるだけ小さくして背面地盤に悪影響を与えないためのものである。

1）水平切梁工法

[1] 水平切梁工法 図4 は、側圧を水平に配置した圧縮材（切梁）で受ける最も一般的な工法である。

[2] 水平切梁工法における腹起しの継手位置は、曲げ応力の小さい切梁と火打ち梁との間、または切梁に近い位置に割り付ける。

[3] 集中切梁工法とは、根切りおよび躯体の施工効率向上のため、切梁を2本以上組合せ、切梁間隔を広くする工法である。

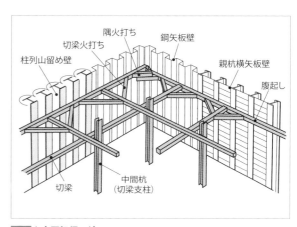

図4 | **水平切梁工法**

[4] H型鋼を用いた切梁の軸力を計測するためのひずみ計は、2台を対としてウェブ両面に設置する。

[5] プレロード工法とは、山留め架構全体の変形を防止するため、山留め壁と腹起し間のすき間や火打ち梁接続部の馴染みなど、**山留め設置時の緩みを除去する工法である**。

[6] プレロード工法は、切梁途中に油圧ジャッキを設置し、圧力をかけ山留め壁を外側に押さえ付け、周囲の地盤沈下を防止する。

[7] プレロード工法の油圧ジャッキで加圧するのは設計切梁軸力の50～80%とする。

[8] プレロードを導入する際、加圧時に切梁が蛇行することなく、軸力がスムーズに導入されるために、切梁交差部の締め付けボルトは緩めた状態で加圧する。

[9] 切梁交差部の締め付けボルトを緩めた状態で行うため、切梁が蛇行しないようずれ止めを設ける。

[10] 切梁を上下に交差して架設した場合には、**下段切梁からプレロードの導入を行い、下段切梁と切梁支柱ブラケットを緊結後、上段切梁の導入を行う**。

試験概要と試験対策のポイント

施工経験記述

仮設・安全

躯体施工

仕上施工

学科記述解説

施工管理

法規

過去問題と解答

[11] 加圧終了後は、切梁、腹起し、火打ち梁などの接合部のボルトの緩みなどをチェックする。

[12] プレロード完了後は、ジャッキ取り付け部分が弱点となるため、ジャッキカバーやジャッキボックスを取り付けて補強する 図5 。

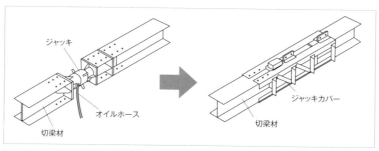

図5 | プレロードのジャッキ、ジャッキカバー取り付け図

EXERCISE
過去問題
平成17年
問題3-1

次の問いに答えなさい。

● **切梁プレロード工法を用いた山留め工事において、切梁にプレロードを導入するときの施工上の留意事項を2つ、簡潔に記述しなさい。**

※ 本問題には1〜4までの4つの設問があるが、ここでは〔設問1〕だけを解説するため、2〜4の設問は省略している。

解答と考え方

「1）水平切梁工法」（前ページ）のうち、切梁プレロード工法に関する留意事項だけを2つ記せばよい。以下から2つ選んで記述する。

[1] プレロード工法の油圧ジャッキで加圧するのは設計切梁軸力の50〜80%とする。

[2] プレロードを導入する際、加圧時に切梁が蛇行することなく、軸力がスムーズに導入されるために、切梁交差部の締付ボルトは緩めた状態で加圧する。

[3] 切梁交差部の締付ボルトを緩めた状態で行うため、切梁が蛇行しないようずれ止めを設ける。

[4] 切梁を上下に交差して架設した場合には、下段切梁からプレロードの導入を行い、下段切梁と切梁支柱ブラケットを緊結後、上段切梁の導入を行う。

● プレロードは、1次試験の建築施工で、「設計切梁軸力の100%ではなく50〜80%をかける」という重要事項があった。50〜80%という数値が思い出せなければ、「段階的に荷重をかける」、「荷重をかけすぎないよう注意する」くらいの記述でもよい。「荷重をかける際に計器の入念なチェックを行う」などはあたりさわりのない記述といえる。

2）地盤アンカー工法

[1] 地盤アンカー工法 図6 （次ページ）とは、切梁の代わりに、地盤アンカーによって山留め壁にかかる側圧を支えながら掘削する工法である。

[2] 地盤アンカー工法は、複雑な平面形状や偏土圧などが作用する高低差のある敷地で、水平切梁工法が採用できない場合などに用いられる。

[3] 地盤アンカー工法は、根切り部分から敷地境界線まで余裕がある場合に採用される。

[4] 切梁が不要なため、非常に作業性がよい。

[5] 設計時には山留め壁背面の円弧すべりについても検討を行う。

[6] アンカー傾角は、水平面に対して45度以下を原則とする。

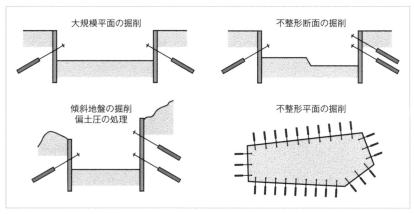

図6 | **地盤アンカー工法の使用例**

3　地下水処理

[1]　地下水処理工法は地下水の揚水によって水位を必要な位置まで低下させる工法であり、地下水位の低下量は、揚水量や地盤の透水性によって決まる。

[2]　ウェルポイント工法 **図7** とは、ウェルポイントという吸水管を地中に設置し、真空ポンプにより強制的に地下水を集めて排水する工法である。実用上は6～7mが限度であり、多量排水には適さない。

[3]　ウェルポイント工法は、透水性の悪い地盤に適し、砂礫層には適しない。

[4]　ディープウェル工法 **図8** とは、鋼管などのケーシング等を地中に埋め込み、揚水管の先に水中ポンプを接続したもので、帯水槽の地下水を排水し周辺地盤の水位を低下させる工法である。砂層や砂礫層等、透水性のよい地盤に適し、排水量も多い。

[5]　ディープウェル工法による地下水の排水量は初期の方が安定期よりも多い。

[6]　釜場工法 **図9** とは、重力排水工法の1つで、根切り底の1カ所に釜場（集水ピット）を井戸状に掘り下げてつくり、排水溝から集水した水をポンプで揚水する工法である。

[7]　止水工法とは、根切り部周囲に止水性の高い壁体等を構築し根切り部への地下水の流入を遮断する工法である。

[8]　止水工法は、盤ぶくれ防止のための被圧耐水層の遮断、地下水の低下による周辺の井戸枯れや地盤沈下対策等に有効である。

[9]　リチャージ工法（復水工法） **図10** とは、揚水した地下水をディープウェルと同じ構造の復水井（リチャージウェル）に溜め、排水しないで同一または別の帯水層に還元（リチャージ）する工法である。

[10]　リチャージ工法は、現場周辺の地盤沈下や井戸枯れ等のおそれのある場合に有効である。

memo ▸▸▸▸

- ●ウェルポイント工法よりもディープウェル工法のほうが、砂礫層に適し、深度も深く、排水量も多いがコストは高い。

試験概要と試験対策のポイント

施工経験記述

仮設・安全

躯体施工

仕上施工　学科記述解説

施工管理

法規

過去問題と解答

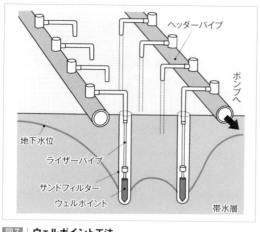

図7 | **ウェルポイント工法**

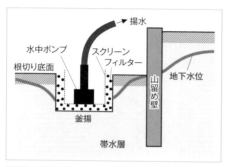

図8 | **ディープウェル工法**

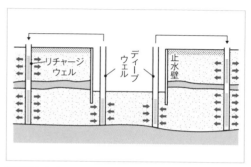

図9 | **釜場工法**

図10 | **リチャージ工法**

4 床付けと埋め戻し

[1] 床付けとは、所定の深さまで掘削し、基礎工事のための砕石敷込みができる状態にすることである。

[2] 床付け面を乱さないため、手掘りとするか、ショベルの刃を平状のものに替えて掘削する。

[3] 礫や砂質土の床付け面を乱してしまった場合であれば転圧で締め固める。

[4] 粘性土の床付け地盤を乱した場合は、礫・砂質土に置換するか、セメント・石灰等による表層改良を行う。

[5] 床付け地盤が凍結した場合は、凍結した部分を良質土と置換するなどの処置を行う。

[6] 埋戻しは、水締めを行い、厚さ300mm程度ごとに水平に埋戻し、突き固めを十分に行う。

[7] 基礎周辺等の埋戻しは、均等係数の大きい透水性のよい良質土で行う。

memo ►►►►
- 均等係数が大きいとは、粒度分布幅が広い、つまり、さまざまな粒径の土粒子が混在していることを意味する。

[8] 粘性土を埋戻しに使用する場合は、砂質土の場合より余盛を大きくする。

[9] 機械による締め固めを行う場合、盛土材料に、ばっ気または散水を行って、含水量を調整することがある。

試験概要と試験対策のポイント

施工経験記述

仮設・安全

躯体施工

学科記述解説

仕上施工

施工管理

法規

過去問題と解答

2-4 地業工事

重要 >>>>

・「地業工事」では、場所打ちコンクリート杭の工法比較等に関して、過去に複数回出題されている。

1 既製コンクリート杭

[1] 既製コンクリート杭は、中空円筒形の鉄筋コンクリート杭がよく用いられている。1本当たりの支持力は小さいが、1カ所に複数本まとめて設置できる。

[2] 施工法には打撃工法と埋込工法のプレボーリング工法があるが、騒音・振動が少ないプレボーリング工法が現在では主流である。

[3] 一般的な施工精度の管理値は、杭心ずれ量が$\frac{D}{4}$以下（Dは杭直径）、かつ100mm以下、傾斜$\frac{1}{100}$以内である。

1 | プレボーリング工法（セメントミルク工法）図1

[1] 一般に用いられる杭径は300～600mm、施工深度は30m程度である。

[2] 掘削中は孔の崩壊を防止するため、オーガーの先端から安定液（ベントナイト）を噴出する。

[3] 所定の深度に達した後は、噴出を根固め液（セメントミルク）に切り替え、所定量を注入した後、杭周固定液を注入しながらオーガーを引き上げる。

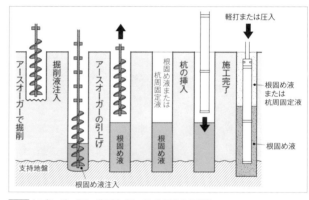

図1 | プレボーリング工法（セメントミルク工法）

[4] 根固め液（標準養生）の4週強度は20N/mm²、水セメント比は70%以上、杭周固定液の4週強度は0.5N/mm²とする。

[5] 掘削ではオーガーの回転方向は、掘削時・引上げ時とも正回転とする。逆回転を加えるとオーガーに付着した土砂が孔中に落下し、杭の建込み時の不具合や、杭耐力低下の原因となるので注意をする。

[6] 杭を継ぐ場合は、上下の杭軸が一直線となるよう上杭を建込み、仮付け溶接を行い、溶接長さは40mm以上とする。溶接はアーク溶接とする。

[7] 継手部における開先の目違い量は2mm以下、許容できるルート間隔は最大で4mm以下とする。

[8] 降雨や降雪で継手が濡れている場合や、毎秒10m以上の風が吹いているときには、適切な防護柵が施されない限り溶接作業を行わない。

[9] 気温が0°以下に下がった場合は、適切な余熱を行わない限り原則として溶接作業を行わない。

[10] 杭が所定の支持層に達したら、杭先端を根固め液中に貫入させるためドロップハンマーで軽打する。支持層の掘削深さは1.5m程度とし、杭は1.0m以上根入れする。

2 | 中堀工法

[1] 先端が開放されている杭の中空部にオーガーを挿入し、杭先端部地盤の掘削を行い、中空部から排土しながら杭を圧入していく工法である。

[2] 比較的杭径が大きい場合に適しており、杭径450～1000mm程度の杭の施工に用いられる。

3 | 回転圧入工法

[1] 杭の先端部にオーガーヘッド兼用の金物を取り付け、杭を回転させて圧入していく工法である。

[2] 圧力の補助として杭先端から水等を噴出させる場合もある。

[3] 杭の支持力の確保には、杭先端をセメントミルクによる根固めとするのが一般的である。

2 鋼杭

[1] 鋼杭の特徴は、コンクリート杭に比較して軽量で取り扱いが容易である。

[2] 鋼杭は、腐食に対して腐食しろを考慮して肉厚を増すなどの配慮が必要となる。

[3] 施工法や施工精度に関しては、既製コンクリート杭と同様である。

3 場所打ちコンクリート杭

重要 >>>>

• 各工法およびスライム処理に関して十分理解すること。

[1] 場所打ちコンクリート杭は、地盤に円筒形の孔を掘削し、円筒形の鉄筋かごを建込み、コンクリートを打設して一体とする鉄筋コンクリート杭の総称である。

[2] 場所打ちコンクリート杭は、支持地盤が比較的深いときに採用される。

[3] 鉄筋かごに取り付ける同一深さ位置（3～5mごと）のスペーサーは4カ所以上とする。

[4] コンクリートの打込みにはトレミー管を用いる。コンクリート打設の際、トレミー管の先端はコンクリートの中に常に2m以上入っているようにする。

[5] 杭頭部は、無水掘りの場合は500mm程度、それ以外の場合は800mm程度余盛をし、コンクリート打設後14日程度経過してから、杭頭処理（はつり作業）を行う。

[6] 杭頭処理作業では、杭本体に損傷を与えないよう留意する。

[7] 杭頭処理作業でコンクリートをはつりとる際、杭の鉄筋を傷付けないよう留意する。

memo >>>>

• 杭施工におけるコンクリート打設は、泥水等を上に押し上げるように行うため、杭頭部に低品質のコンクリートができてしまう。杭頭処理とはこの部分をはつり取ることをいう。

[8] スライムとは、孔内の崩落土、泥水中の土砂等が孔底に沈殿したもの。処理しないとコンクリートの品質低下、杭の断面欠損および支持力低下の原因となるためスライム処理は重要である。

memo >>>>

• スライムの1次処理は掘削完了直後に行い、2次処理は鉄筋かご建込み後に行う。

試験概要と試験対策のポイント

施工経験記述

仮設・安全

躯体施工

仕上施工

学科記述解説

施工管理

法規

過去問題と解答

試験概要と試験対策のポイント

施工経験記述

仮設・安全

躯体施工

仕上施工

学科記述解説

施工管理

法規

過去問題と解答

EXERCISE
過去問題
平成21年
問題3-1

次の1について、施工上の留意事項をそれぞれ2つ、具体的に記述しなさい。
ただし、解答はそれぞれ異なる内容の記述とし、作業員の安全に関する記述を除くものとする。

1. 場所打ちコンクリート杭工事における、杭頭処理

※ 本問題には1～4までの4つの設問があるが、ここでは〔設問1〕のみを解説するため、2～4の設問は省略している。

解答と考え方

「**3** | 場所打ちコンクリート杭」（前ページ）のうち、杭頭処理に関する留意事項だけを2つ記せばよい。
以下から2つ選んで記述する。

［1］杭頭部は、無水堀りの場合は500mm程度、それ以外の場合は800mm程度余盛をしておく。

［2］杭頭処理は、コンクリート打設後14日程度経過してから行う。

［3］杭頭処理作業では、杭本体に損傷を与えないよう留意する。

［4］杭頭処理作業でコンクリートをはつりとる際、杭の鉄筋を傷付けないよう留意する。

● 杭頭処理作業とは、杭頭コンクリートのはつり作業のことなので、本体の杭にできるだけダメージを与えないよう行う必要がある。

1 | アースドリル工法 図2

［1］孔壁の崩壊を安定液（ベントナイト等）により防ぎながら、伸縮式のロッドをもつ回転バケットにより掘削および土砂の排出を行い、掘削完了後、鉄筋かごの建込み、トレミー管によるコンクリートの打設を行って杭を構築する工法である。

［2］アースドリル機のケリーバーの中心を杭心に正確に合わせる。

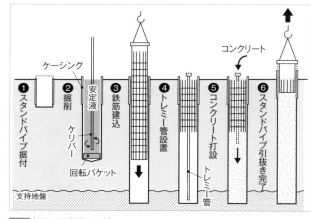

図2 | **アースドリル工法**

［3］ケーシングは表層部のみ使用される。

［4］ケーシング下端以深は、ベントナイトやCMCを主体とする安定液によりできる不透水膜と水頭圧により保護する。

［5］安定液は、コンクリートとの置換を考慮して、必要な造壁性を確保した上で、できるだけファンネル粘性の小さい低粘性・低比重のものを用いる。

memo >>>>

- ファンネル粘性は一定量の泥水の流下時間で、数値が大きいほど時間がかかるということで粘性が高い。安定液の中に混じっている砂分は、ベットリしているよりサラッとしているほうが当然沈みやすい。

［6］安定液の一種である分散剤は、液の劣化を防ぎ、繰り返し使用することができる。

[7] 粒径が100mm以上の礫が混じる地盤では掘削は困難である。

[8] スライム処理の方法は、1次処理は底さらいバケット、2次処理はエアリフト方式などで行う。

[9] 鉄筋かごのスペーサーは、孔壁を損傷しないように鉄筋ではなく鋼板を用いる。

EXERCISE
過去問題
平成25年
問題3-1

次の問いに答えなさい。ただし、留意事項は、それぞれ異なる内容の記述とし、材料の保管、作業環境（気象条件等）およ作業員の安全に関する記述は除くものとする。

● **場所打ちコンクリート杭地業（アースドリル工法）のコンクリートの打設における施工上の留意事項を、2つ具体的に記述しなさい。**
ただし、コンクリートの調合に関する記述は除くものとする。

※ 本問題には1〜4までの4つの設問があるが、ここでは〔設問1〕だけを解説するため、2〜4の設問は省略している。

解答と考え方
「1｜アースドリル工法」（前ページ）のうち、コンクリートの調合を除く留意事項を2つ記せばよい。
以下から2つ選んで記述する。
[1] コンクリートの打込みには、コンクリートが分離してしまわないようにトレミー管を用いる。
[2] コンクリート打設の際、トレミー管の先端はコンクリートの中に常に2m以上入っているようにする。
[3] 鉄筋かごに取り付ける同一深さ位置のスペーサーは4カ所以上とする。
[4] 鉄筋かごのスペーサーは、孔壁を損傷しないように鉄筋ではなく鋼板を用いる。
[5] 杭頭部は、余盛をし、コンクリート打設後14日程度経過してから、杭頭処理を行う。

● 場所打ちコンクリートの打設では、いかに孔壁を保持し、コンクリートと鉄筋かごが一体となり、正確に密実な躯体を孔内に構築できるかが重要となる。

2｜リバース工法（リバースサーキュレーション工法）図3

[1] 水の静水圧により孔壁を保護しながら地盤上に設置したロータリーテーブルで回転ビットを緩やかに回転させて掘削を行う工法である。

[2] 掘削土砂は孔内水とともにサンクションポンプ等により地上に汲み上げられ、沈殿層で分離される。土砂と分離された水は、再び掘削孔内に還流され繰り返し使用する。

[3] 表層地盤の孔壁の崩壊を防ぐため、スタンドパイプを設置する。

[4] 清水による孔壁の崩壊を防ぐため、孔内水位を地下水位より2m以上高くする。

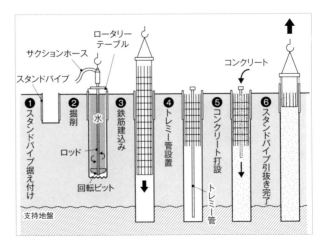

図3｜リバース工法

試験概要と試験対策のポイント

施工経験記述

仮設・安全

躯体施工

仕上施工

施工管理

法規

学科記述解説

過去問題と解答

試験概要と試験対策のポイント

施工経験記述

仮設・安全

躯体施工

仕上施工

学科記述解説

施工管理

法規

過去問題と解答

［5］スライム処理の方法は、1次処理はビットを空回しするとともに、孔内水を循環させ比重を下げる。2次処理はサンクションポンプ方式などで行う。

3 │ オールケーシング工法 図4

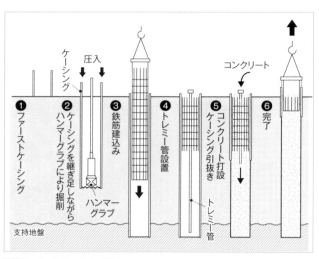

図4 │ オールケーシング工法

［1］杭孔を保護するケーシングを圧入しながら、ハンマーグラブにより掘削および排土する工法である。

［2］掘削完了後に鉄筋かごの建込みを行い、ケーシングを引き抜きながらトレミー管を用いてコンクリートを打設する。このときトレミー管およびケーシングチューブの先端は、コンクリートの中に常に2m以上入っているようにする。

［3］ケーシングチューブの引き抜き時に、鉄筋かごの共上がりに留意する必要がある。

［4］鉄筋かごの共上がり対策。

　　a）鉄筋かごが引っかからないように、ケーシングチューブの内側を清掃する。

　　b）スペーサーとケーシングチューブとの間隔は、コンクリートの粗骨材の最大径以上を確保する。

　　c）鉄筋かごは、曲がりや変形がないよう建て込む。

［5］ケーシングを用いるため孔壁の崩壊はなく、杭断面の確保が容易である。

［6］スライム処理の方法は、沈殿物の多い場合には、1次処理はハンマーグラブで孔底処理後、沈殿バケットによる処理を行い、2次処理はエアリフトや水中ポンプなどで行う。

memo ►►►►

●リバース工法の孔内水位を地下水位よりも高くする高さ、オールケーシング工法のケーシング引抜きにおけるコンクリート打設面からの貫入深さ、およびトレミー管の貫入深さは、いずれも2m以上である。

表1 | 場所打ちコンクリート杭工法の特性

区分		アースドリル	リバース	オールケーシング
坑径（m）		0.7～3.0	0.8～4.0	1.0、1.1、1.2、1.3、1.5、1.8、2.0
掘削方式		回転バケット	回転ビット	ハンマーグラブ
孔壁保持		安定液	泥水水頭圧	ケーシングチューブ
掘削能力（m）		50m程度 （機種と孔径により異なる）	70m程度 （機種と孔径により異なる）	40m程度 （機種と孔径により異なる）
土質条件	粘土、シルト	適	適	適
	砂	適	適	適
	砂利、礫	粒径10cm以下	ロッド内径の70～80%	可
	玉石	否	否	可（30～40cm径位まで）
	土丹	可	可	困難
	軟岩	否	困難	困難
作業条件	騒音公害	適	適	適
	水上作業	不適	適	不適
	斜め坑	否	否	施工実績有（12度）
スライム処理	1次処理	底ざらいバケット	ビットの空回し	ハンマーグラブ＋沈殿バケット
	2次処理	エアリフト方式	サクションポンプ方式	エアリフト方式 または 水中ポンプ方式
長所		・低騒音・低振動 ・機械装置が簡単 ・仮設が簡単 ・施工速度が速い ・敷地境界から坑心までの施工に必要な距離が比較的短い	・低騒音・低振動 ・通常自然泥水で孔壁保護ができる ・岩の掘削が特殊ビットで可能 ・水上施工が可能	・ケーシングを使用するので孔壁の崩壊がない ・確実な杭断面形状が確保可能 ・残土処理が比較的容易
短所		・礫（約10cm以上）層の掘削が困難 ・安定液の管理が不適切な場合には孔壁崩壊を起こすことがある ・安定液の管理が不適切な場合は支持力およびコンクリート強度の低下を生じることがある ・廃泥土の処理がやや大変である	・ドリルパイプ径より大きい玉石（約15cm以上）層の掘削が困難 ・水頭圧および比重の泥水管理が不十分であると孔壁崩壊を起こすことがある ・仮設が大がかりとなる ・廃泥水の処理量が多い	・地下水位以下の細砂層が厚い場合、ケーシングチューブの引き抜きが困難となる ・坑径に制約がある ・水がない状態での掘削時の酸欠・有毒ガスの発生に注意する ・ボイリングやヒービングが発生しやすい ・鉄筋かごが共上がりすることがある ・ケーシング引抜きの反力のため、据え付け地盤の補強が必要 ・境界敷地から坑心までの施工に必要な距離が比較的長い
備考		・3.0m以上の坑径、深さ70m程度まで施工可能な掘削機もある	・特殊ビットを使用すると、軟岩でも掘削可能	・上記の坑径はケーシングチューブの圧入が揺動式の場合。回転式の場合は、2.0m以上施工可能な機種もあり、掘削能力も70m程度まで実績がある

試験概要と試験対策のポイント

施工経験記述

仮設・安全

躯体施工

仕上施工

学科記述解説

施工管理

法規

過去問題と解答

試験概要と試験対策のポイント

施工経験記述

仮設・安全

躯体施工

仕上施工

学科記述解説

施工管理

法規

過去問題と解答

2-5 鉄筋コンクリート工事

1 鉄筋工事

・「鉄筋工事」では、ガス圧接、ガス圧接技量資格、および鉄筋組立ての留意事項に関して、過去に複数回出題されている。

1 | 材料

[1] 鉄筋の異形棒鋼は、JIS G 3112(鉄筋コンクリート用棒鋼)に規定されている。

[2] 鉄の比重は7.85である。

[3] JIS規格による標準長さは7m以下では0.5mごとに、7mを超えると1mごとに区切られている。

[4] 最も汎用性のある鉄筋SD295Aに圧延マークはない。

2 | 加工

[1] 折り曲げ加工は、冷間加工で行う。

[2] 切断はシャーカッターまたは直角切断機等により行う。

[3] 鉄筋の折曲げ形状・寸法は 表1 による。

表1 | 鉄筋の折曲げ形状および寸法

形状	折曲げ角度	鉄筋の種類	鉄筋の径による区分	鉄筋の折曲げ内径直径（D）
180°	180° 135° 90°	SR235 SR295 SD295A SD295B SD345	16ø以下 D16以下	3d以上
135°			19ø D19〜D41	4d以上
90°		SD390	D41以下	5d以上
	90°	SD490	D25以下	5d以上
			D29〜D41	6d以上

・dは、丸鋼の場合は径、異形鉄筋では呼び名に用いた数値
・スパイラル筋の重ね継手部に90°フックを用いる場合は、余長は12d以上
・片持ちスラブ先端、壁筋の自由端側の先端で90°フックまたは180°フックを用いる場合は、余長は4d
・スラブ筋、壁筋には、溶接金鋼を除いて丸鋼を使用しない
・折曲げ内法直径を上表より小さくする場合は、事前に鉄筋の曲げ試験を行って支障のないことを確認し、さらに工事監理者の承認を得る
・SD490の鉄筋を90°を超える曲げ角度で折曲げ加工する場合は、事前に鉄筋の曲げ試験を行って支障のないことを確認し、さらに工事監理者の承認を得る

[4] 帯筋の加工において、1辺の加工寸法の許容差は±5mmとする。

[5] 柱の断面寸法が上下階で異なる場合、柱主筋の折曲げは、原則として梁せいの範囲で行うものとする。

試験概要と試験対策のポイント

施工経験記述

仮設・安全

躯体施工

学科記述解説

仕上施工

施工管理

法規

過去問題と解答

[6] 鉄筋の末端部にフックを設けるのは主に以下の場合である。

 a）柱および梁（基礎梁を除く）の出隅部の鉄筋

 b）あばら筋・帯筋

 c）煙突の鉄筋

 d）丸鋼

memo >>>>

●出隅部の鉄筋は、火災時に2方向から加熱され、コンクリートとの付着効果が期待できなくなるためフックを設ける。

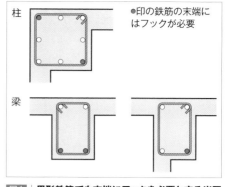

●印の鉄筋の末端にはフックが必要

柱

梁

図1｜異形鉄筋でも末端にフックを必要とする出隅部の鉄筋

3｜組立

[1] 鉄筋の定着および重ね継手の長さは **表2** による。

表2｜鉄筋の定着および重ね継手の長さ

鉄筋の種類		コンクリートの設計基準強度（単位：N／mm²）〈 〉内はフック付き					
		18	21	24〜27	30〜36	39〜45	48〜60
定着の長さ	SD295A SD295B	40d〈30d〉	35d〈25d〉	30d〈20d〉	30d〈20d〉	25d〈15d〉	25d〈15d〉
	SD345	40d〈30d〉	35d〈25d〉	35d〈25d〉	30d〈20d〉	30d〈20d〉	25d〈15d〉
	SD390	—	40d〈30d〉	40d〈30d〉	35d〈25d〉	35d〈25d〉	30d〈20d〉
	SD490	—	—	45d〈35d〉	40d〈30d〉	40d〈30d〉	35d〈25d〉
重ね継手の長さ	SD295A SD295B	45d〈35d〉	40d〈30d〉	35d〈25d〉	35d〈25d〉	30d〈20d〉	30d〈20d〉
	SD345	50d〈35d〉	45d〈30d〉	40d〈30d〉	35d〈25d〉	35d〈25d〉	30d〈20d〉
	SD390	—	50d〈35d〉	45d〈35d〉	40d〈30d〉	40d〈30d〉	35d〈25d〉
	SD490	—	—	55d〈40d〉	50d〈35d〉	45d〈35d〉	40d〈30d〉

●dは異形鉄筋の呼び名の数値

[2] コンクリートの打設完了まで、鉄筋が移動しないよう結束線で堅固に固定する。

[3] 鉄筋の継手位置は応力の小さい位置に設け、1カ所に集中させない。

[4] D35以上の異形鉄筋には、原則として重ね継手は用いない。

[5] 直径の異なる鉄筋相互の重ね継手長さは、細い方の径による値とする。

[6] 梁の主筋を重ね継手とする場合、隣り合う鉄筋の継手中心位置は、重ね継手長さの約0.5倍ずらすか、または1.5倍以上ずらす **図2**。

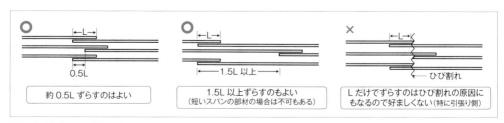

○ ←L→ 0.5L
約0.5L ずらすのはよい

○ ←L→ 1.5L 以上
1.5L 以上ずらすのもよい（短いスパンの部材の場合は不可もある）

× ←L→ ひび割れ
L だけでずらすのはひび割れの原因にもなるので好ましくない（特に引張り側）

図2｜重ね継手のずらし方

[7] フック付き重ね継手の長さは、鉄筋の折曲げ開始点間の距離とし、フック部分は含まない 図3 。また、継手の長さは、フックの角度には関係しない。

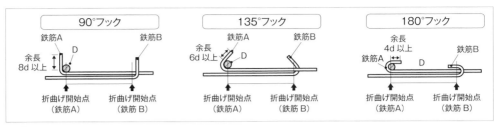

図3｜フック付き重ね継手の長さ

[8] 梁主筋の重ね継手は、水平重ね、上下重ねのいずれでもよい。

[9] 鉄筋の最小かぶり厚さは 表3 による。

表3｜鉄筋の最小かぶり厚さ（単位：mm）

部材の種類		短期	標準・長期		超長期	
		屋内・屋外	屋内	屋外(※2)	屋内	屋外(※2)
構造部材	柱・梁・耐力壁	30	30	40	30	40
	床スラブ・屋根スラブ	20	20	30	30	40
非構造部材	構造部材と同等の耐久性を要求する部材	20	20	30	30	40
	計画供用期間中に維持保全を行う部材(※1)	20	20	30	(20)	(30)
直接土に接する柱・梁・壁・床および布基礎の立上り部		40				
基礎		60				

※1 計画供用期間の級が超長期で、計画供用期間中に維持保全を行う部材では、維持保全の周期に応じて定める。

※2 計画供用期間の級が標準および長期で、耐久性上有効な仕上げを施す場合は、屋外側では最小かぶり厚さを10mm減じることができる。

[10] 柱および梁の主筋のかぶり厚さは、D29以上の異形鉄筋を使用する場合は、径の1.5倍以上とする。

[11] 開口補強等の斜め筋は、壁がダブル配筋の場合、壁の内側にしてかぶり厚を確保する。床も同様とする。

[12] 杭基礎の基礎筋(ベース筋)の最小かぶり厚さは、杭天端から確保する。

[13] 一般的に水平の鉄筋を保持するにはバーサポートを用い、ドーナツ型スペーサーは、コンクリートの充填性を考慮し縦向きに使用する。

[14] 鉄筋のあきは 表4 による。

表4｜鉄筋のあき

	あき	間隔
異形鉄筋	●呼び名の数値の1.5倍 ●粗骨材最大寸法の1.25倍 ●25mm のうち大きい数値以上	●呼び名の数値の1.5倍＋最大外径 ●粗骨材最大寸法の1.25倍＋最大外径 ●25mm＋最大外径 のうち大きい数値以上

試験概要と試験対策のポイント

施工経験記述

仮設・安全

躯体施工

仕上施工

学科記述解説

施工管理

法規

過去問題と解答

memo >>>>

- コンクリート打設時に、鉄筋の間を粗骨材（砂利・砕石）が通過できるよう所定のあきが必要。

EXERCISE
過去問題
令和元年
問題3-2

次の問いに答えなさい。ただし、解答は、それぞれ異なる内容の記述とし、材料の保管、作業環境（騒音、振動、気象条件等）および作業員の安全に関する記述は除くものとする。

- 鉄筋工事の鉄筋の組立てにおける施工上の留意事項を、2つ具体的に記述しなさい。
  ただし、鉄筋材料、加工およびガス圧接に関する記述は除くものとする。
※ 本問題には1～4までの4つの設問があるが、ここでは〔設問2〕だけを解説するため、1、3、4の設問は省略している。

解答と考え方

「3｜組立」（111ページ）のうち、鉄筋材料、加工およびガス圧接を除く鉄筋の組立て施工に関する留意事項だけを2つ記せばよい。以下から2つ選んで記述する。

[1] コンクリートの打設完了まで、鉄筋が移動しないよう結束線で堅固に組み立てる。
[2] 鉄筋の継手位置は応力の小さい位置に設け、1カ所に集中させない。
[3] 鉄筋の最小かぶり厚さを確実に確保する。
[4] かぶり厚さを確保するために、水平の鉄筋を保持するにはバーサポートを用いる。
[5] かぶり厚さを確保するためのドーナツ型スペーサーは、コンクリートの充填性を考慮し縦向きに使用する。

● 具体的事項がなかなか浮かばない時には、「仕様書や設計図をよく把握し、配筋方向やピッチを間違えないよう注意しながら、正確に鉄筋を組み立てる。」という記述でもよい。

4｜ガス圧接

[1] ガス圧接継手を行う場合は、工事に相応した圧接技量資格者による。

表5｜技量資格者の圧接作業可能範囲

技量資格種別	圧接作業可能範囲	
	種類	鉄筋径
1種	SR235、SR295	径25以下、呼び名 D25以下
2種	SD295A、SD295B SD345 SD390	径32以下、呼び名 D32以下
3種		径38以下、呼び名 D38以下
4種	SD490（3種または4種で可能）	径50以下、呼び名 D51以下

- SD490の鉄筋を圧接する場合は、施工前試験を行う。

memo >>>>

- ガス圧接の技量資格種別は1種から4種まであり、数字が大きいほど圧接作業可能な鉄筋径の範囲は大きくなる。

[2] 鉄筋は、ガス圧接によるアップセット（短縮）を考慮し、縮み代（鉄筋径の1～1.5倍）を見込んで加工を行う。縮み代は鉄筋径によって異なり、強度によって異なるものではない。

試験概要と試験対策のポイント

施工経験記述

仮設・安全

躯体施工

仕上施工

学科記述解説

施工管理

法規

過去問題と解答

［3］ 圧接端面間のすきまは、鉄筋径にかかわらず、2mm以下とする。

［4］ 圧接端面間のすきまが完全に閉じた後、鉄筋の軸方向に適切な圧力を加えながら**中性炎**により加熱する。加熱範囲は、圧接面を中心に鉄筋径の**2倍程度**とする。

［5］ 圧接端面の加工は、圧接作業当日に行う。当日より前に加工を行う場合は、端面保護材を使用しなければならない。

［6］ 鉄筋径の差が7mmを超える場合は、原則として圧接してはならない。

［7］ 隣り合う鉄筋の圧接部は400mm以上ずらす。

［8］ 圧接部のふくらみの直径は、鉄筋径の1.4倍以上とする。

［9］ 圧接部のふくらみの長さは、鉄筋径の1.1倍以上とする。

［10］ 接合される鉄筋中心軸の偏心量は、鉄筋径の1/5以下とする。

［11］ 圧接部のふくらみの頂部から圧接面のずれは、鉄筋径の1/4以下とする。

［12］ 軸心のずれが規定値を超えた場合は、圧接部を切り取り、再圧接する。

［13］ 圧接部のふくらみの直径や長さが規定値に満たない場合は、再加熱し、**加圧**して所定のふくらみに修正する。

［14］ 圧接部の形状が著しく不良なもの、有害と思われる欠陥がある場合は再圧接を行う。

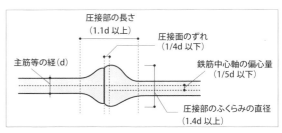

図4 ┃ **圧接継手に関する主な規定**

2 ┃ コンクリート工事

• 「コンクリート工事」からの出題頻度は高い。特にコールドジョイント発生防止対策、含有塩化物、スランプ試験、および型枠支保工等に関して、過去に複数回出題されている。

1 ┃ コンクリートの品質

［1］ 使用するコンクリートの強度は、工事現場で採取し、標準養生した供試体の材齢28日の圧縮強度で表す。その値は、品質基準強度に予想平均気温によるコンクリート強度の補正値を加えた値（調合管理強度）以上でなければならない。

［2］ コンクリートに含まれる**塩化物イオン量**は0.30kg/m³以下とする。高強度コンクリートも同様とする。

［3］ コンクリートに使用する細骨材（砂）の塩化物量は、NaCl換算で0.04%以下と規定されている。

［4］ スランプは、品質基準強度が33N/mm²以上の場合は、21cm以下、33N/mm²未満の場合は、18cm以下とする。

• スランプはコンクリートの流動性の程度をあらわし、数字が大きいほうが柔らかい。

［5］ 細骨材率（細骨材／全骨材）は、コンクリートの品質が得られる範囲内でできるだけ小さくする。細骨材率が大きいと、所要のスランプを得るのに必要な単位セメント量および単位水量を多く必要となる。

2 | コンクリートの調合

［1］ 普通ポルトランドセメントを用いる場合の水セメント比は65%以下とする。

memo >>>>

> ● 水セメント比はセメントに対する水の重量比のこと。W／C（%）で表し、大きくなるほど強度は低下する。誤解しないこと。

［2］ 水セメント比を低減すると、コンクリート表面からの塩化物イオンの浸透に対する抵抗性を高めることができる。

［3］ 単位水量は185kg／m³以下とする。

［4］ 単位セメント量は270kg／m³以上とする。

［5］ 単位セメント量が過小だとコンクリートのワーカビリティーが低下し、耐久性や水密性の低下の原因となりやすい。

［6］ 空気量は、普通コンクリートでは4.5%、軽量コンクリートでは5%を標準とする。

［7］ 空気量が多くなると硬化後の圧縮強度の低下や乾燥収縮の原因となる。

3 | コンクリートの打設

［1］ コンクリートの練混ぜから打込み終了までの時間制限。
外気温が25℃未満の場合：120分
外気温が25℃以上の場合：90分

［2］ コンクリートポンプの輸送管の径ならびに配管は 表6 による。

表6 │ 輸送管の呼び寸法

粗骨材の最大寸法 （mm）	輸送管の呼び寸法（mm）
20	100A以上
25	
40	125A以上

［3］ 輸送管の径が大きいほど圧力損失は小さくなる。

［4］ コンクリート打込み速度の目安は、コンクリートポンプでは20〜30m³／hである。早くても遅くてもいけない。

［5］ コンクリートポンプ1台当たりの1日の打込み量の上限は250m³を目安とする。

［6］ コンクリートの圧送に先立ち、富調合のモルタルを圧送し、配管内面の潤滑性を高める。

［7］ モルタルは型枠内に打込まないことを原則とする。

［8］ 打設は鉛直に打込み、落下高さを小さくする。壁部分は1〜2mの間隔で打設し、横流しをしてはいけない。

［9］ 打込み速さが速いと、コンクリートヘッドが大きくなり、最大側圧が大となる。

試験概要と試験対策のポイント

施工経験記述

仮設・安全

躯体施工

仕上施工

学科記述解説

施工管理

法規

過去問題と解答

試験概要と試験対策のポイント

施工経験記述

仮設・安全

躯体施工

仕上施工

学科記述解説

施工管理

法規

過去問題と解答

[10] 打設の際の**自由落下高さ**が高すぎるとコンクリートが分離する恐れがあるため、たて型シュートや打込み用ホースを接続して分離を防止する。

[11] たて型フレキシブルシュートを使用する場合には、その投入口と排出口との水平距離は、垂直方向の高さの約1/2倍以下とする。

[12] 斜めシュートはコンクリートが分離しやすいが、やむを得ず使用する場合には、その傾斜角度を水平に対して30°以上とする。

[13] 棒形振動機の挿入間隔は、600mm以下とし、コンクリート1層の打込み厚さは、棒形振動機の長さ(600〜800mm)以下とする。また、**加振時間**は、1カ所5〜15秒程度が一般的である。

[14] 棒形振動機1台当たりの締固め能力は、公称棒径45mmの場合、10〜15m³/h程度である。

[15] コンクリートポンプを用いて圧送する場合、軽量コンクリートは、普通コンクリートに比べて、スランプの低下や輸送管内での閉そくを生じやすい。

[16] 暑中コンクリートは練り上がり温度が重要であり、最も容積の大きい**骨材**の温度がコンクリートの温度を左右する。

[17] 暑中コンクリートでは、荷卸し時のコンクリート温度は35℃以下とし、練り混ぜから打ち込み終了までの時間は90分以内とする。

[18] 寒中コンクリートの場合は、材齢を28日ではなく、1日の平均養生温度と日数との積を合計した積算温度で管理する。

[19] マスコンクリートでは、コンクリート内部と表面で大きな温度差が生じ、ひび割れの原因となるため、内部の温度をできるだけ低くするのが重要である。

4│コンクリートの打継ぎ

[1] 梁およびスラブ等の鉛直打継ぎ部は、せん断応力の小さいスパンの中央部に設けることが基本である。

[2] 打継ぎ部は、レイタンスおよび脆弱なコンクリートを取り除き、コンクリート打設前に十分な湿潤を行う。ただし、後に残った水は高圧空気などで取り除く。

[3] コールドジョイント **図5** とは、先に打設したコンクリートと後から打設したコンクリートが一体化しない時に生じる継ぎ目のことで、ひび割れ、漏水、白華などの原因となる。

図5│**コールドジョイントひび割れ**

[4] コールドジョイント対策

   a) 打込み区画は十分な締め固めができるよう計画的に設定する。

   b) コンクリートを連続して打設し、可能な限り中断しない。

   c) 中断する場合でもコンクリートの再振動可能な時間内(外気温25℃以下の場合120分、外気温25℃超の場合90分を目安)に打ち重ねる。

   d) 打ち重ね部の締め固めは、振動機の先端を先に打設されたコンクリートに挿入して行う。

次の問いに答えなさい。ただし、解答はそれぞれ異なる内容の記述とし、材料の保管、作業環境（騒音、振動、気象条件等）および作業員の安全に関する記述は除くものとする。

● 普通コンクリートを用いる工事において、コンクリートを密実に打ち込むための施工上の留意事項を2つ、具体的に記述しなさい。ただし、コンクリートの調合および養生に関する記述は除くものとする。

※ 本問題には1〜4までの4つの設問があるが、ここでは〔設問3〕だけを解説するため、1、2、4の設問は省略している。

解答と考え方

● 「3｜コンクリートの打設」、「4｜コンクリートの打継ぎ」（115〜116ページ）のうち、2つ記せばよいが、単純に、「打継ぐ前にコンクリートを固めないようにする」、「打継ぎ部分が分離しないようにする」と記しても間違いではない。しかし、そうならないようにするためにどうするかを具体的に記述したほうが点数も高い。「出来るだけ近距離の生コン工場を選ぶ」、「暑中時間帯の打設をできるだけ避ける」などと記してもよい。

5｜コンクリートの養生

[1] コンクリートは、硬化の初期段階において急激な乾燥・温度変化や振動等の影響を受けないよう十分な養生を行う必要がある。

[2] 打設後は、表面の急激な乾燥を避けるため、散水などで湿潤養生し、コンクリート温度を2℃以上に保つ。湿潤養生には透水性の少ないせき板や水密シートによる被覆なども含まれる。

[3] 湿潤養生の養生期間は普通ポルトランドセメントの場合は5日以上、早強ポルトランドセメントの場合は3日以上とする。

[4] 寒冷期においては、打設後5日以上はコンクリート温度を2℃以上に保ち、コンクリートを寒気から保護する。早強ポルトランドセメントを用いる場合は3日以上とする。

[5] 寒中コンクリートで加熱養生を行う場合は、散水等を行い、コンクリートが乾燥しないようにする。

[6] 寒中コンクリートの初期養生期間は、圧縮強度が5N/mm²に達するまでとする。

[7] 暑中コンクリートの湿潤養生の開始時期は、コンクリート上面ではブリーディング水が消滅した時点、せき板に接する面では脱型直後とする。

[8] 打設中および打設終了後5日間は、乾燥・振動によってコンクリートの凝結や硬化が妨げられないようにする必要がある。

[9] 振動からの保護のため、原則として、打設後少なくても1日間以上、その上で歩行および作業を行ってはならない。

試験概要と試験対策のポイント

施工経験記述

仮設・安全

躯体施工

仕上施工

学科記述解説

施工管理

法規

過去問題と解答

試験概要と試験対策のポイント

施工経験記述

仮設・安全

躯体施工

学科記述解説

仕上施工

施工管理

法規

過去問題と解答

EXERCISE
過去問題
令和3年
問題4-3

次の問いに答えなさい。ただし、**解答はそれぞれ異なる内容の記述とし、材料（仕様、品質、運搬、保管等）、作業環境（騒音、振動、気象条件等）および作業員の安全に関する記述は除くものとする。**

● **コンクリート工事において、コンクリート打込み後の養生に関する施工上の留意事項を、2つ具体的に記述しなさい。なお、コンクリートに使用するセメントは普通ポルトランドセメントとし、計画供用期間の級は標準とする。**

※ 本問題には1～4までの4つの設問があるが、ここでは〔設問3〕だけを解説するため、1、2、4の設問は省略している。

解答と考え方

「5｜コンクリートの養生」（前ページ）のうち、留意事項を2つ記せばよい。以下から2つ選んで記述する。

[1] コンクリート打設後は、表面の急激な乾燥を避けるため、散水などで湿潤養生し、コンクリート温度を2℃以上に保つ。

[2] 振動からの保護のため、原則として、打設後少なくても1日間以上、その上で歩行および作業を行ってはならない。

[3] 寒冷期においては、コンクリートを寒気から保護するために、打設後5日以上はコンクリート温度を2℃以上に保つ。

[4] コンクリート表面の急激な乾燥を避けるため、寒中コンクリートで加熱養生を行う場合は、散水等を行う。

● コンクリート打設後の養生の基本は、「コンクリートが必要な性能を発現するまでの所定の期間、乾燥を防止し、有害な応力や変形を加えないようにすること」である。理由を思いつかなかったら、「コンクリートの品質を向上させるため」と記しても間違いではない。

6｜**コンクリートの試験**

[1] 圧縮強度試験に用いる供試体は標準養生とし、材齢は28日で行う。

[2] 圧縮強度試験の試験回数は、原則として打込み工区毎および打込み日ごとに1回、かつ150m³ごと、またはその端数ごとに1回を標準とする。

[3] スランプ試験 図6 、高さ30cmの金属製のスランプコーンを用いて行い、試料をほぼ等しい量の3層に分けて詰め、各層ごとに突き棒で均した後、25回一気に突く。材料の分離を生じる恐れのある場合は突き数を減らす。

[4] スランプの許容差は 表7 による。

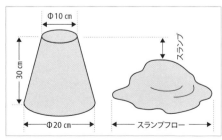

図6｜**スランプ試験**

表7｜**スランプの許容差**（単位：cm）

スランプ	スランプの許容差
2.5	±1
5および6.5	±1.5
8以上18以下	±2.5
21	±1.5 （呼び強度27以上で高性能AE減水剤を使用する場合±2）

［5］フレッシュコンクリートの空気量の測定は、JISにより下記のように規定されている。
「試料を容器の1/3まで入れ、均した後、容器の底を突かないように各層を突き棒で25回均等に突く。突き穴がなくなり、コンクリートの表面に大きな泡が見えなくなるように、容器の側面を10～15回木づちなどでたたく。さらに容器の2/3まで試料を入れ、前回と同様の操作を繰り返す。最後に容器から少しあふれる程度に試料を入れ、同様の操作を繰り返した後、定規で余分な試料をかき取って均し、コンクリートの表面と容器の上面とを正しく一致させる。突き棒の突き入れ深さは、ほぼ各層の厚さとする。」

3 型枠工事

重要》》》》

●「型枠工事」では、型枠組立や型枠支保工の留意事項に関して、過去に複数回出題されている。

1 型枠の組立て

［1］せき板に用いる木材は、できるだけ直射日光にさらされないようにシート等を用いて保護するなど、コンクリート表面の硬化不良防止策を行う。

［2］支保工の支柱の脚部には滑動防止のため、脚部の固定、根巻き等の対策を講じる。

［3］せき板に縦端太を添え、縦端太を横端太で押さえ、締付金物(フォームタイ)で締め付け、型枠を固定する。

［4］締め付け時に、丸セパレーターとせき板との角度が大きくなると、丸セパレーターの破断強度が大幅に低下するため、できるだけ垂直になるよう取り付ける。

［5］締付金物を締め付け過ぎるとせき板が内側に変形する。

［6］締付金物の締め付け過ぎ対策として、縦端太(内端太)を締付ボルトとできるだけ近接させて締め付けるなどの方法がある。

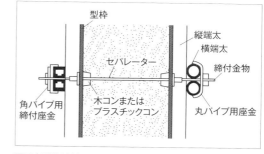

図7 型枠締付金物の取り付け

［7］パイプサポート以外の鋼管を支柱として用いる場合は、高さ2m以内ごとに水平つなぎを2方向に設ける。

［8］パイプサポートを支柱として用いる場合は、3本以上継いではならない。

［9］パイプサポートを2本継ぐ場合は、4本以上のボルトあるいは専用の金物で固定する。

［10］パイプサポートの高さが3.5mを超える場合は、高さ2m以内ごとに水平つなぎを2方向に設ける。

［11］鋼管枠を支柱として用いる場合、最上階および5層以内ごとに水平つなぎおよび布枠を設ける。

［12］組立て鋼柱の高さが4mを超える場合は、4m以内に水平つなぎを2方向に設ける。

［13］鋼製仮設梁のトラス下弦材は所定の支点(両端部等)以外の位置で支持してはならない。

［14］コラムクランプとは、主に独立柱等に用いられ、柱のせき板を四方から締め付けて固定す

る金物のことである。

[15] 型枠の墨出しは、平面位置基準のBM(ベンチマーク)から、通り心からの逃げ通り墨(通り心から1mまたは0.5m内側に移した墨)を床の上に印し、これを基準にして通り心、壁墨、柱型墨を印す 図8。

[16] 建物四隅の基準墨を上階に移す場合、4点を下げ振りで移す。

[17] SRC造では、鉄骨柱を利用して基準高さを表示してレベルの墨出しを行ってもよい。

[18] RC造では、各階ごとの基準高さは、1階からの基準高さからのチェックも行う。

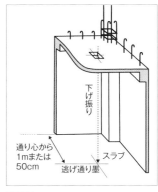

図8 ｜ 逃げ通り墨

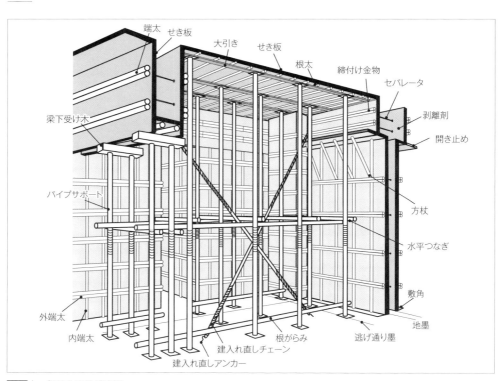

図9 ｜ 一般的な型枠構成例

2 ｜ 型枠の設計

[1] スラブ型枠に加わる荷重は、**固定荷重＋積載荷重**とする。
固定荷重：24kN/m³（普通コンクリートの単位体積重量）× スラブ厚(m) ＋ 0.4kN/m²(型枠の重量)
積載荷重（作業荷重＋衝撃荷重）：1.5kN/m²

[2] 合板のせき板のたわみは、各支点間を単純梁として計算する。

[3] 合板以外のせき板および根太・大引等のたわみの計算は、単純梁と両端固定の梁の平均として計算する。

[4] 各型枠材における**変形量は3mm程度**とする。

試験概要と試験対策のポイント
施工経験記述
仮設・安全
躯体施工
仕上施工
学科記述解説
施工管理
法規
過去問題と解答

[5] 合板を型枠に用いる場合は、方向性による曲げヤング係数の低下を考慮する。

[6] 同じ軟らかさの普通コンクリートと軽量コンクリートを比較した場合の型枠に作用する側圧は、普通コンクリートより軽量コンクリートのほうが小さい。

[7] 鋼管枠を支柱として用いる場合は、当該支保工の上端に鉛直荷重の2.5%相当の水平荷重を考慮する。

[8] 鋼管枠以外のものを支柱として用いる場合は、当該支保工の上端に鉛直荷重の5%相当の水平荷重を考慮する。

3 | 型枠の存置期間

[1] 型枠の最小存置期間は 表8、表9 による。

表8 | 型枠の最小存置期間
（コンクリート強度による場合）

計画供用期間	確認の必要なコンクリートの圧縮強度
短期、標準	5N／mm² 以上
長期、超長期	10N／mm² 以上

表9 | 型枠の最小存置期間
（材齢による場合）

セメントの種類	コンクリートの材齢（日）		
	早強ポルトランドセメント	• 普通ポルトランドセメント • 高炉セメントA種 • シリカセメントA種 • フライアッシュセメントA種	• 高炉セメントB種 • シリカセメントB種 • フライアッシュセメントB種
平均気温 20℃以上	2	4	5
平均気温 20℃未満10℃以上	3	6	8

[2] スラブ下および梁下の支保工の存置期間は、コンクリートの圧縮強度が当該部材の設計基準強度に達したことが確認できるまでとする。

[3] スラブ下および梁下のせき板の取り外しは、原則として支保工取り外し後とする。

4 | 型枠の種類

[1] 一般的な合板型枠の他、地中梁用としてラス型枠、ブロック型枠、金属製型枠などもあり、ラス型枠、ブロック型枠は捨型枠として用いる。

[2] 壁型枠には、大型型枠、プレキャストコンクリート系合成壁型枠、柱型枠には円筒型柱型枠などがあり、円筒型柱型枠には、紙製のものがある。

[3] 床型枠には、デッキプレート、フラットデッキ、薄肉プレキャストコンクリート板などあり、デッキプレート、フラットデッキは捨型枠、薄肉プレキャストコンクリート板は打込み型枠で、ともに型枠材として転用して用いることはできない。

memo >>>>

• 捨型枠とは脱型しないでそのまま埋設したり、本体利用してしまう型枠のことである。デッキプレートは転用できない捨型枠の代表例であり、工期短縮に重要な役割を果たす。フラットデッキも同様である。

試験概要と試験対策のポイント

施工経験記述

仮設・安全

躯体施工

仕上施工

学科記述解説

施工管理

法規

過去問題と解答

2-6 鉄骨工事

・「鉄骨工事」からの出題頻度は高い。特に仮ボルトおよびトルシア形高力ボルトの本締めに関して、過去に複数回出題されている。

1 工作

[1] 鉄骨製作用に用いる鋼製巻尺はJISの一級品を使用し、鉄骨製作工場と工事現場用の基準巻尺のテープ合わせを行う。巻尺相互を並べて一端を固定し、他端に50N程度の張力を与え、目盛のずれが10mに0.5mm以内であることが望ましい。

[2] 切断は、鋼材の形状、寸法に合わせて最適な方法で行う。ガス切断は原則として、自動ガス切断機を用いる。**せん断による切断は、厚さ13mm以下の鋼材**とする。

[3] 孔あけ加工は、ドリルあけを原則とする。ただし、普通ボルト、アンカーボルト、鉄筋貫通孔用で板厚が13mm以下の場合は、せん断孔あけとすることができる。

[4] 曲げ加工は常温または加熱加工とする。加熱加工の場合は**赤熱状態**（850〜900℃）で行う。青熱脆性域（200〜400℃）での加工は、鋼材がもろくなるので行わない。

・曲げ加工は青ではダメ、赤ならOK。信号と反対と覚える。

[5] 摩擦面処理は、摩擦面のすべり係数が0.45以上確保できるよう、赤錆の自然発生やブラスト処理などを行う。ブラスト処理による**摩擦面の粗さは50μmRZ以上**とする。

[6] 錆止め塗装を行わない部分の主なもの。

    a）現場溶接を行う箇所およびそれに隣接する両側それぞれ100mm以内、および超音波探傷に支障を及ぼす範囲

    b）高力ボルト摩擦接合部の摩擦面

    c）コンクリートに密着する部分、および埋め込まれる部分

    d）密閉される閉鎖型断面の内部

2 建方

[1] 建方は、組立て順序、建方中の構造体の補強の要否等について、十分検討した計画に従って行い、本接合が完了するまで強風、自重、その他の荷重や外力に対して安全な方法とする。

[2] 高力ボルト接合の場合は、仮ボルトは普通ボルト(中ボルト)等を用い、ボルト一群に対して1/3程度、かつ2本以上とする。

[3] 溶接接合と高力ボルト接合の併用継手および混用継手の場合は、仮ボルトは普通ボルト(中ボルト)等を用い、ボルト一群に対して1/2程度、かつ2本以上とする。

・仮ボルトは、高力ボルト接合では1/3かつ2本以上、併用継手では1/2かつ2本以上。

[4] 溶接接合部における**エレクションピース等の仮ボルト** 図1 は、高力ボルトを用いて、**全数締め付ける。**

[5] 仮ボルトは本締めには使用しない。

[6] 仮ボルトは本接合のボルトと同軸径の普通ボルト(中ボルト)を用いる。

[7] 本接合に先立ち、ひずみを修正し、建入れ直しを行う。

[8] ターンバックル付きブレースを有する構造物においては、そのブレースを用いて建入れ直しを行ってはならない。

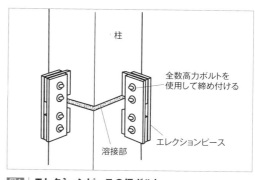

柱

全数高力ボルトを使用して締め付ける

エレクションピース

溶接部

図1 | **エレクションピースの仮ボルト**

[9] 建入れ直しは、各節の建方が終了するごとに行う。大規模でスパンが多い場合は、小区画にするなど有効なブロックに分けて修正を行う。

[10] 倒壊防止用のワイヤーロープを使用する場合は、**建入れ直し用として兼用してもよい。**

[11] 高力ボルト接合と溶接接合を併用または混用する場合は、高力ボルトを締め付けた後に溶接を行うのが原則である。

[12] 計測値が設計値より小さかった場合は、梁接合部のクリアランスに矢(くさび)を打込むか、またはジャッキ等により押し広げて微調整を行う。

[13] アンカーボルトの頭部の出の高さは、二重ナット締めとしても、ナットの先端からネジ山が3山以上出るようにする。

[14] ベースプレートの支持方法は、特記なき場合は、ベースモルタルの後詰め中心塗り工法とする。

[15] 後詰め中心塗り工法に使用するベースモルタルは、**無収縮モルタル**とする。

[16] ベースモルタルの塗り厚さは、30〜50mm以内とし、中心塗りモルタルの大きさは、200mm角あるいは200mmΦ以上とする。

[17] ベースモルタルは鉄骨建方までに3日以上の養生期間をとらなければならない。

表1 | **鉄骨建方基準**

名称	図	許容差	名称	図	許容差
建物の倒れ(e)		$e \leq \dfrac{H}{4000} + 7\text{mm}$ かつ $e \leq 30\text{mm}$	柱の倒れ(e)		$e \leq \dfrac{H}{1000}$ かつ $e \leq 10\text{mm}$
建物の湾曲(e)		$e \leq \dfrac{L}{4000}$ かつ $e \leq 20\text{mm}$	梁の水平度(e)		$e \leq \dfrac{L}{1000} + 3\text{mm}$ かつ $e \leq 10\text{mm}$
階高($\varDelta H$)		$-5\text{mm} \leq \varDelta H \leq +5\text{mm}$	梁の曲がり(e)		$e \leq \dfrac{L}{1000}$ かつ $e \leq 10\text{mm}$

試験概要と試験対策のポイント

施工経験記述

仮設・安全

躯体施工

学科記述解説

仕上施工

施工管理

法規

過去問題と解答

EXERCISE
過去問題
平成25年
問題3-4

次の問いに答えなさい。ただし、留意事項は、それぞれ異なる内容の記述とし、材料の保管、作業環境（気象条件等）および作業員の安全に関する記述は除くものとする。

● 鉄骨工事の建方時における仮ボルトの施工上の留意事項を、2つ具体的に記述しなさい。ただし、材料に不良品はないものとする。

※ 本問題には1～4までの4つの設問があるが、ここでは〔設問4〕だけを解説するため、1～3の設問は省略している。

解答と考え方

「**2｜建方**」（前ページ）のうち、材料を除く仮ボルトの施工に関する留意事項を2つ記せばよい。以下から2つ選んで記述する。

〔1〕 高力ボルト接合の場合は、仮ボルトは普通ボルト（中ボルト）等を用い、ボルト一群に対して1/3程度、かつ2本以上とする。

〔2〕 溶接接合と高力ボルト接合の併用継手および混用継手の場合は、仮ボルトは普通ボルト（中ボルト）等を用い、ボルト一群に対して1/2程度、かつ2本以上とする。

〔3〕 溶接接合部におけるエレクションピース等の仮ボルトは、高力ボルトを用いて、全数締め付ける。

● その他、「仮ボルトは本締めには使用しない。」とか「仮ボルトは本接合のボルトと同軸径の普通ボルトを用いる。」といった比較的簡単な内容の記入でもよい。

3 溶接接合

〔1〕 溶接材料は、変質・吸湿したもの・汚れの付着したもの等は用いてはならない。乾燥した状態で保管する。

〔2〕 開先を有する溶接の始点・終点は欠陥防止としてエンドタブを取り付ける。

〔3〕 柱梁接合部にエンドタブを取り付ける場合は、直接柱梁に溶接を行わず、裏当て金に取り付ける。

〔4〕 完全溶込み溶接（突き合せ溶接）図2とは、母材の接合部を開先加工して突き合わせる部材の全断面が完全に溶接されるよう全長にわたって溶接を行う。

〔5〕 隅肉溶接図3とは、母材を垂直や重ねて接合する際、開先加工を行わない溶接である。引張力の作用する箇所には用いず、せん断力の作用する梁のウェブ等に用いられる。

〔6〕 隅肉溶接において、のど厚aを確保するためには、余盛⊿aが必要で、余盛⊿aは0.6S以下かつ6mm以下とする。

〔7〕 部分溶込み溶接図4とは、接合面の一部を開先加工し、片面または両面から溶接面の一部分だけ溶け込ませて溶接する方法である。引張力の作用しない箇所に用いることができる。

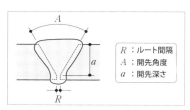

R：ルート間隔
A：開先角度
a：開先深さ

図2｜完全溶込み溶接

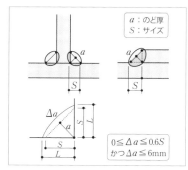

a：のど厚
S：サイズ

$0 \leq \Delta a \leq 0.6S$
かつ $\Delta a \leq 6mm$

図3｜隅肉溶接

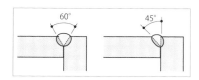

図4｜部分溶込み溶接

[8] 気温が−5℃以下の場合、溶接を行ってはならない。なお、−5℃〜5℃までの場合は、溶接部より100mmの範囲の母材部分を加熱して溶接を行うことができる。

[9] 雨天または湿度の高い場合は、屋内であっても母材の表面などに水分が残っていないことを確かめて溶接を行う。

[10] 割れ 図5 が発見された場合、割れの入った溶接金属を全長にわたって完全に除去し、再溶接を行う。

[11] 表面割れは、割れの部分を確認した上で、その両端から50mm以上溶接部をはつり取り、補修溶接を行う。

[12] アンダーカット 図6 とは、溶接速度が速い場合などに母材が掘られ、溝状になった部分をいうが、補修溶接を行う。

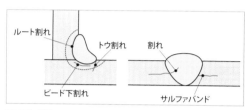

図5 | **割れ**

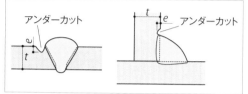

図6 | **アンダーカット**

[13] 被覆アーク溶接は、全姿勢溶接が可能であり、ガスシールドアーク溶接は、溶け込みが深く作業能率も高い。

[14] ガスシールドアーク溶接は、セルフシールドアーク溶接と比較して、風の影響を受けやすい。

[15] アーク熱によって溶かされた溶融金属は、大気中の酸素や窒素が混入しやすいため、外気から遮断する必要がある。

[16] 外気の遮断材料として作用するのがシールドガスであるが、風によりシールドガスに乱れが生じると、溶融金属の保護が不完全になり、ブローホールなどの欠陥を生む。

[17] スタッド溶接は、アークスタッド溶接の直接溶接とする。

[18] スタッド溶接の際、電源容量の不足等でアークの発生が不十分な場合は、スタッド高さは所定の高さより高くなり、アークの発生が過大な場合は、溶け過ぎて所定の高さより低くなる。

memo >>>>

● アーク発生が不十分な場合、スタッド高さは高くなり、過大な場合は低くなる。逆ではない。

[19] スタッド溶接部の15°曲げ検査は、100本または主要部材1個ごとに溶接した本数のいずれか少ない方を1ロットとし、1ロットにつき1本行う。

[20] スタッド溶接部の仕上り高さは±2mm以内、傾きは5°以内を適合とし、そのロットを合格とする。

[21] スタッド検査で不合格になった場合は、同一ロットからさらに2本のスタッドを検査し、2本とも合格の場合はそのロットを合格とする。2本のスタッドのうち1本以上が不合格となった場合は、そのロット全数について検査する。

[22] 母材およびスタッドの材軸部に深さ0.5mmを超えるアンダーカットが発生したものは不合格とし、隣接部にスタッドの打増しまたは打直しを行う。

試験概要と試験対策のポイント
施工経験記述
仮設・安全
躯体施工
仕上施工
学科記述解説
施工管理
法規
過去問題と解答

4　高力ボルト接合

[1] 高力ボルト接合には、高力ボルトの強力な締め付けにより、接合部材間に生じる摩擦力を利用して応力を伝える摩擦接合と、材間圧縮力を利用して、高力ボルトの軸方向の応力を伝える引張接合がある**図7**。

[2] 高力ボルトには**JIS形高力ボルトとトルシア形高力ボルト** **図8** が一般に使用されている。締め付け方法は1次締め付け、マーキングまでは同じである。

[3] 本締めはJIS形高力ボルトの場合、トルクコントロール法とナット回転法の2種類がある。

[4] トルクコントロール法による検査は、トルクレンチを用いてナットを追締めし、ナットが回転を始めた時のトルク値による。所要トルク値の**±10%以内**のものを合格とする。

[5] ナット回転法による検査は、一次締め後のナットの回転量が**120°±30°**の範囲にあるものを合格とする。

[6] トルシア形高力ボルトの本締めは、専用レンチで**ピンテールが破断する**まで締め付け、全ボルトのマーキングのずれ、ピンテールの破断、ナット回転量等により締め付けを確認する。

[7] ナット回転量に著しいばらつきが認められるボルト群は、その1群のすべてのボルトのナット回転量に対する平均回転角度を算出する。この結果、平均回転角度±30°の範囲のものを合格とする。

[8] 高力ボルトの長さ**図9**は首下寸法とし、締め付け長さに**表2**の長さを加えたものとする。

[9] 接合部に生じる肌すきが1mmを超える場合はフィラープレートを入れて補う。1mm以下の肌すきの場合の処置は不要である。

[10] ボルト頭部またはナットと部材の接合面が、1/20以上傾斜している場合は、勾配座金を使用する。

[11] ボルト孔の径は、高力ボルトの呼び径に2mm(普通ボルトの場合は0.5mm)を加える。

[12] ボルトの相互間の中心距離は、その径の2.5倍以上としなければならない。

[13] 高力ボルトの締め付けは、**2度締め**とし、**一次締め、マーキング、本締め**の順に行う。

[14] マーキングはすべてのボルトに対して行う。

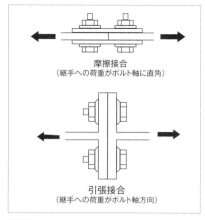

図7｜摩擦接合と引張接合

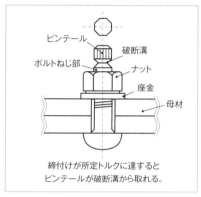

図8｜トルシア形高力ボルト

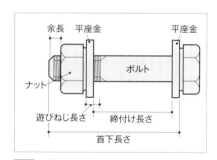

図9｜ボルトの長さ

表2｜締め付け長さに加える長さ（単位:mm）

ボルトの呼び径	トルシア形高力ボルト	高力六角ボルト（JIS形）
M12	—	25
M16	25	30
M20	30	35
M22	35	40
M24	40	45
M27	45	50
M30	50	55

[15] 一群となっているボルトの締め付けは、鋼板に生じるひずみを防止するため、継手部分である群の**中央から周囲に向かう**順序で行う**図10**。

[16] 一次締め後、部材、座金、ナット、ボルトに、すべてマーキングを行い、次に本締めを行う**図11**。

[17] ボルトの余長は、ねじ山が1～6山ほど出ているものを合格とする。

[18] 一度使用したボルトは、再使用してはならない。

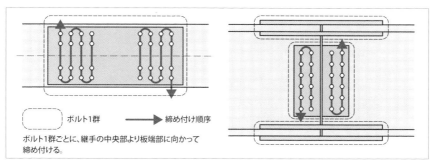

ボルト1群　　　→　締め付け順序
ボルト1群ごとに、継手の中央部より板端部に向かって締め付ける。

図10｜**ボルトの締め付け順序**

マーキング
1次締め後　　本締め後　　ナットとボルトが共回りした状態　　ナットと座金が共回りした状態

図11｜**マーキング**

[19] 鋼材の摩擦面の処理は、すべり係数が0.4以上確保できるブラスト処理またはりん酸塩処理とし、ウェブに処理を施す範囲は、添え板が接する部分の添え板の外周から5mm程度内側とする。

EXERCISE
過去問題
令和3年
問題4-4

次の問いに答えなさい。ただし、解答はそれぞれ異なる内容の記述とし、材料（仕様、品質、運搬、保管等）、作業環境（騒音、振動、気象条件等）および作業員の安全に関する記述は除くものとする。

● **鉄骨工事において、トルシア形高力ボルトの締め付けに関する施工上の留意事項を2つ、具体的に記述しなさい。ただし、締め付け器具に関する記述は除くものとする。**

※ 本問題には1～4までの4つの設問があるが、ここでは〔設問4〕だけを解説するため、1～3の設問は省略している。

解答と考え方

「**4｜高力ボルト接合**」（前ページ）のうち、トルシア形高力ボルトに関する留意事項だけを2つ記せばよい。以下から2つ選んで記述する。

[1] 一次締め後、部材、座金、ナット、ボルトに、すべてマーキングを行い、次に本締めを行う。

[2] トルシア形高力ボルトの場合の本締めは、専用レンチでピンテールが破断するまで締め付ける。

[3] 全ボルトのマーキングのずれ、ピンテールの破断、ナット回転量等により締め付けを確認する。

[4] 一群となっているボルトの締め付けは、群の中央から周囲に向かう順序で行う。

● また、当たり前のことではあるが、「ボルトの径・長さが、設計仕様と合致しているかを確認する」という解答でもよい。とにかく記述することが大事。

試験概要と試験対策のポイント

施工経験記述

仮設・安全

躯体施工

学科記述解説

仕上施工

施工管理

法規

過去問題と解答

127

試験概要と試験対策のポイント

施工経験記述

仮設・安全

躯体施工

学科記述解説

仕上施工

施工管理

法規

過去問題と解答

5 アンカーボルト

[1] アンカーボルトには、構造耐力を負担する構造用アンカーボルトと負担しない建方用アンカーボルトとがある。

[2] 構造耐力を負担する鋼製フレーム固定法では、アングルやチャンネルなどで鋼製のフレームを設け、これに柱心をけがき、テンプレートなどを用いてアンカーボルトを正確に据え付けフレームに固定する。

[3] 構造耐力を負担しないアンカープレート埋込ボルト後溶接法は、コンクリート定着用のアンカーボルトを裏面に工場溶接したアンカープレートを、基礎コンクリート打設上端レベルに据え付けてコンクリートを打設し、地墨を出し、締め付け用のボルトをアンカープレート上の正確な位置に溶接で固定する。

6 耐火被覆

[1] 左官工法とは、鉄網(ラス金網)を下地とし、各種モルタルを塗る工法である。どのような形状の下地にも対応できる。

[2] 吹付け工法には、工事現場でロックウール、セメントおよび水を混合してノズルの先端に圧送し吹付ける半乾式工法と、工場でロックウールとセメントを配合した材料と水を別々に圧送してノズルの先端で混合し吹付ける乾式工法がある。

[3] 吹付け工法では、吹付け材の粉塵発生や飛散が生じるため、施行中および施工後、吹付け材が硬化するまでの間、適切な養生を行う。

[4] 吹付け工法では、柱は1面につき1本以上、梁は6mにつき3本以上について、確認ピンによる吹付け厚さの確認を行う。

[5] 耐火板張り工法とは、耐火性のある加工した成形板を鉄骨に張り付ける工法である。表面に化粧仕上げが可能だが、吹付け工法に比べてコストがかかる。

[6] 耐火被覆材巻き付け工法とは、無機繊維のブランケットを鉄骨に取り付ける工法である。施工時の粉塵が発生しないなどの利点がある。

2-7 その他の躯体工事

重要 >>>>

- 「その他の躯体」からの出題頻度はあまり高くない。平成20年度に「木造軸組構法」が出題されているが、今後、「木構造」とともに「耐震改修工事」は、時代の要請により、ますます重要となると思われる。

1 耐震改修工事

[1] 溶接金網巻き工法では、溶接金網のかぶり厚さ確保のため、金網は型枠建込み用のセパレーターに結束して固定する。

[2] 溶接金網巻き工法では、溶接金網は分割して建て込み、相互の接合は重ね継手とする。

[3] 溶接閉鎖フープ巻工法では、フープ筋の継手は、溶接長さ10d以上のフレア溶接とする。

[4] 柱補強工事の鋼板巻き工法では、鋼板と既存柱のすき間にグラウト材を圧入する。

［5］鋼板巻き工法では、2つの鋼板を□型に一体化する際、接合部を突き合せ溶接とする。

［6］角形鋼板巻き工法におけるコーナー折り曲げ加工の内法半径は、鋼板厚の3倍以上とする。

［7］柱の連続繊維補強工法において、繊維シートの水平方向の重ね継手位置は、柱の各面に分散させる 図1 。また各繊維シートによる重ね長さは 表1 による。

［8］連続繊維補強工法では、躯体表面を平滑にするための下地処理後、その表面は接着力確保のためプライマーを塗布し、隅角部は面取りを行う。

［9］耐震壁の増設等、既存構造体に後施工アンカーが多数埋め込まれる増設壁部分に用いる割裂補強筋には、スパイラル筋やはしご筋等を用いる。

［10］柱と接する既存の袖壁部分に耐震スリットを設ける工事では、袖壁の切欠きは、袖壁全厚として完全に柱と壁との接合を切る完全スリットとする 図2 。

［11］増設壁コンクリート打設後に行う上部すき間に圧入したグラウト材の充填は、空気抜きからグラウト材が出ることで確認する。

［12］コンクリート圧入工法 図3 とは、コンクリートポンプ等の圧送力を利用して、密閉型枠内に流動性のよいコンクリートを打設する工法である。

［13］枠付き鉄骨ブレースの設置工事では、現場で鉄骨ブレース架構を組立てるので、継手はすべて高力ボルト接合とするのが望ましい。

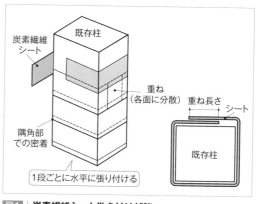

図1 | **炭素繊維シート巻き付け補強**

表1 | **繊維シートの重ね長さ**

繊維	重ね長さ
炭素繊維	200mm以上
アラミド繊維	200〜300mm以上
ガラス繊維	50mm以上

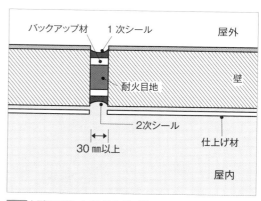

図2 | **耐震スリット（完全スリット）**

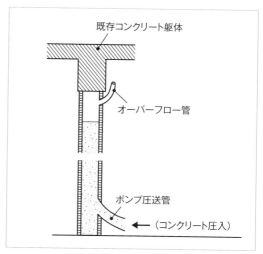

図3 | **コンクリート圧入工法の例**

試験概要と試験対策のポイント
施工経験記述
仮設・安全
躯体施工
仕上施工
学科記述解説
施工管理
法規
過去問題と解答

試験概要と試験対策のポイント

施工経験記述

仮設・安全

躯体施工

仕上施工

学科記述解説

施工管理

法規

過去問題と解答

2 補強コンクリートブロック工事

[1] ブロックの1日の積上げ高さは1.6m以下とする。

[2] 目地モルタルは、ブロックが接合する全面に塗り付けて積み、目地幅は10mmとする図4。

[3] 縦目地空洞部へのコンクリートまたはモルタルの充填は、ブロック2段以下毎に入念に行う。

[4] ブロックはフェイスシェルの厚いほうを上にして積み上げる図4。

memo ▶▶▶▶
・コンクリートブロックは、モルタルの塗布のしやすさと組積の
安定のため、広い部分に狭い部分を載せる。

3 木構造

[1] 在来軸組構法において、アンカーボルトの締め付け位置は、耐力壁両端の柱に近接した位置、土台切れの箇所、土台継手および土台仕口箇所の上木端部に、間隔2.7m以内に埋め込み、継手付近の場合は、押さえ勝手に上木を締め付ける。

[2] 柱上部に30mm×90mm以上の筋かいが取り付く場合は、柱が上部に引抜かれるのを防ぐために、筋かいが取り付く柱心より200mm内外にアンカーボルトを埋め込む図5。

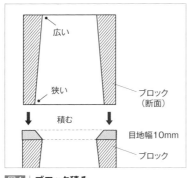

図4 | ブロック積み

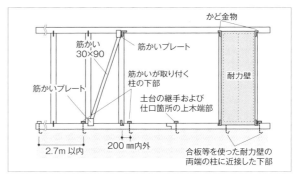

図5 | アンカーボルトの埋め込み位置

2-8 建設機械

重要 ▶▶▶▶
・「建設機械」からは、各種クレーンの性能比較に関して、過去
に複数回出題されている。

1 掘削機械

[1] ショベル系掘削機では、一般にクローラー(キャタピラ)式のほうがホイール(車輪)式よりも登坂能力が高い。

[2] パワーショベル図1は機械設置位置より高いところ(5m程度)を削り取るのに適しており、山の切り崩しなどに使用される。

[3] バックホウ図2は、機械設置位置よりも低いところ(6m程度)を掘るのに適しており、硬軟あらゆる土質に適応可能で、水中掘削もできる。

［4］ドラグライン **図3** は、ロープで懸垂された爪付きバケットを遠くに放り投げ、ロープで引き寄せながら土をつかみ取るもので、機械の設置位置より低いところを盛る機械である。軟弱地の改修工事、砂利の採取、大型溝掘削に適しているが、土丹等の硬質地盤の掘削には不適である。

［5］クラムシェル **図4** は、開閉式バケットを開いたまま垂直下方に降ろし、それを閉じることによって土砂をつかみ取るものであり、掘削深さは40m程度で軟弱地盤の掘削に適している。

表1 | 掘削機械の特徴

	パワーショベル	バックホウ	ドラグライン	クラムシェル
掘削力	大	大	中	小
掘削度	硬土可	硬土可 水中掘削可	中程度の硬さ 水中掘削に適する	中程度の硬さ 水中掘削に適する
掘削場所	設置位置より高所 （正確）	設置位置より低所 （正確）	設置位置より低所 （広範囲）	設置位置より低所 （正確）

memo >>>>

● パワーショベルは高所掘削作業、バックホウ、ドラグライン、クラムシェルは低所掘削作業。混同しないこと。

図1 | パワーショベル

図2 | バックホウ

図3 | ドラグライン

図4 | クラムシェル

2 揚重運搬機械

1 | クレーン

［1］クレーンとは、動力により荷をつり上げ（揚重）、水平方向に移動（運搬）することを目的とする建設機械である。

［2］屋外作業では、10分間の平均風速が10m/sを超える強風の場合およびその恐れがある場合は作業を中止し、転倒防止の措置をとる。

［3］瞬間風速が、30m/sを超える風が吹いた後のクレーン作業では、作業に先立ちクレーン各部を点検する。

試験概要と試験対策のポイント

施工経験記述

仮設・安全

躯体施工

仕上施工

学科記述解説

施工管理

法規

過去問題と解答

試験概要と試験対策のポイント

施工経験記述

仮設・安全

躯体施工

仕上施工

学科記述解説

施工管理

法規

過去問題と解答

[4] 重量物をつり上げる場合、地切り後に一旦巻き上げを停止して機械の安定や荷崩れの有無を確認する。

[5] クレーンの定格荷重とは、つり上げ荷重からフックやクラブバケットなどのつり具の重量に相当する荷重を除いた荷重をいう。

図5 | トラッククレーン

a) トラッククレーン 図5

① トラック台車にクレーンが搭載されており、トラック部（走行部）とクレーン部（旋回部）のそれぞれに運転席が設けられており、機動性に優れ、高速での長距離移動に適している。

② トラッククレーンにおける最も荷重がかかるアウトリガーには、自重と荷物重量の合計の75%がかかると考える。

③ 機械式トラッククレーンとは、ブームがラチス構造になっているものである。中間のラチスは現場まで別に運ばれるため、組立解体のスペースが必要になる。

④ トラッククレーンの機械式ブームは、基本ブームの間に継ブームを挿入して必要な長さにするのに対し、油圧式ブームは箱型で、油圧シリンダーにより伸縮させるためブームの伸縮が容易である。

図6 | クローラークレーン

b) クローラークレーン 図6

① 走行部にクローラー（キャタピラ）を巻き、台車にクレーンを搭載し、上部の旋回部分には運転席・原動機および巻上げ装置が設置されている。

② 走行速度は遅いが安定性に優れ、整地されていない場所や軟弱地盤等の悪路走行が可能である。

③ 機動性は高いが、つり上げ荷重においてはトラッククレーンに劣る。

④ 直ブーム式とタワー式を比較すると 図7 、ブーム下のふところが大きく、建物に接近しての作業が可能なのはタワー式である。

図7 | 直ブーム式とタワー式

c) ホイールクレーン（ラフテレーンクレーン） 図8

① 走行とクレーンの操作を1つの運転席で行うことができ、ゴムタイヤで自走し、狭い場所での作業も可能で機動性に優れる。

② 作業時の安定性を確保するために、アウトリガーを装備したものや、前輪に鉄輪を装着したものなどがある。

図8 | ホイールクレーン

d）タワークレーン 図9

① 高層ビルなど、高揚程で比較的大質量の荷のつり上げに用いられる。

② ブームの先端が60m以上の高さとなる場合は、航空障害灯を設置する。

③ 起伏式タワークレーン 図10 は、高揚程で大質量の揚重運搬が可能で、起伏ジブ（荷をつるための腕状のもの）の傾斜角を変えることにより作業半径を自在に変えることができる。

④ 水平式タワークレーン 図10 は、水平なジブに取り付けたトロリーにより、つり荷の水平移動を行い、安定性および作業効率に優れているが、重量物をつるには適していない。海外では多いが日本では比較的少ない。

図9 ┃ タワークレーン

2｜ロングスパン工事用エレベーター 図11

[1] 数名の人員と長尺物の材料の運搬が可能である。

[2] 昇降速度は10m／min以下とする。

3｜建設用リフト 図12

[1] 荷物のみを運搬することを目的としたリフトのこと。

[2] 建設用リフトの停止階では、荷の積卸口に遮断設備を設ける。

[3] 建設用リフトの運転者を、機器を上げたまま運転位置から離れさせてはならない。

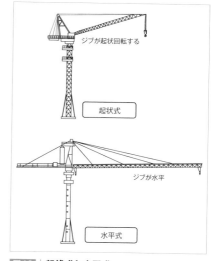

図10 ┃ 起伏式と水平式

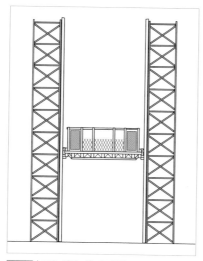

図11 ┃ ロングスパン工事用エレベーター

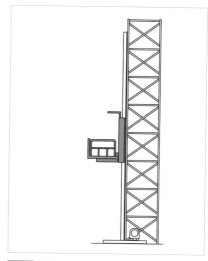

図12 ┃ 建設用リフト

試験概要と試験対策のポイント

施工経験記述

仮設・安全

躯体施工

学科記述解説

仕上施工

施工管理

法規

過去問題と解答

試験概要と試験対策のポイント

施工経験記述

仮設・安全

躯体施工

仕上施工

学科記述解説

施工管理

法規

過去問題と解答

3　地盤転圧機械

[1]　ロードローラー 図13 とは、ローラーを用いて地盤を締め固める建設機械である。

[2]　タイヤローラー 図14 とは、ロードローラの一種で、複数のゴムタイヤを前後に配置した締め固め機械で、砂質土の締め固めに適しており、機動性に優れている。

図13 ｜ **ロードローラー**

図14 ｜ **タイヤローラー**

4　その他の建設機械

[1]　ブルドーザーは、地盤の掘削、整地および押土や土砂の運搬等に用いられる。

[2]　ブルドーザーの平均接地圧は、全装備質量が同等の場合、湿地用ブルドーザーは標準のブルドーザーの約半分程度となる。

[3]　ミキサー車 図15 は、荷台にミキシングドラムを装備した車両で、プラントから工事現場までの走行中でもコンクリートを攪拌しながら運搬できる。ミキサー車の最大積載量の総重量は、最大混合容量が4.5m³の場合、約20tとなる。

[4]　ポンプ車 図16 は、ミキサー車により運搬されたフレッシュコンクリートを、荷台に装備されたポンプにより型枠内に圧送する車両である。

図15 ｜ **ミキサー車**

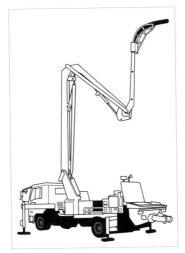

図16 ｜ **ポンプ車**

「躯体施工」における「穴埋め問題」の解答と考え方

試験概要と試験対策のポイント

施工経験記述

仮設・安全

躯体施工

仕上施工

学科記述解説

施工管理

法規

過去問題と解答

● 以前は、3つの語句のうち、最も不適当な語句を探し出し適当な語句を記入する「語句訂正問題」が出題されていたが、最近は「穴埋め問題」が「5肢1択問題」として出題されており、記述式であった以前よりは、難易度は下がった。

● ただし、一般的な選択式問題とは異なり、3つの空欄に当てはまる選択肢が各々2個あり、その5通りの組み合わせの中から正しい1つを選ぶといった設問になっている。

● 可能な8通りの組み合わせの中から、5通りが出題されているため、3つの空欄すべてに正解できなくても、2つの正解のみで、正答肢にたどり着ける問題も存在している。

● 現場経験や建築の専門知識が豊富で、語句や数値を正確に記憶できていればまったく問題はないのだが、そうでない場合に、あきらめずに、いかにして正答肢に迫り、より多くの得点を獲得できるかを考えてみる。この粘りこそが、ボーダーラインを超えて合格へ至るうえでの必須条件となる。

問題 →
令和4年
問題5

次の 1.から 8.の各記述において、◻◻◻に当てはまる最も適当な語句又は数値の組合せを、下の枠内から1つ選びなさい。

---

1. 地盤の平板載荷試験は、地盤の変形及び支持力特性を調べるための試験である。

試験は、直径 ◻a◻ cm以上の円形の鋼板にジャッキにより垂直荷重を与え、載荷圧力、載荷時間、◻b◻ を測定する。

また、試験結果により求められる支持力特性は、載荷板直径の1.5 〜 ◻c◻ 倍程度の深さの地盤が対象となる。

	a	b	c
①	30	載荷係数	2.0
②	30	沈下量	2.0
③	20	載荷係数	3.0
④	20	沈下量	3.0
⑤	30	沈下量	3.0

解答｜② （092ページ参照）

地盤調査の一種である平板載荷試験に関する設問である。平板載荷試験の載荷板寸法が直径「30」cm以上、厚さ25mm以上であること、および、試験結果により求められる支持力特性の対象は、載荷板直径の1.5〜「2.0」倍程度の深さの地盤であることは、専門的知識が必要であるが、垂直の荷重を与え、測定する対象に「沈下量」が入ることは、優に想像できるであろう。すると5択は3択となり、正答率も高くなる。

試験概要と試験対策のポイント

施工経験記述

仮設・安全

躯体施工

仕上施工

学科記述解説

施工管理

法規

過去問題と解答

2. 根切りにおいて、床付け面を乱さないため、機械式掘削では、通常床付け面上30〜50cmの土を残して、残りを手掘りとするか、ショベルの刃を **a** のものに替えて掘削する。

床付け面を乱してしまった場合は、礫や砂質土であれば **b** で締め固め、粘性土の場合は、良質土に置換するか、セメントや石灰等による地盤改良を行う。

また、杭間地盤の掘り過ぎや掻き乱しは、杭の **c** 抵抗力に悪影響を与えるので行ってはならない。

	a	b	c
①	平状	水締め	水平
②	爪状	水締め	鉛直
③	平状	転圧	水平
④	爪状	転圧	水平
⑤	平状	転圧	鉛直

解答｜③（097ページ参照）

根切りに関する設問である。根切りでは床付け面を乱さないことが重要なので、ショベルの刃は当然「平状」のものを選択する。「水締め」は、埋め戻しの際に行うものであり、根切りでは「転圧」が正しい。杭間地盤というのは、杭と杭の間の地盤のことなので、杭の「鉛直」抵抗力ではなく「水平」抵抗力に悪影響を与えることは理解できよう。

- -

3. 場所打ちコンクリート杭地業のオールケーシング工法において、地表面下 **a** m程度までのケーシングチューブの初期の圧入精度によって以後の掘削の鉛直精度が決定される。掘削は **b** を用いて行い、一次スライム処理は、孔内水が多い場合には、**c** を用いて処理し、コンクリート打込み直前までに沈殿物が多い場合には、二次スライム処理を行う。

	a	b	c
①	10	ハンマーグラブ	沈殿バケット
②	5	ハンマーグラブ	沈殿バケット
③	5	ドリリングバケット	底ざらいバケット
④	10	ドリリングバケット	沈殿バケット
⑤	5	ハンマーグラブ	底ざらいバケット

解答｜①（105ページ〜参照）

オールケーシング工法に関する設問である。オールケーシング工法の掘削方式は「ハンマーグラブ」、孔内水が多い場合の一次スライム処理は「沈殿バケット」といった知識は、一次検定時に学んだと思うが、掘削の鉛直精度が、どの程度の深さまでのケーシングチューブの圧入精度で決まるかは知らない人も多いと思う。難易度の高い設問である。

- -

試験概要と試験対策のポイント

施工経験記述

仮設・安全

躯体施工

仕上施工

学科記述解説

施工管理

法規

過去問題と解答

4. 鉄筋のガス圧接を手動で行う場合、突き合わせた鉄筋の圧接端面間の隙間は [a] mm 以下で、偏心、曲がりのないことを確認し、還元炎で圧接端面間の隙間が完全に閉じるまで加圧しながら加熱する。

圧接端面間の隙間が完全に閉じた後、鉄筋の軸方向に適切な圧力を加えながら、[b] により鉄筋の表面と中心部の温度差がなくなるように十分加熱する。

このときの加熱範囲は、圧接面を中心に鉄筋径の [c] 倍程度とする。

	a	b	c
①	2	酸化炎	3
②	2	酸化炎	2
③	2	中性炎	2
④	5	中性炎	2
⑤	5	酸化炎	3

解答 | ③ （114ページ参照）

鉄筋のガス圧接に関する設問である。鉄筋の圧接作業において、圧接端面間の隙間を「2」mm以下とすることは最重要項目であり、これは鉄筋径には関係しない。また、加熱方法は、密着するまでは「還元炎」で、密着後は「中性炎」により、圧接面を中心に鉄筋径の「2」倍程度の範囲を揺動加熱する。

----

5. 型枠に作用するコンクリートの側圧に影響する要因として、コンクリートの打込み速さ、比重、打込み高さ及び柱、壁などの部位の影響等があり、打込み速さが速ければコンクリートヘッドが [a] なって、最大側圧が大となる。

また、せき板材質の透水性又は漏水性が [b] と最大側圧は小となり、打ち込んだコンクリートと型枠表面との摩擦係数が [c] ほど、液体圧に近くなり最大側圧は大となる。

	a	b	c
①	大きく	大きい	大きい
②	小さく	小さい	大きい
③	大きく	小さい	大きい
④	小さく	大きい	小さい
⑤	大きく	大きい	小さい

解答 | ⑤ （115ページ〜参照）

型枠に作用するコンクリートの側圧に関する設問である。「コンクリートヘッド」とは、側圧を求める位置から上のコンクリートの打込み高さのことで、打込み速さが速ければ、コンクリートヘッドを「大きく」でき、型枠に作用する最大側圧は大きくなる。また、最大側圧が小となるのは、型枠(せき板)の材質の透水性または漏水性が「大きい」場合 (つまり水漏れ状態) であり、コンクリートと型枠表面との摩擦係数が「小さい」(つまり表面が滑らか)ほど、液体圧に近くなり(水に近くなり)最大側圧は大となる。問題をよく読み、落ち着いて考えれば正しい選択ができるはず。

試験概要と試験対策のポイント

施工経験記述

仮設・安全

躯体施工

仕上施工

学科記述解説

施工管理

法規

過去問題と解答

6. 型枠組立てに当たって、締付け時に丸セパレーターのせき板に対する傾きが大きくなると丸セパレーターの　a　強度が大幅に低下するので、できるだけ垂直に近くなるように取り付ける。

締付け金物は、締付け不足でも締付け過ぎでも不具合が生じるので、適正に使用することが重要である。締付け金物を締め過ぎると、せき板が　b　に変形する。

締付け金物の締付け過ぎへの対策として、内端太（縦端太）を締付けボルトとできるだけ　c　等の方法がある。

	a	b	c
①	破断	内側	近接させる
②	圧縮	外側	近接させる
③	破断	外側	近接させる
④	破断	内側	離す
⑤	圧縮	外側	離す

解答｜① （119ページ参照）

型枠組立てに関する設問である。締付け金具を締めすぎて、型枠が「外側」に変形するはずがなく、「内側」に変形するのは常識であろう。従って正答は①か④。また、内端太は鋼管製の骨組みで変形しにくいため、締付け過ぎへの対策としては、内端太と締付けボルトをできるだけ「近接させる」。従って正答肢は①。a「破断」が分からなくてもこの設問は正答できる。

---

7. コンクリート工事において、暑中コンクリートでは、レディーミクストコンクリートの荷卸し時のコンクリート温度は、原則として　a　℃以下とし、コンクリートの練混ぜから打込み終了までの時間は、　b　分以内とする。

打込み後の養生は、特に水分の急激な発散及び日射による温度上昇を防ぐよう、コンクリート表面への散水により常に湿潤に保つ。

湿潤養生の開始時期は、コンクリート上面ではブリーディング水が消失した時点、せき板に接する面では脱型　c　とする。

	a	b	c
①	30	90	直後
②	35	120	直前
③	35	90	直後
④	30	90	直前
⑤	30	120	直後

試験概要と試験対策のポイント

施工経験記述

仮設・安全

躯体施工

仕上施工

学科記述解説

施工管理

法規

過去問題と解答

解答｜③（115ページ〜参照）

暑中コンクリートに関する設問である。暑中コンクリートとは、日平均気温の平年値が25℃を超える期間に打込むコンクリートであるため、温度は「35」℃以下、打込み時間は「90」分以内とする。また、湿潤養生の開始時期は、せき板に接する面では当然、脱型「直後」とする。脱型「直前」に湿潤養生を開始したら、せき板の脱型はいつ行うことになるのか。ちょっと考えれば分かるであろう。

----

8. 鉄骨工事におけるスタッド溶接後の仕上がり高さ及び傾きの検査は、 a 本又は主要部材1本若しくは1台に溶接した本数のいずれか少ないほうを1ロットとし、1ロットにつき1本行う。

検査する1本をサンプリングする場合、ロットの中から全体より長いかあるいは短そうなもの、又は傾きの大きそうなものを選択する。

なお、スタッドが傾いている場合の仕上がり高さは、軸の中心でその軸長を測定する。

検査の合否の判定は限界許容差により、スタッド溶接後の仕上がり高さは指定された寸法の± b mm以内、かつ、スタッド溶接後の傾きは c 度以内を適合とし、検査したスタッドが適合の場合は、そのロットを合格とする。

	a	b	c
①	150	2	5
②	150	3	15
③	100	2	15
④	100	2	5
⑤	100	3	5

解答｜④（122ページ〜参照）

スタッド溶接の検査に関する設問である。検査基準には管理許容差と限界許容差とがあり、管理許容差の方が厳しいが、スタッド個々の製品の合否判定値としては、限界許容差が基準値となっている。仕上がり高さは±「2」mm以内、溶接後の傾きは「5」度以内。試験ロットは「100」本ごとおよびその端数について構成する。

3　仕上施工

POINT
出題傾向と
ポイント

- 「仕上施工」からの出題は、施工上の留意事項を記述する「記述式問題」と、3つの語句のうち、最も不適当な語句を探し出し適当な語句を記入する「語句訂正問題」とが交互に出題されてきたが、令和3年からは「語句訂正問題」または「穴埋め問題」が五肢一択の「選択問題」として出題されている。
- 過去の出題傾向をみると、奇数年度（平成・令和）は「語句訂正問題」、偶数年度（平成・令和）は「記述式問題」が出題されているため、令和6年度（2024年度）は「記述式問題」が出題される可能性が極めて高い。「躯体施工」とは逆となっている。
- いずれにせよ、第一次検定の四肢一択問題とは異なり、各種工事に対する正確な技術知識を十分に理解する必要がある。

CHECK
第二次検定
の出題内容

凡例：● …語句訂正問題（回答記入式）、◑ …語句訂正問題（回答選択式）または穴埋め問題（回答選択式）、● …記述式問題

分野		H20	H21	H22	H23	H24	H25	H26	H27	H28	H29	H30	H30(臨時)	R1	R2	R3	R4	R5
防水工事	アスファルト防水のコンクリート下地の確認事項		●															
	アスファルトルーフィングの張り付け	●							◑		◑		●					
	アスファルト防水保護層の施工										◑						●	
	アスファルト防水絶縁用シートの施工										◑							
	ルーフドレンの施工				●													
	改質アスファルトシート防水の施工				●											◑		
	合成高分子系ルーフィングの施工															◑		
	塗膜防水の施工							●										
	絶縁シートの施工								◑									
	外部建具まわりのシーリング材					●												
	バックアップ材					●												
石工事	内壁空積工法の施工				●													
タイル工事	密着張りの施工								●									
	ユニットタイルの施工							●						◑	◑			
	改良圧着張りの施工			●			●											◑
	剥落防止用引金物					●												
	タイル張り替え工法																	
	引張接着強度検査								◑									◑
	接着剤張りの施工										◑				◑			
	タイル品質の検査表									◑								
屋根工事	長尺金属板（屋根）の加工																	◑
	折板葺き屋根の施工								●									◑
	金属重ね形折板葺きの施工									◑								
	金属板葺きの下葺きの施工																	
金属工事	軽量鉄骨壁下地の施工																	◑
	軽量鉄骨天井下地の施工									◑								◑
	金属手すりの施工																	
	金属笠木の施工												◑					
左官工事	壁モルタル塗りの施工	●						◑										
	吸水調整材の施工			●														
	床コンクリート直均し仕上げの施工													◑				
	セルフレベリング床材					●			◑									
	内外装仕上塗材の施工								◑		◑			◑			◑	
建具工事	アルミニウム製建具の取り付け	●																
	鋼製建具の取り付け																◑	
	防煙シャッターの構造		●															
	構造ガスケット構法		●															
	大きい板ガラスの取り付け後の留意事項																	
	ステンレス製建具の加工										◑							

平成30年度は、1級建築施工管理技術検定 実地試験と1級建築士の製図試験が重なったため、両方を受検する者を対象に臨時試験が実施されたため、2回試験が行われている。

凡例：●…語句訂正問題(回答記入式)、○…語句訂正問題(回答選択式)または穴埋め問題(回答選択式)、●…記述式問題

分野		H20	H21	H22	H23	H24	H25	H26	H27	H28	H29	H30	H30 (臨時)	R1	R2	R3	R4	R5
塗装工事	塗装工事における素地ごしらえ			●				●		●				●			●	
	塗装作業における安全衛生上の注意							●										
	アクリル樹脂系非水分散形塗料									●								
内装工事	石膏ボードの直張り工法						●				●							
	軽量鉄骨下地への石膏ボードの取り付け		●															
	石膏ボードの遮音性能の確保																	
	ロックウール化粧吸音板の施工				●				●					●				
	壁装材料の防火性能																	
	石膏ボード下地壁紙直張り工法						●											
	ビニル床シートの張り付け					●						●						
	カーペットの敷き込み方法				●													
	フリーアクセスフロア下地への タイルカーペットの張り付け						●			●							●	
	フローリング釘留め工法	●						●								●		
その他の工事	ALCパネルの横張り施工						●											
	押出成形セメント板の耐火性能																	
	コンクリートひび割れ部への樹脂注入工法			●											●			
	PCカーテンウォールのファスナー形式														●			
	硬質ウレタンフォーム吹付け工法													●				

3-1　防水工事

重要 ▸▸▸▸

- 「防水工事」からの出題頻度は高い。特にアスファルトルーフィング、シーリング材等に関して、過去に複数回出題されている。

1　アスファルト防水

アスファルトプライマーを下地処理剤として塗った上に、溶融アスファルトとアスファルトルーフィング類を交互に重ねて防水層としたものである。

[1] 密着工法とは、下地面に防水層を完全に密着させる工法で、屋上防水や室内防水などで多用される。

[2] 絶縁工法とは、防水層を下地に密着させない工法で、一般部は部分接着、立上り部や周辺部は密着張りとする。

[3] 絶縁工法 **図1** は、防水層の最下層に穴あきルーフィングを用い、下地のひび割れや継目の挙動による防水層の破断を防ぐことができる。

memo ▸▸▸▸

- 絶縁工法といっても、穴あきルーフィングの穴から出たアスファルトで、下地と部分的には接着されている。

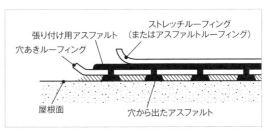

図1 絶縁工法

試験概要と試験対策のポイント
施工経験記述
仮設・安全
躯体施工
仕上施工
学科記述解説
施工管理
法規
過去問題と解答

試験概要と試験対策のポイント

施工経験記述

仮設・安全

躯体施工

仕上施工　学科記述解説

施工管理

法規

過去問題と解答

[4] 下地に水分が残っていると、後にふくれの原因となるため、下地の乾燥状態を、目視、経過日数、高周波水分計等により確認する。

[5] 下地の出隅では面取り、入隅部はモルタル等で三角形または丸面を取る。

[6] 下地には設計仕様による水勾配(1/50〜1/100)を確実に付ける。

[7] 平場では、千鳥張り工法とする。継目は縦横とも100mm以上重ね合わせて、水下側のルーフィングが下になるように張り付ける。ただし、絶縁工法の場合の砂付き穴あきルーフィングでは、絶縁面である砂付き面が下向きになるようにして突き付け張りとする。

memo >>>>

- 防水材を水下から張るのは防水工事の基本中の基本。水上から張ったのでは、水が防水層の継ぎ目から中に入り込んでしまう。

[8] 環境対応低煙低臭型防水工事用アスファルトの溶融温度の上限は、溶融粘度が低いことと煙の発生を抑制するため、240℃とされている。

[9] 出隅・入隅および立ち上りの出隅・入隅には、幅300mm以上のストレッチルーフィングを増張りする。ただし、絶縁工法における出隅・入隅には幅700mm以上のストレッチルーフィングを用いて平場部分に500mm以上掛けて増張りする。さらに100mm程度の重ね合わせをとって平場の砂付き穴あきルーフィングに張り付ける 図2 、図3 。

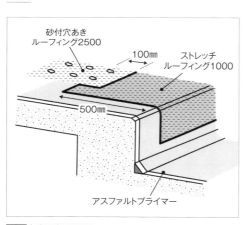

図2 | **出隅部増張り**

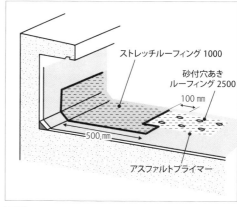

図3 | **入隅部増張り**

[10] スラブの打継ぎ箇所やひび割れ箇所は、幅50mm程度の絶縁テープを張り付け、その上に幅300mm以上のストレッチルーフィングを増張りする。

[11] 屋根にPCa板を使用する場合、PCa板の継手目地部は、両側のPCa板に100mm程度ずつかかる幅のストレッチルーフィングを用いて、絶縁増し張りをする。

[12] 保護コンクリートに用いる成形伸縮目地材の目地幅は25mm程度とし、目地はパラペットなどの立上りから600mm程度離したところから約3mピッチで割り付ける。

[13] 保護コンクリートは、80mm以上の厚さとし、亀裂防止のため溶接金網を敷き込む。

EXERCISE
過去問題
平成30年
問題4-1

次の問いに答えなさい。

● 屋上アスファルト防水工事において、平場部にアスファルトルーフィング類を張り付ける場合の、施工上の留意事項を2つ具体的に記述しなさい。

ただし、下地および増張りに関する記述は除くものとする。

※ 本問題には1〜4までの4つの設問があるが、ここでは〔設問1〕だけを解説するため、2〜4の設問は省略している。

解答と考え方

「**1｜アスファルト防水**」(141〜142ページ) のうち、平場への張り付けに関する留意事項だけを2つ記せばよい。以下から2つ選んで記述する。

〔1〕平場では、千鳥張り工法とする。

〔2〕継目は縦横とも100mm以上重ね合わせる。

〔3〕重ね合わせは、水下側のルーフィングが下になるように張り付ける。

〔4〕絶縁工法の場合の砂付き穴あきルーフィングでは、絶縁面である砂付き面が下向きになるようにして突き付け張りとする。

● 設問に増張りに関する記述は除くとあるため、ストレッチルーフィングに関する留意事項は記述しない。

EXERCISE
過去問題
令和4年
問題4-1

次の問いに答えなさい。

● 屋上保護断熱工法における保護層の平場部の施工上の留意事項を2つ、具体的に記述しなさい。

なお、防水層はアスファルト密着工法とし、保護層の仕上げはコンクリート直均し仕上げとする。

※ 本問題には1〜4までの4つの設問があるが、ここでは〔設問1〕だけを解説するため、2〜4の設問は省略している。

解答と考え方

「**1｜アスファルト防水**」(141〜142ページ) のうち、保護層の平場部に関する留意事項を2つ選んで記せば良い。以下から2つ選んで記述する。

〔1〕保護層のコンクリートは、仕上げがこて仕上げの場合、厚さ80mm以上とする。

〔2〕保護層に用いる伸縮調整目地は、立ち上がり面から600mm程度離し、中間部は縦横間隔3,000mm程度とする。

〔3〕保護層のコンクリートの中には、重ねが一節半以上、かつ、150mm以上となるように溶接金網を敷き込む。

〔4〕伸縮調整目地は、成形伸縮目地材を用い、保護コンクリートの上から下まで通し、周辺の立上り部まで到達させる。

試験概要と試験対策のポイント

施工経験記述

仮設・安全

躯体施工

仕上施工 学科記述解説

施工管理

法規

過去問題と解答

2 改質アスファルトシート防水

1│トーチ工法

トーチ工法は改質アスファルトのもつ優れた特性に加えて、アスファルトの溶融釜が不要、周辺環境への影響が少ないなど施工性がよい。

[1] 改質アスファルトシートの張り付けは、裏面および下地をトーチバーナーであぶり、改質アスファルトを十分溶融させ張り付ける。

[2] 改質アスファルトシート相互の重ね幅は、縦横とも100mm以上とする。

[3] 改質アスファルトシートの重ね部は、砂面をあぶり、砂を沈めて重ね合わせる。

[4] 平場の張り付けにおいて、シートの3枚重ね部は、水みちにならないように、中間の改質アスファルトシート端部を斜めにカットする 図4。

[5] シートの張り付けに先立ち、立上り部の出入隅部に200mm角程度の増張り用シートを張り付ける。

[6] 出隅・入隅の処理は、出隅は小さな面を取り、入隅は直角とする。

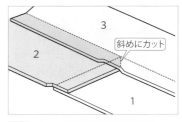

図4 │ シートの3枚重ね部の納まり

2│常温粘着工法

常温粘着工法は、火や接着剤を使用しないため、周辺環境への影響が少ないなど施工性が非常によい。

[1] 粘着層付改質アスファルトシートの張り付けは、シートの裏面の剥離紙（フィルム）等をはがしながら、転圧ローラーなどで平均に押し広げて転圧し密着させる。

[2] 粘着層付改質アスファルトシート相互の重ね幅は、縦横とも100mm以上とする。

[3] 断熱材の上が、絶縁工法となる場合、立上がり際の平場部500mm程度は、防水層の1層目に粘着層付改質アスファルトシートを張り付ける。

3 合成高分子系シート防水

厚さ1.2～2.5mmの薄い合成高分子ルーフィングを接着材を用いて、ルーフィング相互および下地と全面的に一体化させて防水層を形成する。

[1] 加硫ゴム系ルーフィングシート相互の接着には接着剤を用い、テープ状シール材を併用して張り付ける。

[2] シートの張り付けは、接着剤の適切な施工可能時間範囲内に、できるだけシートに引張りを与えずに、しわのできないよう注意して行う。

[3] 塩化ビニル樹脂系ルーフィングシート相互の接着には、熱融着またはテトラヒドロフラン系の溶着剤を用い、ルーフィングシートを溶かして接合する。

[4] 出隅・入隅の処理は、出隅は小さな面を取り、入隅は直角とする。

試験概要と試験対策のポイント

施工経験記述

仮設・安全

躯体施工

仕上施工

学科記述解説

施工管理

法規

過去問題と解答

表1 | ルーフィングの接合幅

種類	長手方向	幅方向	立上り部	接合方法
加硫ゴム系	100mm以上	100mm以上	150mm以上	接着剤による接合（テープ状シール材併用）
塩化ビニル樹脂系	40mm以上	40mm以上	40mm以上	溶着剤または熱融着（液状またはひも状シール材併用）

memo >>>>
- 加硫ゴム系は接着剤、塩化ビニル樹脂系は熱融着により接合する。

4　塗膜防水

屋根用塗膜防水材を塗り重ねて連続的な膜を構成し防水層としたものである。ウレタンゴム系塗膜防水が代表的である。

［1］ウレタンゴム系塗膜防水材の塗り継ぎの重ね幅は100mm以上、補強布の重ね幅は50mm以上とする。

［2］通気緩衝工法において、立上り部の補強布は、平場の通気緩衝シートの上に100mm張り掛けて防水材を塗布する。

［3］通気緩衝工法において、防水層の下地から水蒸気を排出するための脱気装置は、50〜100m²に1カ所の割合で設置する。

［4］出隅・入隅の処理は、出隅は小さな面を取り、入隅は直角とする。

memo >>>>
- 入隅の処理は、アスファルト防水では大きな面取り、シート防水・塗膜防水では直角とし面は取らない。

［5］鉄筋コンクリート造の地下外壁の外防水等に用いられるゴムアスファルト系塗膜防水には、専用吹付機を用いて、ゴムアスファルトエマルションと凝固剤を同時に吹き付けて、凝固、硬化を促進させ防水層を形成させるものがある。

5　シーリング工事

［1］プライマーは、目地に充填されたシーリング材と被着体とを強固に接着し、シーリング材の機能を長時間維持させるために用いられる。

［2］ノンワーキングジョイントとは、ムーブメントが小さい目地のことで3面接着とする。

［3］コンクリートの打継目地や亀裂誘発目地は、ノンワーキングジョイントとする。

［4］ワーキングジョイントとは、ムーブメントが大きい目地のことで2面接着とする。

［5］金属パネルやALCパネル等の目地は、ワーキングジョイントとする。

［6］バックアップ材は、ワーキングジョイントにおけるシーリング材の3面接着の回避、目地深さの調整、目地底の形成を目的として用いられる。

［7］ボンドブレーカーは、目地が浅い場合に、ワーキングジョイントにおけるシーリング材の3面接着を回避するために目地底に設けるテープ状の材料である。

表2 | シーリングの働き

名称	特色		絶縁材	用途
ワーキングジョイント	2面接着ムーブメント大	![シーリング材の図 接着面 絶縁材]	バックアップ材ボンドブレーカー（テープ状）	金属パネル目地ALCパネル目地PCaパネル目地
ノンワーキングジョイント	3面接着ムーブメント小	![シーリング材の図 接着面]	—	コンクリート打継目地コンクリート亀裂誘発目地建具取り付け目地

memo ▶▶▶▶

> ●バックアップ材・ボンドブレーカーともに3面接着の回避を目的とする。

[8] シリコンテープは、シリコーン系・変性シリコーン系以外のシーリング材用のボンドブレーカーとして使用する。

[9] 一般的には、気温15〜25℃、湿度80%未満で晴天・無風状態で施工することが望ましい。

[10] シーリング材の充填は、目地の交差部あるいは角部から行う **図5**。

[11] シーリング材の打継ぎは、目地の交差部あるいは角部を避け、そぎ継ぎとする **図6**。

図5 | **コーナーや交差部分のシーリング材充填の順序**

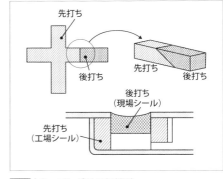

図6 | **シーリング材の打継ぎ**

memo ▶▶▶▶

> ●シーリングは、打始めは交差部あるいは角部から、打継ぎは交差部あるいは角部を避ける。

[12] マスキングテープは、プライマーの塗布前に張り付け、目地縁をきれいに仕上げるために、シーリング材の表面仕上直後に除去する。

[13] ALCパネルなど被着体の表面強度が低い場合の目地には、ALCパネルが破損することのないよう、低モジュラスのシーリング材を用いる。

[14] シリコン系シーリングには、基本的にシリコン系のみ後打ち可能であり、変性シリコン系シーリングの後打ちも不可である。

[15] ポリサルファイド系シーリングには、変性シリコン系シーリング等が後打ち可能である。

[16] 2成分系シーリング材の基剤および硬化剤の配合割合は、製造所の指定するものとする。

[17] 2成分系シーリング材は、機械練り混ぜを原則とし、空気を巻き込まないようにして、均質になるまで十分撹拌する。

[18] 2成分系シーリング材の練り混ぜは、可使時間に使用できる量で、かつ1缶単位で行う。

6 その他

[1] ルーフドレンは、下地、設置箇所および防水種別に応じた所定の管径のものを用い、防水層の張りかけ幅および塗りかけ幅が100mm程度以上確保できる形状とする。

[2] 防水下地がコンクリートの場合は、ルーフドレンはコンクリート打設前に先付けすることを原則とする。

[3] ルーフドレンの取り付けに際しては、ルーフドレンのつばの先端レベルを周辺コンクリート天端より30~50mm下げ、コンクリート打設時の天端均しでドレンに向かって斜めにすりつけを行う。

memo >>>>
- ルーフドレン（雨水排水口）は、水の流れに逆らわないように、コンクリート天端より下げて設置すること。

EXERCISE
過去問題
平成24年
問題4-1

次の1から4の問いに答えなさい。ただし、留意事項は、それぞれ異なる内容の記述とし、材料の保管、作業環境（気象条件）、安全に関する記述は除くものとする。

● 鉄筋コンクリート造建物のアルミサッシの枠回り目地に、2成分変成シリコーン系シーリング材を充填するときの施工上の留意事項を2つ具体的に記述しなさい。

ただし、被着面の確認および清掃、充填後の養生に関する記述は除くものとする。

※ 本問題には1~4までの4つの設問があるが、ここでは〔設問1〕だけを解説するため、2~4の設問は省略している。

解答と考え方

「5｜シーリング工事」（145~146ページ）のうち、2成分変成シリコーン系シーリング材に関する留意事項だけを2つ記せばよい。以下から2つ選んで記述する。

[1] 2成分系シーリング材の基剤および硬化剤の配合割合は、製造所の指定するものとする。

[2] 2成分系シーリング材は、機械練り混ぜを原則とし、空気を巻き込まないようにして、均質になるまで十分攪拌する。

[3] 2成分系シーリング材の練り混ぜは、可使時間に使用できる量で、かつ1缶単位で行う。

● シーリング材の充填と打継ぎについては、2成分形も1成分形と共通部分が多いため、できれば2成分形特有の事項を記述するのが望ましい。このような化学的、薬品的要素の強い材料は、「製造業者の指定する時間内」とか「製造業者の指定する配合割合」というのがキーワードとなる。

試験概要と試験対策のポイント

施工経験記述

仮設・安全

躯体施工

仕上施工

学科記述解説

施工管理

法規

過去問題と解答

試験概要と試験対策のポイント

施工経験記述

仮設・安全

躯体施工

仕上施工　学科記述解説

施工管理

法規

過去問題と解答

3-2 石工事

●「石工事」は、最近の出題頻度はあまり高くないが、各種工法の概要を理解する必要がある。

1 石の裏面処理

[1] 石裏面処理材とは、ぬれ色および白華の防止を目的として、湿式工法で石裏面に塗布されるものである。

[2] 裏打ち処理材とは、石材が衝撃を受けた場合の飛散・脱落防止を目的とした繊維補強タイプで、乾式工法等に採用される。また石材の荷重受け等のために、裏面に石材を樹脂で張り付けて補強する力石のようなものも含まれる。

●石裏面処理材と裏打ち処理材とでは、名前は似ているが使用目的が異なる。

2 外壁湿式工法 図1

石材を引き金物と取付モルタルで固定した後、裏込めモルタルを石裏全面にすき間なく充填する工法である。小規模の中層建築(高さ10m以下程度)で使用される。

[1] 経済的であり、外部からの衝撃に対して強い。

[2] 石材の厚さは、25mm以上とする。

[3] 2日に1段しか施工できず、工期が長くなる。

[4] 白色系大理石の裏込めモルタルには、大理石は透けてしまうため白色セメントを使用する。

[5] 引き金物用の穴は、石材の上端の横目地合端に2カ所、両端部より100mm程度の位置に設ける。

[6] だぼ用の穴は、石材の上端の横目地合端に2カ所、両端部より150mm程度の位置に設ける。

[7] 下地は、埋込みアンカーを縦横400mm程度(屋内は600mm程度)の間隔であらかじめ躯体に打込み、これに縦流し筋を溶接し、石材の横目地位置に合わせて横流し筋を溶接する。

[8] 下地の鉄筋の溶接箇所には、錆止め塗料を塗布する。

[9] 一般目地幅は6mm以上とする。

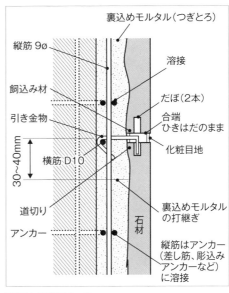

図1 外壁湿式工法

3 内壁空積工法

内壁用石材を空積工法で高さ4m以下の内壁に取り付ける工法。

[1] 石材の厚さは20mm以上とする。

[2] 取り付け代は40mmを標準とする。

[3] 一般部の取り付けは、下段の石材の横目地あいばに取り付けただぼに合わせて目違いのないように据え付け、上端をステンレス製の引き金物で緊結する。

[4] 引き金物と下地の緊結部分は、石裏と下地面との間に50×100mm程度にわたって取付用モルタルを充填する。

[5] 幅木裏には全面に、また幅木のない場合は最下部の石裏に、高さ100mm程度まで裏込めモルタルを詰めて固定し取り付ける。

[6] 一般目地幅は6mm以上とする。

4 乾式工法 図2

石材を1枚ごとにステンレス製のファスナーで保持する工法。

[1] 躯体の変形の影響を受けにくい。

[2] 白華現象、凍結による被害を受けにくい。

[3] 工期短縮が図れる。

[4] 石材の厚さは、30mm以上とする。

[5] 石材の最大寸法は、幅および高さ1200mm以下、かつ面積は0.8m²以下とする。

[6] だぼ用の穴は、石材の上端の横目地合端に2カ所、両端部より1／4程度の位置に設ける。

[7] だぼ用の穴は、石材の板厚方向の中央とする。30mm厚なら中心は15mmの位置。

[8] 一般目地幅は8〜10mm以上とする。

[9] スライド方式のファスナーに設けるだぼ用の穴は、外壁の面内方向のルーズホールとする。

[10] 幅木部分は、下端をモルタルで固定し、上端を引き金物で下地に緊結してモルタルを充填する。

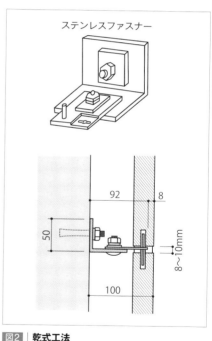

図2 | 乾式工法

試験概要と試験対策のポイント

施工経験記述

仮設・安全

躯体施工

仕上施工 学科記述解説

施工管理

法規

過去問題と解答

試験概要と試験対策のポイント

施工経験記述

仮設・安全

躯体施工

仕上施工 学科記述解説

施工管理

法規

過去問題と解答

3-3 タイル工事

- 「タイル工事」は、最近の出題頻度はあまり高くないが、各種工法の概要および試験・検査内容を理解する必要がある。

---

[1] タイル検査において、形状、色合い、吸水率、耐凍害性、曲げ強度、欠陥の有無等の品質管理検査表を提出し、工事監理者の承認を受ける。

[2] 伸縮調整目地は、水平・垂直とも3〜4m以内に設け、躯体の亀裂誘発目地と同じ位置にする。

[3] まぐさなど剥落の恐れが大きい箇所に、小口タイル（W108mm×H60mm）以上の大きさのタイルを張る場合、剥落防止用引金物として、径が0.6mm以上のなましステンレス鋼線をタイルに取り付け、引金物を張付モルタルに塗り込む。

- 小口タイル以上の取り付けに使用する引金物はなましステンレス鋼線であり、焼きなまし鉄線を用いるのは鉄筋の結束である。

---

[4] 張り付け後は、必要に応じて受木を添えて24時間以上支持する。

[5] 打診検査は、モルタルおよび接着剤の硬化後、打診用テストハンマーを用いて全面にわたり行う。

[6] 接着力試験は、目地部分を下地のコンクリート面まで切断し、周囲と絶縁して実施する。

[7] 試験体の個数は、100m²およびその端数につき1個以上、かつ全体で3個以上とする。

[8] 接着力は、引張接着強度が0.4N/mm²以上の場合を合格とする。

EXERCISE
過去問題
平成30年
（臨時）
問題4-4

次の問いに答えなさい。

- 外部下地モルタル面に二丁掛タイルを密着張りとする場合の、施工上の留意事項を2つ具体的に記述しなさい。
 ただし、下地清掃、張付モルタルの調合、タイルの割り付けおよびタイル面洗いに関する記述は除くものとする。
※ 本問題には1〜4までの4つの設問があるが、ここでは〔設問4〕だけを解説するため、1、2、3の設問は省略している。

解答と考え方
「1｜**密着張り工法（ヴィブラート工法）**」のうち、張り付けに関する留意事項だけを2つ記せばよい。
以下から2つ選んで記述する。
[1] モルタルの塗り付け面積は、2m²程度で、20分以内にタイルを張り終える面積とする。
[2] タイルは上部より下部へと張り、一段置きに張った後、その間を埋めるように張る。
[3] 張付モルタルの塗り厚は5〜8mm程度とし、2度塗りとする。
[4] タイル張り用振動機（ヴィブラート）による加振は、張付モルタルがタイルの周囲から目地部分に盛り上がる状態になるまで行う。
[5] 目地深さはタイル厚の1/2以下とする。

- できれば、密着張り工法の特徴であるタイル張り用振動機についての記述を含むのが望ましい。

●外壁タイル張り面積が150m²の場合の試験体の個数は、150／100＝1.5≦2個、かつ全体で3個以上なので3個となる。

1 密着張り工法（ヴィブラート工法）図1（152ページ）

［1］ タイル張り用振動機（ヴィブラート）を用いて、下地面に塗った張付モルタルに埋め込むように密着させ張り付ける工法。

［2］ モルタルの塗り付け面積は、2m²程度で、20分以内にタイルを張り終える面積とする。

［3］ タイルは上部より下部へと張り、一段置きに張った後、その間を埋めるように張る。

［4］ 張付モルタルの塗り厚は5〜8mm程度とし、2度塗りとする。

［5］ タイル張り用振動機による加振は、張付モルタルがタイルの周囲から目地部分に盛り上がる状態になるまで行う。

［6］ 目地深さはタイル厚の1／2以下とする。

2 改良積上げ張り工法 図2（次ページ）

［1］ 張付モルタルをタイル裏全面に平に塗り付けたものを押し付け、木づち類でたたき締めて張る工法。

［2］ 塗置き時間は5分以内とする。

［3］ タイルは下部から上部へと張り、1日の積上げ高さの限度は1.5m程度とする。

［4］ 張付モルタルの塗り厚は4〜7mm程度とする。

3 改良圧着張り工法 図3（次ページ）

［1］ 機械練りした張付モルタルを2層塗り付けた壁面に、タイル裏面にモルタルを塗り付けてタイルをたたき押さえして圧着する工法。

［2］ モルタルの塗り付け面積は、2m²程度で、60分以内にタイルを張り終える面積とし、塗り置き時間は30分程度が望ましい。

［3］ 張付モルタルの塗り厚は、下地面は4〜6mm、タイル側は3〜4mm程度とする。

4 マスク張り工法 図4（次ページ）

［1］ モザイクユニットタイル裏面に、厚さ4mm程度のモルタル塗布用のマスクをあてがい、金ごてを用いて張付モルタルを塗り付け、マスクを外してから、目地部に張付モルタルがはみ出すまで、ユニットタイルをたたき押さえして張り付ける工法。

［2］ 張付モルタルの塗り置き時間は5分以内とする。

5 モザイクタイル張り工法 図5（次ページ）

［1］ 下地モルタル面に張付モルタルを塗り付け、25mm角以下のモザイクタイルユニットをたたき押さえして張り付ける工法。

［2］ モルタルの塗り付け面積は、3m²以下で、20分以内にタイルを張り終える面積とする。

［3］ 張付モルタルの塗り厚は3mm程度とする。

試験概要と試験対策のポイント

施工経験記述

仮設・安全

躯体施工

仕上施工

学科記述解説

施工管理

法規

過去問題と解答

6 接着剤張り工法 図6

[1] 接着剤を金ごて等で下地に塗布し、くし目ごてでくし目を立て、タイルを張り付ける工法。

[2] 接着剤（厚さ3mm程度）の1回の塗り付け面積は、3m²以下で、30分以内にタイルを張り終える面積とする。

[3] 常時水がかかるような箇所では用いない。

memo >>>>
> ● 改良と名が付いたものは、タイル裏面にも張付モルタルを塗る工法を意味する。

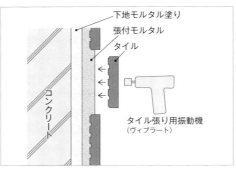

図1 ┃ **密着張り工法**

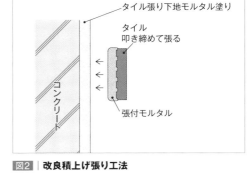

図2 ┃ **改良積上げ張り工法**

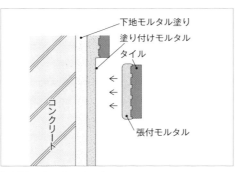

図3 ┃ **改良圧着張り工法**

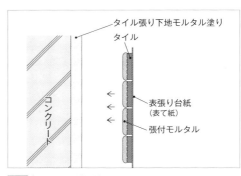

図4 ┃ **マスク張り工法**

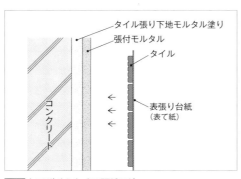

図5 ┃ **モザイクタイル張り工法**

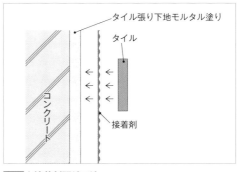

図6 ┃ **接着剤張り工法**

3-4 屋根工事

重要>>>>

- 「屋根工事」からは、長尺金属板葺きおよび折板葺きの施工に関して、過去に複数回出題されている。

1 長尺金属板葺

[1] 下葺き材はアスファルトルーフィングとし、軒先と平行に敷きこみ、軒先から上に向かって張る。上下は100mm以上左右は200mm以上重ね合わせる。

[2] 下葺き材の留め付けは、ステープル釘等により、重ね合わせ部は間隔300mm程度、その他は要所を留め付ける。

[3] 心木なし瓦棒葺き図1の場合、金属板を取り付けるために通しつり子が用いられる。通しつり子留め付け用の釘の間隔は250mm（強風地域は200mm）とする。

[4] 心木なし瓦棒葺きの場合、水上部分と壁との取り合い部に設ける雨押えは、壁際では120mm程度立ち上げる。

[5] 金属板の折曲げは、十分曲げ半径を取り、切れ目を入れずに、塗装、めっき、地肌に亀裂が生じないように行う。

[6] 耐酸被覆鋼板を冬季に折り曲げ加工するときは、材料を加温してから加工する。

[7] こはぜは、主として屋根本体の板と板、および軒先、けらば部分のはぎ合わせに用いられる。こはぜのかかり、折り返し幅は15mm程度とする図2。

[8] 横葺の葺板の継手位置は、千鳥に配置する。

2 折板葺

[1] 折板葺図3は、鋼板をV字に近い形に折り曲げて屋根材としたもので、垂木、野地板を省略し、直接下地に取り付けられたタイトフレームの上にかぶせる工法である。

[2] タイトフレームの墨出しは、山ピッチを基準に行い、割り付けは建物の桁行方向の中心から行う。

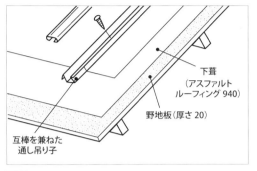

図1 | 心木なし瓦棒葺き

（下葺（アスファルトルーフィング 940）、野地板（厚さ 20）、互棒を兼ねた通し吊り子）

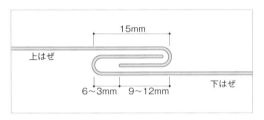

図2 | こはぜの折返し幅の寸法

（上はぜ、下はぜ、15mm、6～3mm、9～12mm）

memo >>>>

- こはぜ内部の3～6mmのすき間は、毛細管現象による漏水を防いでいる。

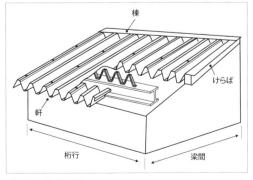

図3 | 折板葺屋根

（棟、けらば、軒、桁行、梁間）

153

試験概要と試験対策のポイント

施工経験記述

仮設・安全

躯体施工

仕上施工

学科記述解説

施工管理

法規

過去問題と解答

[3] タイトフレームの下地への溶接はアーク溶接で取り付ける。

[4] 溶接は隅肉溶接とし、必要な溶接の隅肉サイズ、有効溶接長さ等の確認を行う。

[5] 溶接後はスラグを除去し、溶接部分およびその周辺に有効な防錆処理を行う。

[6] タイトフレームの溶接は、下地材やタイトフレームの表面に防錆処理が施されたまま行ってよい。

[7] 折板は、各山ごとにタイトフレームに固定し、緊結時のボルト間隔は600mm程度とする。

[8] 折板のけらば納めは、けらば包みによる方法を原則とする。

[9] けらば包みの継手位置は、端部用タイトフレームの位置にできるだけ近づける。

[10] けらば包み相互の継手の重ねは60mm以上とし、内部にシーリング材を挟み込み、ドリリングタッピンねじ等で締め付ける。

[11] 変形防止材によるけらば納め 図5 は、けらば先端部に1.2m以下の間隔で、折板の間隔の3倍以上の長さで取り付ける。

[12] 軒先の先端部には、下底を約15°程度曲げての垂れを設ける。

[13] 水上部分の折板と壁の取り合い部に設ける雨押えは、150mm以上に立ち上げる。

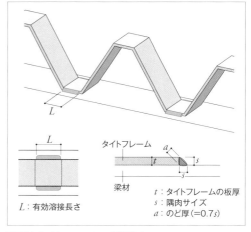

図4 | タイトフレームの溶接接合

L：有効溶接長さ
t：タイトフレームの板厚
s：隅肉サイズ
a：のど厚（＝0.7s）

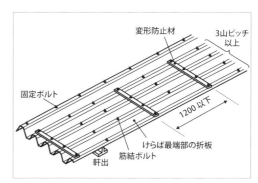

図5 | 変形防止材によるけらば納め

memo >>>>

- 折板葺は、水勾配方向のジョイントがないため、アスファルトルーフィング等の下葺き材は不要。

3-5 金属工事

重要 >>>>

- 「金属工事」からは、軽量鉄骨壁下地および軽量鉄骨天井下地の施工に関して、過去に複数回出題さている。最近問題となっている天井脱落対策等に関しても注意が必要。

1 軽量鉄骨天井下地

[1] 軽量天井下地の野縁などの形や大きさは 表1 および 図1 による。一般的には屋内は19形、屋外は25形を使用する。

表1 | 野縁などの種類（単位：mm）

▼部材	種類 ▶ 19形	25形
シングル野縁	25×19×0.5	25×25×0.5
ダブル野縁	50×19×0.5	50×25×0.5
野縁受け	38×12×1.2	38×12×1.6

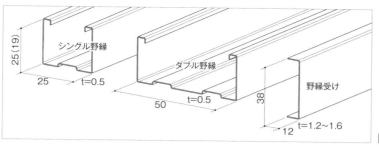

図1 | 野縁などの下地材

[2] つりボルトは∅9mmとする。

[3] 野縁受け、つりボルトおよびインサートの間隔は900mm程度とし、周辺部は端から150mm以内とする。

[4] 野縁はクリップで野縁受けに固定する。クリップの向きは交互にし、野縁受け材に留め付ける。

[5] 野縁の間隔は下記による。

屋内　下地のある場合　　　：360mm程度

　　　仕上材直張りの場合　：300mm程度

屋外　　　　　　　　　　　：300mm程度

[6] 下がり壁による天井の段違い部分には、2.7m程度の間隔で斜め補強を行う。

[7] 天井ふところが、屋内で1.5m以上、屋外で1.0m以上の場合は、水平補強を縦横方向に間隔1.8m程度、斜め補強を縦横方向に間隔3.6m程度に設ける。補強用部材は、∅9mm以上の丸鋼、または □−19×10×1.2以上を用いる。

[8] 特定天井に該当する大規模建築物では、天井脱落対策に関する技術基準を満たす必要がある。

memo >>>>

> ●特定天井とは、6m超の高さにあり、面積200m²超、質量2kg／m²超のつり天井で、日常利用される場所に設置されるものを示す。

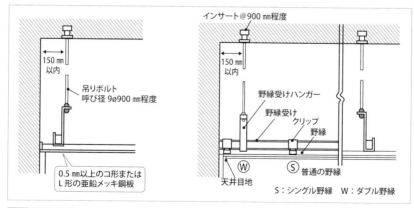

図2 | 天井下地

試験概要と試験対策のポイント

施工経験記述

仮設・安全

躯体施工

仕上施工

学科記述解説

施工管理

法規

過去問題と解答

試験概要と試験対策のポイント

施工経験記述

仮設・安全

躯体施工

仕上施工

学科記述解説

施工管理

法規

過去問題と解答

2　軽量鉄骨壁下地

［1］軽量壁下地のスタッド、ランナーなどの形や大きさは 表2 および 図3 による。一般的には65型が使用されている。

表2 ｜ スタッド、ランナーなどの種類

▼部材　種類▶	50形	65形	90形	100形
スタッド	50×45×0.8	65×45×0.8	90×45×0.8	100×45×0.8
ランナー	52×40×0.8	67×40×0.8	92×40×0.8	102×40×0.8
振止め	19×10×1.2		25×10×1.2	
出口およびこれに準じる開口部の補強材	──	C-60×30×10×2.3	C-75×45×15×2.3	2C-75×45×15×2.3
補強材取付用金物	──	L30×30×3	L50×50×4	
スタッドの高さによる区分	高さ2.7m以下	高さ4.0m以下	高さ4.0mを超え4.5m以下	高さ4.5mを超え5m以下

- ダクト類の小規模な開口部の補強材は、それぞれ使用した種類のスタッドまたはランナーとする。
- スタッドの高さによる高低がある場合は、高いほうを適用する。
- 50形は、ボード片面張りの場合に適用する。

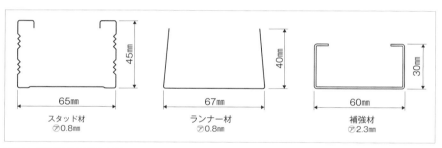

図3 ｜ 65形間仕切り材の例

［2］ランナーは端部から50mm程度の位置で押さえ、900mm間隔程度で打込みピンなどで床、梁下、スラブ下などに固定する。

［3］スタッドの間隔は下記による。

　　下地のある場合（ボード2重張り等）　：450mm程度

　　仕上材直張りの場合　　　　　　　　：300mm程度

［4］スタッドは、上部ランナーの上端とスタッド天端のすき間が10mm以下となるように切断する。

［5］振れ止めは、フランジ側を上に向け、床面から1.2mごとに設ける 図4 。ただし、上部ランナーから400mm以内に振れ止めが位置する場合は、省略することができる。

［6］スペーサーは、各スタッドの端部を押さえ、間隔は600mm程度に留め付ける 図4 。

［7］垂直方向補強材は、上は梁、スラブ下等に達するものとし、上下とも打込みピンなどで固定した取付用金物に溶接、またはタッピングビス、ボルト類で取り付ける。

［8］垂直方向補強材の長さが4.0mを超える場合は、2本抱合せとする。

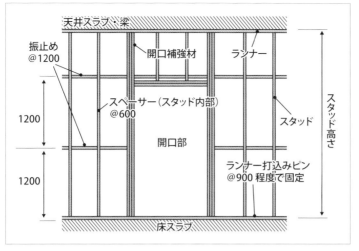

図4│壁下地

[9] 軽量鉄骨天井下地にランナーを取り付ける場合、ランナーと野縁が直角の場合はランナーを野縁に、平行の場合はランナーを野縁受けに、それぞれ間隔900mm程度にタッピングビスまたは溶接で固定する。

[10] 上部鉄骨梁にランナーを取り付ける場合は、梁に先付け金物を溶接しておき、耐火被覆工事終了後ランナーを取り付ける。

EXERCISE
過去問題
平成24年
問題4-3

次の問いに答えなさい。ただし、留意事項は、それぞれ異なる内容の記述とし、材料の保管、作業環境（気象条件）、安全に関する記述は除くものとする。

● 鉄筋コンクリート造建物（階高4m程度）に、間仕切り壁の軽量鉄骨下地を取り付けるときの施工上の留意事項を2つ具体的に記述しなさい。
　ただし、施工箇所の点検、修正および墨出しに関する記述は除くものとする。
※ 本問題には1〜4までの4つの設問があるが、ここでは〔設問3〕だけを解説するため、1、2、4の設問は省略している。

解答と考え方

「2│軽量鉄骨壁下地」（前ページ）のうち、取り付けに関する留意事項だけを2つ記せばよい。以下から2つ選んで記述する。

[1] ランナーは端部から50mm程度の位置で押さえ、900mm間隔程度に打込みピンなどで床、梁下、スラブ下などに固定する。
[2] スタッドの間隔は、下地のある場合（ボード2重張り等）は450mm程度、仕上材直張りの場合は300mm程度とする。
[3] スタッドは、上部ランナーの上端とスタッド天端のすき間が10mm以下となるように切断する。
[4] 垂直方向補強材は、上は梁、スラブ下等に達するものとし、上下とも打込みピンなどで固定した取付用金物に溶接、またはタッピングビス、ボルト類で取り付ける。

● できれば、細かい寸法も覚えていれば問題はないが、覚えていない場合は、「②スタッドの間隔は、仕上材直張りの場合は、下地のある場合（ボード2重張り等）よりも密にする。」等、とにかく書き込むことが重要。

157

3　その他

[1] 溶融亜鉛めっき(どぶづけ)は、電気亜鉛めっきに比べ、めっき層が厚く耐久性があるため屋外に使用される部材に施される。

[2] ステンレスの主な表面仕上には、ヘアライン仕上と鏡面仕上がある。ヘアライン仕上は軽微な補修が容易であるのに対し、鏡面仕上は耐食性に優れている。

[3] 金属製手すりが長くなる場合には、温度変化による部材の伸縮を考慮する。温度40℃の場合の部材の伸縮量は、鋼は1m当たり0.5mm程度、アルミニウム合金は1m当たり1.0mm程度である。

[4] 金属製笠木の継手部はオープンジョイントを原則とし、5〜10mmのクリアランスを設ける。

3-6　左官工事

重要 >>>>

• 「左官工事」からは、壁モルタル塗り、セルフレベリング材、および内外装仕上塗材の施工に関して、過去に複数回出題されている。

1　モルタル塗り

[1] モルタルの調合および塗り厚は、表1による。

表1 | 調合および塗り厚の標準値

下地	施工箇所		下塗り・ラス付け		むら直し・中塗り		上塗り			塗り厚の標準値(mm)
			セメント	砂	セメント	砂	セメント	砂	混和剤	
コンクリート、コンクリートブロック、れんが	床	仕上げ	−	−	−	−	1	2.5	−	30
		張物下地	−	−	−	−	1	3	−	
	内壁		1	2.5 ※	1	3	1	3	適量	20
	外壁その他(天井の類を除く)		1	2.5	1	3	1	3	−	25以下
ラスシート、メタルラス	内壁		1	2.5 ※	1	3	1	3	適量	15
	外壁		1	2.5	1	3	1	3	−	20

※ 内壁下塗り用軽量モルタルを使用する場合は、細骨材を砂に代えてセメント混和用軽量発泡骨材とし、塗り厚を5mm以内とすることができる。
• ラス付けの場合は、必要に応じて、すさを混入できる。
• ラス付けは、ラスの厚さより1mm程度厚くする。
• ラス付けは、塗り厚に含まない。
• ビニル床シート、ビニル床タイルなどの場合は、床モルタルの塗り厚には、張物材の厚さを含む。

[2] モルタルの収縮によるひび割れを防ぐためには、仕上げに支障のない限り、できるだけ粒径の大きい骨材を使用する。

[3] 下塗り、中塗り、上塗りの各層の調合は、下層ほど富調合(セメント量多)とする。

[4] 床を除き、1回の塗り厚は、7mm程度とする。

[5] 全塗り厚は、床を除き25mm以下とする。

［6］　床の塗り厚は、30mm程度を標準とする。

［7］　下地は、ひずみ、不陸などの著しい箇所は目荒らし、水洗い等の上、モルタルで補修し、夏期は7日以上、冬期は14日以上放置する。

［8］　壁塗りにおける下塗り面は、金ぐし類で荒し目を付ける。下塗り後はモルタル表面のドライアウトを防止するため、水湿しを行う。

memo ▸▸▸▸
● ドライアウトとは、コンクリート下地面が乾燥している場合、コンクリートに水分をとられ水和反応が阻害され、モルタルが硬化不良や接着不良を起こしやすくなる現象のこと。

［9］　壁塗りにおける下塗りおよびラスこすりは、14日以上放置し、ひび割れ等を十分発生させる。

［10］　セメントモルタル塗りの表面状態は、金ごて仕上げ、木ごて仕上げ、はけ引き仕上げ、くし目引き仕上げがある。

［11］　金ごて仕上げは、一般塗装下地、壁紙張り下地、防水下地の仕上げ、およびユニットタイルマスク張り工法の張付モルタル用に、木ごて仕上げは、一般タイル張り下地の仕上げとして適用する。

［12］　吸水調整材は、モルタル塗りの下地となるコンクリート面等に直接塗布することで、下地とモルタルの界面に薄い膜を形成し、ドライアウトによる付着力の低下を防ぐ。

［13］　吸水調整材塗布後の下塗りまでの間隔時間は、1時間以上とするが、長時間放置するとほこり等の付着により接着を阻害することがあるので、1日程度で下塗りをする。

［14］　下塗りモルタルには接着力を高めるため、セメント混和用ポリマーを用いる。

［15］　メチルセルロースは、保水材の一種で、作業性の向上、ひび割れ防止、接着力の安定化などを目的に使用される。

2　セルフレベリング材塗り

［1］　セルフレベリング工法とは、材料の持つ流動性を利用して、重力により、下地面に平滑な床面を形成する工法である。

［2］　熟練した左官技術を要せず、省力化と工期短縮が可能である。

［3］　塗り厚は10mm程度である。

［4］　施工後硬化するまでの間は、風によるシワの発生を防ぐため、塗り面に風が当たらないよう窓や開口部をふさぎ、自然乾燥状態とする。

memo ▸▸▸▸
● セルフレベリング材とは、その名の通り、自然流動で平滑になるほど流動性が高い材料のことである。早く乾燥しすぎると、表面だけが乾いてしわができやすくなることは、塗装の場合と同様である。

［5］　施工後の養生期間は、常温で7日以上、冬期間は14日以上とし、施工場所の気温が5℃以下の場合は施工してはいけない。

3　建築用仕上塗材

[1] 仕上塗材仕上には、薄塗材（下塗材＋主材）、厚塗材、複層塗材（共に下塗材＋主材＋上塗材）がある。

[2] 薄付け仕上塗材には、吹付け工法とローラー工法があり、砂壁状の仕上には吹付け工法が、ゆず肌状やさざ波状などの仕上にはローラー工法が一般的である。

[3] 複層仕上塗材には、吹付け工法とローラー工法があり、凸凹状の仕上には吹付け工法が、ゆず肌状の仕上にはローラー工法が一般的である。

[4] 内装合成樹脂エマルション系薄付け仕上塗材仕上の場合、モルタル下地は金ごてまたは木ごて仕上とする。

[5] 内装合成樹脂エマルション系薄付け仕上塗材を吹付け塗り仕上とする場合、スプレーガンのノズルは下地面に対してやや上向きに保ち、一様に吹付け、主材2回塗りとする際の工程内間隔時間は2時間以上とする。

memo >>>>

● 噴出した霧状の塗料は、距離を経るごとに重力で下方に下がるので、壁面に直角に吹付けるためには、やや上向きに吹付ける必要がある。

[6] 防水形合成樹脂エマルション系複層仕上塗材の下塗材の所要量は0.1〜0.3kg/m²の範囲で記載されていることが多いが、試し塗りを行い所要量を確認する。

[7] 防水形合成樹脂エマルション系複層仕上塗材の主材は、下地のひび割れに対する追従性を高めるために、混合時にできるだけ気泡を混入させない。

[8] 主材の基層塗りは、2回塗りとし、ダレ、ピンホールがないように均一に塗り付ける。

[9] 入隅、出隅、開口部まわりなど均一に塗りにくい箇所は、はけやローラーなどで増塗りを行う。

[10] 塗り残しが生じないよう、1日の作業工程を考慮した塗装面積を計画する。

表2｜仕上塗材の種類、仕上げの形状および工法

種類	呼び名	仕上げの形状	工法
薄付け仕上塗材	可とう形外装薄塗材E	砂壁状、ゆず肌状	吹付け
		平たん状、凹凸状	こて塗り
		ゆず肌状、さざ波状	ローラー塗り
	内装薄塗材Si 内装薄塗材E	砂壁状じゅらく、ゆず肌状	吹付け
		平たん状、凹凸状	こて塗り
		ゆず肌状、さざ波状	ローラー塗り
	内装薄塗材W	京壁状じゅらく、ゆず肌状	吹付け
		平たん状、凹凸状	こて塗り
厚付け仕上塗材	内装厚塗材C	吹放し	吹付け
		平たん状、凹凸状、ひき起こし、かき落とし	こて塗り
複層仕上塗材	複層塗材CE 複層塗材Si 複層塗材E 複層塗材RE	凸部処理、凹凸模様	吹付け
		ゆず肌状	ローラー塗り
軽量骨材仕上塗材	吹付け用軽量塗材	砂壁状	吹付け
	こて塗り用軽量塗材	平たん状	こて塗り

試験概要と試験対策のポイント

施工経験記述

仮設・安全

躯体施工

仕上施工　学科記述解説

施工管理

法規

過去問題と解答

EXERCISE
過去問題
令和4年
問題4-3

次の問いに答えなさい。

● **外壁コンクリート面を外装合成樹脂エマルション系薄付け仕上塗材（外装薄塗材E）仕上げとするときの施工上の留意事項を2つ、具体的に記述しなさい。**
　ただし、材料（仕様、品質、運搬、保管等）、作業環境（騒音、振動、気象条件等）、下地、養生及び作業員の安全に関する記述は除くものとする。

※ 本問題には1〜4までの4つの設問があるが、ここでは〔設問3〕だけを解説するため、1〜2、4の設問は省略している。

解答と考え方

「**3**｜**建築用仕上塗材**」（160ページ）のうち、外装合成樹脂エマルション系薄付け仕上塗材の留意事項を2つ選んで記せば良い。以下から2つ選んで記述する。

［1］ 仕上塗材の下塗材の所要量は、0.1〜0.3kg/㎡の範囲で記載されていることが多いが、試し塗りを行い、所要量を確認する。

［2］ 主材は、見本塗板と同様の模様となるよう、また、塗残しや足場むらが残らないように注意して塗付ける。

［3］ 塗り残しは、色むら等外観を損なう恐れがあるため、1日の作業工程を考慮した塗装面積を計画する。

［4］ 所定のスプレーガンやローラー、こて等を用い、色彩や質感とも、見本帳と同様の仕上りとなるよう留意する。

3-7　**建 具 工 事**

重要 ＞＞＞＞
- •「建具工事」からは、アルミニウム製建具の取り付けおよび構造ガスケット構法に関して、過去に複数回出題されている。

［1］ 建具に共通する性能項目は以下の6項目である。いずれも等級が高いほど性能がよい。

1　耐風圧性	2　気密性	3　水密性
4　遮音性	5　断熱性	6　面内変形追随性

memo ＞＞＞＞
- •面内変形追随性とは耐震性のことで、地震によって生じる面内変形に追随しうる程度を示す。

［2］ 取り付け精度は、許容差を±2mm程度とする。

memo ＞＞＞＞
- •建具は、扉の開閉等機能上重要で使用頻度も高く、また仕上工事における仕上の基準ともなるため、取り付け精度は非常に厳しい。

試験概要と試験対策のポイント

施工経験記述

仮設・安全

躯体施工

仕上施工

学科記述解説

施工管理

法規

過去問題と解答

1 アルミニウム製建具

[1] アルミニウム板を加工して、枠、かまち、水切り等に使用する場合の厚さは1.5mm以上とする。

[2] アルミニウム材と周辺モルタル・鋼材などとの接触腐食を避けるため、絶縁処理する必要がある。

[3] 枠、くつずり、水切り等のアンカーの間隔は、開口部より150mm内外を端とし、中間は500mm以下とする。

[4] くさび等により仮止めの後、アンカーをコンクリートに固定されたサッシアンカー類に溶接して留め付ける。

[5] 外部廻りの仮止め用くさびは、漏水の原因となるため必ず取り除く。

[6] 外部建具廻りには、防水モルタルを充填する。防水剤には、塩化カリウム等金属を腐食させるものを使用してはならない。

[7] くつずり、下枠等には、取り付け前にあらかじめモルタルを充填しておく。

[8] アルミニウム製建具を面付け納まりで取り付ける場合、タイルとサッシ枠との間にシーリング材を充填するが(1次シール)、タイル裏面を伝わった雨水に対しては無防備となるため、サッシ枠と躯体コンクリートとの間にもシーリングを行う(2次シール)。

2 鋼製建具

[1] 鋼板は、溶融亜鉛メッキ鋼板および表面処理亜鉛メッキ鋼板とする。

[2] 鋼板の厚さは、つり元のように大きな力のかかる部分は、2.3mm以上、他の部分は、1.6mm以上とする。

[3] くつずりの材料は、ステンレス鋼板とし、厚さ1.5mmを標準とする。

[4] くつずり、下枠等のモルタル充填が困難な場所は、あらかじめ裏面に鉄線等を取り付けておき、設置前にモルタル詰めを行う。

[5] フラッシュ戸では、外部に面する戸は下部を除き三方の見込み部を表面板で包み(三方曲げ)、内部に面する戸は上下部を除き二方の見込み部を表面板で包む(二方曲げ)。

memo >>>>
- 外部用は三方曲げ、内部用は二方曲げ。内部用では上部を省略できる。

[6] ステンレス製建具の角出し曲げ加工ができる板厚は1.5mm以上で、切り込み後の板厚が0.75mm以下の場合は裏板にて補強する。

[7] スライディングタイプの自動扉の一般的な開速度は500mm/s、閉速度は350mm/sとする。

memo >>>>
- 自動扉は、開ける速さと閉める速さは異なる。開くのは速く、閉まるのはゆっくり。

3 重量シャッター

[1] 防火シャッターは、スラット等の鋼板の厚さを1.5mm以上としなければならない。

[2] 防煙シャッターとは、防火シャッターのうち、遮煙性能をもつものである。

[3] スラットにはインターロッキング形とオーバーラッピング形があるが、一般的には、防火シャッターにはインターロッキング形、防煙シャッターにはオーバーラッピング形を用いる 図1。

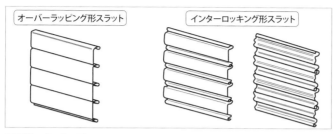

図1｜スラットの形

memo ►►►►
> ●防煙シャッターはオーバーラッピング型を用いる。インターロッキング型ではない。混同しないこと。よく出題される。

[4] 防煙シャッターのまぐさには遮煙機構を設け、座板にアルミニウムを使用する場合は、鋼板で覆う必要がある。

[5] 電動式の場合は、リミットスイッチの他に予備として保護スイッチ等を設ける。

[6] 出入口および開口面積が15m²以上の電動シャッターは、不測の落下に備え、二重チェーン急降下制御装置、ガバナー装置(急降下制動装置)などの安全装置を設ける。

[7] 障害物感知方式とは、シャッター最下部の座板に感知板を設置し、シャッターが降下し感知板が人に接触すると同時に停止し、人がいなくなると再び降下を開始し完全に閉鎖する機構である。

[8] 外部に面し、耐風圧性が必要となる場合には、ガイドレール内のスラット端部に、外れ止め機構を取り付ける。

4 ガラス工事

[1] 網入り板ガラスを用いる場合は、ガラス切り口に対する水密施工を行い、下部小口の網材の錆を防ぐ。

[2] 面クリアランス 図2(次ページ)は、主に風圧力による変形に対するクリアランスでガラスの両サイドに設ける。

[3] エッジクリアランス 図2(次ページ)は、主に地震時の変形に対するクリアランスでガラスの下部に設ける。

memo ►►►►
> ●面クリアランスとエッジクリアランスとを混同しないこと。

[4] 不定形シーリング材構法におけるセッティングブロックの設置位置は、ガラス両端部より1/4のところとする 図3(次ページ)。

試験概要と試験対策のポイント

施工経験記述

仮設・安全

躯体施工

仕上施工

学科記述解説

施工管理

法規

過去問題と解答

[5] 不定形シーリング材構法において、可動窓の場合、開閉時の衝撃によるガラスの損傷を避けるため、エッジスペーサーを設置する。

[6] グレイジングガスケット構法におけるガスケットは、伸ばさないようにし、各隅を留め付ける。

[7] グレイジングチャンネル構法におけるグレイジングチャンネルの突き合わせ位置は、水密性、気密性が低下しないよう、ガラスの上辺中央部とする。

[8] 構造ガスケット構法の場合、ジッパーを取り付ける際には、ジッパーとジッパー溝に滑り剤を塗布する。

[9] 構造ガスケット構法によるガラスのはめ込みにおいて、ガラスのエッジクリアランスが大きくなると、ガラスのかかり代が小さくなり、止水性の低下やガラスが外れたりする恐れがある。

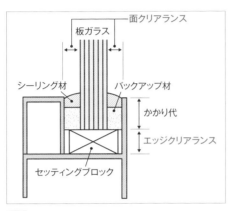

図2｜シーリング材の例

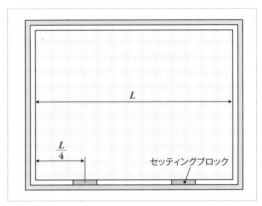

図3｜セッティングブロックの位置

3-8 塗装工事

重要>>>>

● 「塗装工事」は、最近の出題頻度はあまり高くないが、各種工程の概要を理解する必要がある。

1 素地ごしらえ

[1] 透明塗料塗りの木部の素地面で、仕上げに支障のある変色は、漂白剤を用いて修正する。

[2] 鉄鋼面に付着した溶接のスパッタは、ディスクサンダーなどの動力工具やスクレーパーなどの手工具を用いて取り除く。水溶液では除去できない。

[3] ブラスト処理後の鉄鋼面は、非常に錆びやすい状態となっているため、ただちに下塗を行う。

[4] コンクリート面へのアクリル樹脂系エナメルの塗装において、穴埋めパテかいには塩化ビニル樹脂パテを用いる。

[5] ALCパネル面は、下地調整塗りの前に合成樹脂エマルションシーラーを全面に塗り付ける。

[6] けい酸カルシウム板の吸込止めとして、反応形合成樹脂ワニスを全面に塗布し、穴埋めやパテかいを行う。

[7] 研磨紙ずりは、素地の汚れや錆、塵埃等を取り除き、素地や下地を平滑にし、塗装材料の付着性を確保し、塗装の仕上がりをよくするために行う。

[8] 研磨紙ずりは、下層塗膜およびパテが十分乾燥した後に行い、塗膜を過度に研がないようにする。

[9] パテ処理の種類

①パテかい	面の状況に応じて、面のくぼみ、すき間、目違い等の部分を平滑にするためにパテを塗ること。局部的なパテ処理。
②パテしごき	パテかい後、研磨紙ずりを行い、パテを全面にヘラ付けし、表面に過剰のパテを残さぬよう、素地が現れるまで十分にしごき取ること。
③パテ付け	パテかい、パテしごき後、表面が平らになるまで全面にパテを塗り付け、乾燥させた後、研磨紙ずりを行う工程を繰り返すこと。特に美装性を要求される仕上げの場合に行う。

2 塗装の特徴

[1] 合成樹脂調合ペイント塗りは、塗膜が耐アルカリ性に劣るため、コンクリート・モルタル等の素地には適さない。

[2] 合成樹脂エマルションペイント塗りは、金属面には適さない。

[3] 合成樹脂エマルションペイント塗りは水による希釈が可能で、加水して塗料に流動性を持たせることができる。

[4] 塗装の種類による性能および素地に対する適応に関しては 表1 による。

表1 塗装の種類による性能・適応表

種類		上塗り乾燥時間（半硬化時間）	付着性	耐衝撃性	耐摩耗性	耐水性	耐酸性	耐アルカリ性	耐候性（屋外暴露）	防食性	美装性	汎用性	鉄面	アルミニウム面	亜鉛メッキ面	コンクリートモルタル面	木部	プラスチック面	防火認定材料（基材同等）
調合ペイント塗り	油性調合ペイント塗り	20	○	○	△	○	△	×	○	○	○	○	◎	—	◎	—	◎	—	—
	合成樹脂調合ペイント塗り	16	○	○	△	○	△	×	○	○	○	○	◎	—	◎	—	◎	—	○
アルミニウムペイント塗り		16	○	○	○	○	×	○	○	◎	○	○	◎	—	◎	—	◎	—	○
フタル酸エナメル塗り		10	○	○	○	○	△	△	○	○	◎	○	◎	○	◎	—	◎	—	○
ラッカー塗り	ラッカークリアー塗り	1	○	○	○	△	△	△	△	△	×	○	—	—	—	—	◎	—	—
	ラッカーエナメル塗り	1	○	○	○	△	△	△	△	○	○	○	◎	—	◎	—	◎	—	—
ビニルエナメル塗り	塩化ビニルエナメル塗り	2	○	○	○	◎	○	◎	○	◎	○	○	◎	—	◎	—	◎	—	—
	アクリルエナメル塗り	2	○	○	○	○	○	○	◎	○	○	○	◎	○	◎	—	◎	—	—
塩化ゴム系エナメル塗り		24	◎	○	○	◎	○	◎	○	◎	○	○	◎	○	◎	△	◎	△	—
合成樹脂エマルションペイント塗り		2	○	○	△	○	△	○	△	×	○	○	—	—	—	◎	◎	○	○
つや有合成樹脂エマルションペイント塗り		3	○	○	○	○	△	○	○	△	◎	○	△	△	△	◎	◎	○	○
合成樹脂エマルション模様塗料塗り		3	○	○	○	○	△	○	○	×	◎	○	△	—	△	◎	◎	○	○
多彩模様塗料塗り（主として内部用）		24	○	△	△	△	△	○	△	—	◎	○	△	—	△	◎	◎	○	○
薄付け仕上塗材塗り	内装	3	△	△	△	×	△	×	×	—	○	○	—	—	—	◎	◎	○	◎
	外装	3	○	△	△	○	△	○	○	×	○	○	—	—	—	◎	◎	○	◎
複層仕上塗材塗り		5	○	○	○	○	○	○	○	×	◎	○	—	—	—	◎	◎	○	◎
防水形合成樹脂エマルション系複層仕上塗材塗り		6	○	○	○	◎	○	○	◎	×	◎	○	—	—	—	◎	◎	○	◎
2液形ポリウレタンエナメル塗り		16	◎	◎	◎	◎	○	○	◎	○	◎	○	◎	○	◎	○	◎	—	—
常温乾燥形ふっ素樹脂エナメル塗り		16	◎	○	○	◎	◎	◎	◎	○	×	○	◎	○	◎	○	◎	—	—

性能：◎優、○良、△可、×不可　　素地の種類：◎最高、○適、△素地調整必要、—不適

3　塗装作業

[1]　塗装作業において、施工者は製造業者からSDSを入手し、作業場所内の見やすい場所に常時掲示するなど労働者の利用に供する。

[2]　SDSを活用して安全衛生教育を行う。

memo >>>>

- 塗料は、複数の化学物質から構成されており、その有害物から労働災害を防止するとともに環境への影響を考慮して、製造業者にはSDS（Safety Data Sheet）の交付が義務付けられている。
- ※SDSは、かつてMSDSと呼ばれていたが、2012年にSDSに名称変更された。

4　塗装の欠陥と対策

[1]　下地の乾燥が不十分な場合には、「ふくれ」が生じやすい。

[2]　塗料の混合が不十分な場合には、「色分かれ」が生じやすい。

[3]　塗料の流動性が不足している場合には、「はけ目」が生じやすい。

[4]　下地の吸込みが著しい場合には、「つやの不良」が生じやすい。

[5]　素地に水や油が付着している場合には、「はじき」が生じやすい。

[6]　「だれ」を防止するため、希釈を控えめにし、はけの運行を多くする。

[7]　「白化」を防止するため、湿度が高いときの施工を避ける。

[8]　「ひび割れ」を防止するため、下塗りが十分乾燥してから上塗りを行う。

[9]　「しわ」を防止するため、厚塗りや急激な乾燥を避ける。

表2 | 塗装の欠陥の原因と対策

塗料の状態または塗装作業中の欠陥

欠陥の種類	原因	対策
はけ目	• 塗料の流動性が不足している場合（調合ペイント等）	• 十分均一になるよう、むらなく塗る • 希釈率を適正にする
流れ（だれ）	• 過度の厚塗り • 過度の希釈 • 素地にまったく吸込みのないとき	• 一度に厚塗りしない • 希釈率を適正にする • 希釈を抑え、はけやローラーの運行を多くする
しわ	• 油性塗料を厚塗りする（上乾きによる表面の収縮） • 温度を上げて乾燥を促進（上乾きによるしわ） • 下塗りの乾燥不十分なままの上塗り	• 厚塗りを避ける。特にコーナー、ボルトの頭等で塗料がたまるのを防ぐ • 乾燥温度に注意し、温度の急激な上昇を避ける • 下塗りを十分に乾燥する
糸ひき	• 吹付け塗装で溶剤の蒸発が早すぎる、塗料粘度が高いなどの場合（スプレーガン口から被塗物に届く前に乾燥し、糸状に吹付けられる）	• シンナーの希釈量の調整、蒸発の遅いシンナーの使用等により、塗料粘度を調整し吹付ける
白化 （ブラッシング、かぶり）	• 湿度が高いときに、塗膜から急激に溶剤が蒸発すると塗面が冷えて水が凝縮し白化 • 塗装後気温が下がり、空気中の水分が塗面で凝縮し白化	• リターダーシンナーを用いる • 湿度が高い時は塗装をさける • 湿度が高く昼夜の気温差が大きい屋外では、夕刻までに指触乾燥するよう塗装する
はじき	• 素地に水、油、ごみ等が付着している • スプレーエアーに水、油などが入っている • はけやローラーに水、油が付着している • 下塗りが平滑で硬すぎる	• 素地調整を入念に行う • エアレストレーナーを交換または取り付ける • はけやローラーを洗浄する • サンディングする、または塗料を変える • はけやローラーで入念に塗装する

試験概要と試験対策のポイント

施工経験記述

仮設・安全

躯体施工

仕上施工

学科記述解説

施工管理

法規

過去問題と解答

塗装作業後の塗膜の欠陥・経時変化

色分かれ	・混合不十分 ・溶剤の過剰添加 ・顔料粒子の分散性の違いにより、2色を混ぜると色分かれを起こすことがある	・十分に撹拌して混合する ・厚塗りを避け、また、はけ目が多いと色分かれが目立ちやすいので均一に塗装する
つやの不良	・下地の吸込みが著しい ・下塗りプライマー等の面が粗すぎる場合 ・シンナーが不適当または希釈しすぎた場合	・吸込みを止める下塗り塗料を塗る ・上塗りを塗り重ねる ・適切なシンナーの使用、適切な希釈率で希釈する
ひび割れ	・塗膜面の収縮膨張	・表面乾燥を起すような厚塗りを避ける ・下塗りを十分乾燥させる
ふくれ	・水分が塗膜を浸透し、塗膜下の水溶性物質を溶かす ・塗膜下に錆が発生 ・乾燥不十分な木材やコンクリート面に塗装した場合	・素地の養生を十分に行い、また素地調整、前処理に注意する
白亜化 （チョーキング）	・熱・紫外線・風雨等による塗膜の劣化	・耐候性のよい塗料を使う

3-9 その他の仕上工事

1 内装工事

重要▸▸▸▸

> ・「内装工事」からは、石膏ボード張り、ロックウール化粧吸音板張り、カーペット敷込みおよびフローリング釘留め工法に関して、過去に複数回出題されている。

1 ビニル床シート

[1] 寒冷期に施工する際は採暖を行い、シートおよび下地とも5℃以下にならないようにする。

[2] 水や湿気の影響を受けやすい箇所の張り付けには、エポキシ樹脂系あるいはウレタン樹脂系接着剤を用いる。

[3] シート類は、長手方向に縮み、幅方向に伸びる性格があるため、長めに切断して仮置きし24時間以上放置して巻ぐせを取り、なじむようにする。

[4] 床シート張り付け後、接着剤が完全に硬化してから、はぎ目および継手を、電動溝切り機または溝切りカッターで溝切りを行う。

[5] 熱溶接工法における溝は、床シート厚の2/3程度とし、V字形またはU字形の断面形状で幅は均一とする図1。

[6] 熱溶接機を用いて、溶接部を180〜200℃の温度で溶接棒と床シートを同時に溶接する。

[7] 溶接は、シート張り後12時間放置した後行う。

[8] 溶接完了後、溶接部が完全に冷却した後、余盛を削り取り平滑にする。

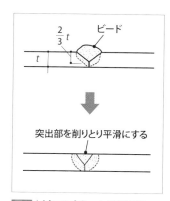

図1｜ビニル床シートの熱溶接

試験概要と試験対策のポイント

施工経験記述

仮設・安全

躯体施工

仕上施工

学科記述解説

施工管理

法規

過去問題と解答

次の問いに答えなさい。ただし、**留意事項は、それぞれ異なる内容の記述とし、材料の保管、作業環境**（気象条件）、**安全に関する記述は除くものとする。**

● 内装床工事において、ビニル床シートを平場部に張り付けるときの施工上の留意事項を2つ具体的に記述しなさい。

　　ただし、**下地の調整・補修、張り付け後の清掃に関する記述は除くものとする。**

※ 本問題には1〜4までの4つの設問があるが、ここでは〔設問4〕だけを解説するため、1〜3の設問は省略している。

解答と考え方

「**1｜ビニル床シート**」（前ページ）のうち、張り付けに関する留意事項だけを2つ記せばよい。以下から2つ選んで記述する。

〔**1**〕床シート張り付け後、接着剤が完全に硬化してから、はぎ目および継手を、電動溝切り機または溝切りカッターで溝切りを行う。

〔**2**〕熱溶接工法における溝は、床シート厚の2/3程度とし、V字形またはU字形の断面形状で幅は均一とする。

〔**3**〕熱溶接機を用いて、溶接部を180〜200℃の温度で溶接棒と床シートを同時に溶接する。

〔**4**〕溶接は、シート張り後12時間放置した後行う。

〔**5**〕溶接完了後、溶接部が完全に冷却した後、余盛を削り取り平滑にする。

● 上記は熱溶接工法における留意事項だが、「湿気の影響を受けやすい箇所の張り付けには、エポキシ樹脂系等の接着剤を用いる。」とか「接着剤の塗布は製造所の指定するくし目ごてを用いる。」といった一般的事項の記載でもよい。

2｜カーペット床

〔**1**〕グリッパー工法とは、部屋の周囲に釘の出た板（グリッパー）を固定しそれにカーペット端部を引っ掛けて留める工法。クッション性を増すために、カーペットの下にフェルトなどの下敷き材を敷く。

〔**2**〕下敷き材のフェルトは、グリッパーの厚さと同等かやや厚いものを選択し、敷き込みに当たっては、すき間などないよう突き付けて敷き込み、フェルトの端部は、グリッパーに重ねないようにする。

〔**3**〕全面接着工法とは、下地全面に接着剤を塗布しカーペットを床に固定する工法。ニードルパンチカーペットに適している。

〔**4**〕タイルカーペット張り工法とは、タイルカーペットを接着剤で全面接着する工法。市松張りを原則とし、粘着剥離形接着剤をくし目ごてにより下地全面に均一に塗布し、適切なオープンタイムをとり圧着する。割り付けは、部屋の中央から行う。

〔**5**〕タイルカーペットをフリーアクセスフロア下地に施工する場合、床パネル相互間の段差やすき間は1mm以下に調整し、床パネル目地とタイルカーペットとの目地は100mm程度ずらして張り付ける。その際、粘着剥離型の接着剤を床パネルの全面に塗布し、適切なオープンタイムをとり、圧着しながら張り付ける。

3｜合成樹脂塗床

〔**1**〕ピンホールができるのを防ぐため、施工中に直射日光が当たるのを避ける。

［2］弾性ウレタン樹脂系塗床において、ウレタン樹脂の1回の塗布量は2kg／m²以下とし、塗り厚さは2mm以下する。

［3］弾性ウレタン樹脂系塗床における防滑仕上げの表面仕上げは、塗床材に弾性骨材（ウレタンチップ等）を混合して塗り付けた後、トップコートを塗り付ける。

［4］エポキシ樹脂系塗床において、主剤と硬化剤の練混ぜ量は、通常30分以内に使い切れる量とする。

［5］エポキシ樹脂のコーティング工法は、塗床材をローラーやスプレーで塗り付ける工法である。

［6］プライマーは、下地の吸込みが激しく塗膜を形成しない場合に、全体が硬化した後、吸込みが止まるまで数回にわたって再塗布する。

4 ｜ フローリング張り（釘留め工法）

［1］板の割り付けを行い、通りよく敷き並べ、雄ざねの付け根から隠し釘留めとする 図2 。

［2］下張り材がある場合は、下張り材とフローリング材との継手が合致しないように調整して張り付ける。

［3］床鳴り防止のため、必要に応じて、接着剤を併用して釘留め固定する。

［4］フローリング板の伸縮を考慮して、幅木および敷居下には適切なすき間を設ける 図3 。

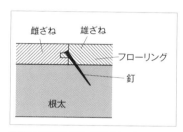

図2 ｜ 釘留め工法（下張りのない場合）

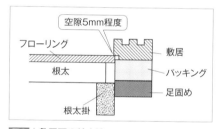

図3 ｜ 敷居下の納まり

EXERCISE
過去問題
令和4年
問題4-2

次の問いに答えなさい。ただし、解答はそれぞれ異なる内容の記述とし、材料の保管、作業環境（気象条件等）および作業員の安全に関する記述は除くものとする。

● **木製床下地にフローリングボードまたは複合フローリングを釘留め工法で張るときの施工上の留意事項を2つ、具体的に記述しなさい。**

※ 本問題には1〜4までの4つの設問があるが、ここでは〔設問3〕だけを解説するため、1、3、4の設問は省略している。

解答と考え方

上記「4 ｜ フローリング張り（釘留め工法）」のうち、釘留め工法に関する留意事項だけを2つ記せばよい。

● 模範解答はともかく、釘留めであるから、まず「確実な打込み」、「整然とした通り」の確保が必要なことが思い付く。苦しまぎれに「フローリング間にすき間のないように」とか、「フローリングにそりがないように」とかの記述でも、何も書かないよりはましである。とにかく何か書き込むことが重要。

試験概要と試験対策のポイント

施工経験記述

仮設・安全

躯体施工

仕上施工　学科記述解説

施工管理

法規

過去問題と解答

5 | 石膏ボード張り

[1] 石膏ボードの留め付け間隔は表1による。

表1 | 石膏ボードの留め付け間隔

下地	施工箇所	下地材に接する部分の留め付け間隔		備考
		周辺部	中間部	
軽量鉄骨下地 木造下地	天井	150mm程度	200mm程度	小ねじの場合
	壁	200mm程度	300mm程度	

memo >>>>

●留め付け間隔は、衝撃を受けやすい周辺部を密にする。

[2] 軽量鉄骨下地にボードを直接取り付ける場合、ドリリングタッピンねじは下地の裏面に10mm以上の余長が得られる長さとし、亜鉛メッキをしたものとする。また、ドリリングタッピンねじの位置はボードの端部から10mm程度内側とする。

[3] 壁を2重張りとする場合は、下張りと上張りの継目位置が重ならないように、一般的には、下張りは横張りとし、上張りは縦張りとする。

[4] 下張りボードに上張りボードを張り付ける際には、接着剤を主体としてステープルを併用して張り付ける。

[5] 直張り工法（GL工法）の仕上げ厚は、9.5mmボードで20mm、12.5mmボードで25mmを標準とする。

[6] 直張り用の接着剤は、1時間以内に使い切れる量とする。

[7] 直張り用の接着剤の間隔は表2、図4による。

表2 | 直張り用接着剤の間隔

施工箇所	接着剤の間隔
ボード周辺部	150〜200mm
床上1.2m以下の部分	200〜250mm
床上1.2mを超える部分	250〜300mm

memo >>>>

●接着剤の間隔は、衝撃を受けやすい周辺部や下部を密にする。留め付け間隔と同様。

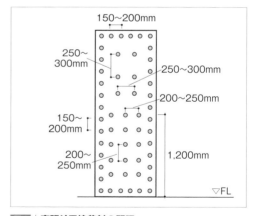

図4 | 直張り用接着剤の間隔

[8] 直張り用の接着剤の盛上げ高さは、接着するボードの仕上がり面までの高さの2倍以上とする図5。

memo >>>>

●直張り工法の仕上げ厚は、ボード厚の2倍、接着剤の盛り上げ高さは、仕上げ厚の2倍。

［9］ 直張り用の接着剤の塗り付け面積は、張り付けるボード1枚分の面積とする。

［10］ 直張り工法でボード圧着の際、床面からの水分の吸上げを防ぐためくさびなどをかい、床面から10mm程度浮かして張り付ける図6。

［11］ 直張り工法における外壁の室内面では、躯体に打込んだポリスチレンフォーム断熱材に、プライマー処理の上、ボードを張り付ける。

［12］ 鉄筋コンクリート壁の両側に石膏ボードを直張りした場合、共振現象により遮音性が低下することがあるため、同じ仕様の場合には厚さを変えたり、遮音材などをはさんだサンドイッチ構造等にする必要がある。

［13］ ALCパネルを下地とする直張り工法では、ALCパネル面にはプライマー処理を行う。

［14］ 直張り工法の石膏ボード表面に仕上げを行う場合、ボード張り付け後、仕上材に通気性がある場合で7日以上、通気性がない場合で20日以上放置し、接着剤が乾燥したことを確認後、仕上げを行う。

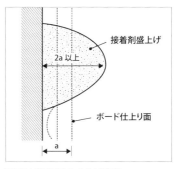

接着剤盛上げ
2a 以上
ボード仕上り面
a

図5 接着剤の盛上げ高さ

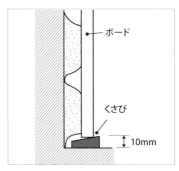

ボード
くさび
10mm

図6 床取り合いの例

EXERCISE
過去問題
平成18年
問題4-3

次の問いに答えなさい。

● **内部のコンクリート壁に石膏ボードを石膏系接着剤直張り工法で張るときの施工上の留意事項を2つ具体的に記述しなさい。**

ただし、下地に関する記述は除くものとする。

※ 本問題には1〜4までの4つの設問があるが、ここでは〔設問3〕だけを解説するため、1、2、4の設問は省略している。

解答と考え方

「5｜石膏ボード張り」（前ページ）のうち、直張り工法に関する留意事項だけを2つ記せばよい。以下から2つ選んで記述する。

［1］ 直張り工法の仕上げ厚は、9.5mmボードで20mm、12.5mmボードで25mmを標準とする。

［2］ 直張り用の接着剤は、1時間以内に使い切れる量とする。

［3］ 直張り用の接着剤の間隔は、ボード周辺部では150〜200mm、床上1.2m以下の部分では200〜250mm、床上1.2mを超える部分は250〜300mmとする。

［4］ 直張り用の接着剤の塗り付け面積は、張り付けるボード1枚分の面積とする。

［5］ 直張り工法では床面からの水分の吸上げを防ぐため、くさびなどをかい、床面から10mm程度浮かして張り付ける。

● できれば、細かい寸法も覚えていれば問題はないが、覚えていない場合は、「直張り用の接着剤の間隔は、床上1.2mを超える部分、床上1.2m以下の部分、ボード周辺部の順に密にする。」等、とにかく書き込むことが重要。

試験概要と試験対策のポイント

施工経験記述

仮設・安全

躯体施工

仕上施工

学科記述解説

施工管理

法規

過去問題と解答

6｜ロックウール化粧吸音板張り

[1] 石膏ボードの張付けは、接着剤と釘やステープル等を併用して取り付ける。

[2] ロックウール化粧吸音板の目地は、石膏ボード下地材の目地と同位置にならないよう留意する。

7｜壁紙張り

[1] 壁紙および壁紙施工用でん粉系接着剤のホルムアルデヒド放散量は一般に、F☆☆☆☆（フォースター）を使用するのが望ましい。

memo ►►►►

- F☆☆☆☆（フォースター）とは、シックハウス症候群を引き起こす原因とされる有害物質、ホルムアルデヒドの発散量を示す等級の最上位規格を示す。数値は大きいほど上位規格を示す。

[2] 防火材料の認定を受けた壁紙には、施工後、防火製品表示ラベルを1区分(1室)ごとに2枚以上張り付けて表示する。

[3] 石膏ボード直張り工法の場合は、接着剤の乾燥が遅いため、十分な養生期間をとる。

[4] 模様のある壁紙では、継目部分の模様にずれを生じさせないよう留意する。

[5] 石膏ボードに刃物があたり、傷が付かないように、下敷きを用いて重ね切りとする。

[6] 壁紙を重ね張りする場合は、重ね部分の影が目立たないように、強い光が入る側から張り出す。

EXERCISE
過去問題
平成26年
問題4-4

次の問いに答えなさい。ただし、解答はそれぞれ異なる内容の記述とし、材料の保管、作業環境（気象条件等）および作業員の安全に関する記述は除くものとする。

- 石膏ボード下地に壁紙を直張り工法で張るときの施工上の留意事項を2つ、具体的に記述しなさい。

※ 本問題には1〜4までの4つの設問があるが、ここでは〔設問4〕だけを解説するため、1〜3の設問は省略している。

解答と考え方
上記「6｜壁紙張り」のうち、直張り工法に関する留意事項だけを2つ記せばよい。以下から2つ選んで記述する。

[1] 石膏ボード直張り工法の場合は、接着剤の乾燥が遅いため、十分な養生期間をとる。

[2] 模様のある壁紙では、継目部分の模様にずれを生じさせない。

[3] 石膏ボードに刃物があたり、傷がつかないように、下敷きを用いて重ね切りとする。

[4] 壁紙を重ね張りする場合は、重ね部分の影が目立たないように、強い光が入る側から張り出す。

- 石膏ボードに壁紙を張る際の留意事項で、石膏ボードを直張りする際の留意事項ではない。誤解しないこと。

2 外装工事

重要 >>>>

> ・「外装工事」からは、ALCパネルの施工に関して、過去に複数回出題されている。平成23年度に「コンクリート外壁のひび割れ部の改修工事」が出題されているが、今後、「改修工事」は、時代の要請によりますます重要となると思われる。

1 | ALCパネル張り

[1] ALCパネルの補強鉄筋が露出していたり、パネル幅または長さ方向全体にわたりひび割れのあるような構造耐力上支障のあるパネルは、使用してはならない。

[2] ALCパネルを積み重ねて保管する場合は、原則として高さ2.0m以下とする。

[3] 外壁パネルの孔あけ加工は、1枚当たり1箇所とし、主筋の位置を避け、孔径はパネル短辺幅の1/6以下とする。

[4] 横壁ボルト止め構法 図7 では、パネル積上げ段数5段以内ごとに自重受け鋼材を設け、自重受け鋼材を設けた横目地には、伸縮目地を設ける。

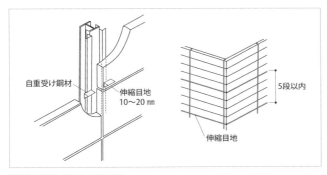

図7 | 横壁ボルト止め構法

[5] 縦壁として取り付ける場合には、一般にロッキング構法を用いる。

[6] 間仕切壁フットプレート構法では、パネル上部と間仕切チャンネルの溝底との間に20mmのクリアランスを設けるとともに、パネル上部の間仕切チャンネルへ20mmのかかりしろを確保して取り付ける。

[7] 間仕切壁フットプレート構法では、パネルの出隅・入隅部の縦目地、ならびに外壁および梁とパネルとの間に20mm程度の伸縮目地を設ける。

[8] 耐火性能が要求される伸縮目地には、モルタルではなく耐火目地材を充填する。

2 | 押出成形セメント板

[1] 縦張り工法では、各段ごとに構造体に固定した下地材で受け、取付金物は上下にロッキングできるように取り付ける。

[2] 縦張り工法では、縦目地より横目地の幅が大きい。

試験概要と試験対策のポイント

施工経験記述

仮設・安全

躯体施工

仕上施工 学科記述解説

施工管理

法規

過去問題と解答

試験概要と試験対策のポイント

施工経験記述

仮設・安全

躯体施工

仕上施工 学科記述解説

施工管理

法規

過去問題と解答

［3］ 横張り工法では、パネル積上げ枚数3枚以内ごとに構造体に固定した下地材で受け、取付金物は**左右にスライドできる**ように取り付ける。

［4］ 横張り工法では、**横目地より縦目地の幅が大きい**。

［5］ 耐火性能は、厚さ60mmのパネルでは1時間、厚さ50mmのパネルでは30分の非耐力壁耐火性能の認定を受けている。

［6］ 防火区画にパネルを用いる場合、パネル上部の取付金物に、所定の耐火性能に応じた耐火被覆が必要となる。

3 | カーテンウォール工事

a）メタルカーテンウォール

メタルカーテンウォールには、パネル方式、方立方式、バックマリオン方式、スパンドレル方式、小型パネル組合せ方式がある。

① パネル方式とは、金属の板材と枠材を組み上げたり、成形したパネルを構造躯体に取り付ける方式である。

② 方立（マリオン）方式とは、床版と上階の床版（梁）の間に架け渡し、その間にサッシ、スパンドレルパネルなどの構成部材を取り付ける方式である。

③ バックマリオン方式とは、方立（バックマリオン）を床版と上階の床版（梁）の間に架け渡し、その前面にガラスやパネルなどの構成部材を取り付ける方式である。壁面もしくはガラス面より室内側に方立の主要部分がくる。

④ 小型パネル組合せ方式とは、比較的小さなパネルを工場生産し、鋼材などの下地材に取り付ける方式である。

b）PCaカーテンウォール

PCaカーテンウォールのファスナー形式には、スウェイ形式、ロッキング形式、固定形式がある。

① スウェイ形式とは、上部あるいは下部ファスナーのいずれか**片方**をルーズホールなどでスライドさせることで、層間変位に追従させる形式である。

② ロッキング形式とは、パネルを**回転**（ロッキング）させることで、層間変位に追従させる形式である。

③ 固定形式とは、スパンドレルパネルのように層間変位に対する追従性を必要としない場合に用いられる。

4 | 断熱工事

［1］ 硬質ウレタンフォーム吹付け工法では、随時厚みを測定しながら作業し、吹付け厚さの許容誤差は0～10mmとする。

memo ►►►►

• 許容誤差は±10mmではない。断熱材の許容誤差にマイナスはない。

[2] 硬質ウレタンフォーム吹付け工法では、一層の吹付け厚さは30mm以下とし、1日の総吹付け厚さは80mm以下とする。

[3] 硬質ウレタンフォーム吹付け工法では、厚く付きすぎて仕上げ等の支障となるところは、カッターナイフで表層を除去する。

[4] 硬質ウレタンフォームは、**自己接着性が大きく**、接着剤を使用しなくとも、下地のコンクリート等に直接吹付けて発泡させることにより、下地に強く接着可能である。

[5] 硬質ウレタンフォーム吹付け工法では、吹付け作業中および硬化後も火気厳禁である。

[6] 押出法ポリスチレンフォーム張り付け工法は、断熱材と躯体の間にすき間ができないように、樹脂モルタル等のセメント系下地調整塗材を用い全面接着する。

[7] 押出法ポリスチレンフォーム打込み工法は、型枠に断熱材を張り付け躯体に打込む工法で、断熱材の継目は突き付けとし、テープ張りをしてからコンクリートを打設する。

[8] 押出法ポリスチレンフォーム打込み工法において、窓枠廻りなど防水剤入りモルタル詰めを行った部分には、現場発泡の硬質ウレタンフォームを充填する。

5 | 改修工事

a) コンクリート打放し仕上外壁のひび割れ部の改修工事

① コンクリート打放し仕上外壁のひび割れ部の改修工事における樹脂注入工法は、ひび割れ幅が0.2mm以上1.0mm以下の場合に適用される。

② 樹脂注入工法は、シール工法やUカットシール材充填工法に比べ、耐久性が期待できる工法でる。

③ 挙動のあるひび割れ部の注入に用いるエポキシ樹脂の種類は、**軟質形**とし、粘性による区分は、ひび割れ幅が0.5mm未満には**低粘度形**を、0.5mm以上には**中粘度形**を用いる。

b) タイル部分張り替え工法の外壁改修工事

① ポリマーセメントモルタルを用いて張り付ける場合、調整済の下地と仕上げの両方にポリマーセメントモルタルを塗布し、直ちにタイルを張り付ける。

② 通常24時間以上衝撃を与えないよう養生を行った後、目地詰めを行う。

③ 目地深さはタイル厚の1/2以下とし、目地詰め後はタイル面に衝撃を与えないよう3日以上は養生を行う。

試験概要と試験対策のポイント

施工経験記述

仮設・安全

躯体施工

仕上施工

学科記述解説

施工管理

法規

過去問題と解答

試験概要と試験対策のポイント

施工経験記述

仮設・安全

躯体施工

仕上施工　学科記述解説

施工管理

法規

過去問題と解答

「仕上施工」における「穴埋め問題」の解答と考え方

- 以前は、3つの語句のうち、最も不適当な語句を探し出し適当な語句を記入する「語句訂正問題」が出題されていたが、最近は「穴埋め問題」が「5肢1択問題」として出題されており、記述式であった以前よりは、難易度は下がった。
- ただし、一般的な選択式問題とは異なり、3つの空欄に当てはまる選択肢が各々2個あり、その5通りの組み合わせの中から正しい1つを選ぶといった設問になっている。
- 可能な8通りの組み合わせの中から、5通りが出題されているため、3つの空欄すべてに正解できなくても、2つの正解のみで、正答肢にたどり着ける問題も存在している。
- 現場経験や建築の専門知識が豊富で、語句や数値を正確に記憶できていればまったく問題はないのだが、そうでない場合に、あきらめずに、いかにして正答肢に迫り、より多くの得点を獲得できるかを考えてみる。この粘りこそが、ボーダーラインを超えて合格へ至るうえでの必須条件となる。

問題 →
令和5年
問題5

次の 1.から 8.の各記述において、□□に当てはまる最も適当な語句又は数値の組合せを、下の枠内から1つ選びなさい。

1. 塩化ビニル樹脂系シート防水の接着工法において、シート相互の接合部は、原則として水上側のシートが水下側のシートの上になるよう張り重ねる。
   また、シート相互の接合幅は、幅方向、長手方向とも、最小値 a mmとし、シート相互の接合方法は、 b と c を併用して接合する。

	a	b	c
①	40	接着剤	液状シール材
②	100	接着剤	テープ状シール材
③	100	溶着剤又は熱風	テープ状シール材
④	40	溶着剤又は熱風	液状シール材
⑤	100	溶着剤又は熱風	液状シール材

解答｜④（144ページ～参照）
塩化ビニル樹脂系シート防水に関する設問である。防水材の接合幅（重ね幅）は「100」mm以上とするのが一般的であるが、塩化ビニル樹脂系シート防水の場合は、幅方向、長手方向とも「40」mm以上ですむ。同じシート防水仲間の加硫ゴム系の場合は「100」mm以上必要である。接合方法として「熱風」を用いるのは、内装材の長尺塩ビシートの熱溶接の場合と同様である。あきらめずに想像力を駆使すること。

2. セメントモルタルによる外壁タイル後張り工法の引張接着強度検査は、施工後2週間以上経過した時点で、油圧式接着力試験機を用いて、引張接着強度と a 状況に基づき合否を判定する。
   また、下地がモルタル塗りの場合の試験体は、タイルの目地部分を b 面まで切断して周囲と絶縁したものとし、試験体の数は100m²以下ごとに1個以上とし、かつ、全面積で c 個以上とする。

試験概要と試験対策のポイント

施工経験記述

仮設・安全

躯体施工

仕上施工

学科記述解説

施工管理

法規

過去問題と解答

	a	b	c
①	破壊	下地モルタル	2
②	破壊	コンクリート	2
③	破壊	コンクリート	3
④	打音	コンクリート	3
⑤	打音	下地モルタル	3

解答｜③（150ページ〜参照）

外壁タイルの引張接着強度検査に関する設問である。引張接着強度0.4N/mm²以上、かつ、コンクリート下地の接着界面における「破壊」率が50%以下であることが合格の条件となっている。「打音」試験は、タイルの浮きの発見には有効である。なお、タイルは目地の力で状態が保たれているケースもあり、正確に引張接着強度を測定するには「コンクリート」面まで切断する必要がある。試験体の数は、最低でも「3」個以上を要する。

---

3. 鋼板製折板葺屋根におけるけらば包みの継手位置は、端部用タイトフレームの位置よりできるだけ a ほうがよい。

また、けらば包み相互の継手の重ね幅は、最小値 b mmとし、当該重ね内部に不定形又は定形シーリング材をはさみ込み、 c 等で留め付ける。

	a	b	c
①	近い	100	ドリリングタッピンネジ
②	離す	60	溶接接合
③	近い	60	ドリリングタッピンネジ
④	近い	100	溶接接合
⑤	離す	100	ドリリングタッピンネジ

解答｜③（153ページ参照）

鋼板製折板屋根に関する設問である。タイトフレームは下地の骨組みなので、けらば包みの継手位置は、当然、できるだけ「近い」ほうが構造上理にかなっている。けらば包み相互の継手の重ね幅の最小値は「100」mmではなく「60」mmである。注意深く問題文を読むと、"留め付ける"と記されている。「溶接接合」で"留め付ける"という日本語はおかしい。"留め付ける"のなら「ドリリングタッピンネジ」であろう。こういったことに注意を払うだけでも正答率は高くなる。

---

4. 軽量鉄骨壁下地のランナー両端部の固定位置は、端部から a mm内側とする。

ランナーの固定間隔は、ランナーの形状、断面性能及び軽量鉄骨壁の構成等により b mm程度とする。

また、上部ランナーの上端とスタッド天端の隙間は10 mm以下とし、スタッドに取り付けるスペーサーの間隔は c mm程度とする。

	a	b	c
①	100	600	900
②	50	900	600
③	50	600	900
④	50	900	900
⑤	100	900	600

試験概要と試験対策のポイント

施工経験記述

仮設・安全

躯体施工

仕上施工　学科記述解説

施工管理

法規

過去問題と解答

解答 ②（156ページ参照）

軽量鉄骨壁下地に関する設問である。ランナーとはスタッドを設置するための上下枠のことで、一般的には、床スラブや天井のボードに固定される。ランナーの固定位置は端部から「50」mm内側、固定間隔は「900」mm程度、スペーサーの間隔は「600」mm程度といった数値は、一次検定の際、必ず頭に入れた数値であろう。記憶を振り絞ってほしい。

---

5. 仕上げ材の下地となるセメントモルタル塗りの表面仕上げには、金ごて仕上げ、木ごて仕上げ、はけ引き仕上げがあり、その上に施工する仕上げ材の種類に応じて使い分ける。

一般塗装下地、壁紙張り下地の仕上げの場合は、　a　仕上げとする。

壁タイル接着剤張り下地の仕上げの場合は、　b　仕上げとする。

セメントモルタル張りタイル下地の仕上げの場合は、　c　仕上げとする。

	a	b	c
①	金ごて	木ごて	はけ引き
②	金ごて	金ごて	はけ引き
③	木ごて	木ごて	はけ引き
④	金ごて	金ごて	木ごて
⑤	木ごて	金ごて	木ごて

解答 ④（159ページ参照）

セメントモルタル塗りに関する設問である。「はけ引き」仕上げは、「木ごて」で均した後、少量の水を含ませたはけを引き、はけ目を通り良く仕上げる。防滑性を必要とするスロープ等の床の表面仕上げに用いられるが、一般的に、仕上げ材の下地とすることはない。セメントモルタル張りタイル下地の場合は、張付けモルタルがなじみやすいように「木ごて」仕上げの下地とする。「金ごて」仕上げは、平滑な表面を形成できるため、塗装や壁紙および壁タイル接着剤張り等の下地に用いられる。「金ごて」「木ごて」といったこての材質により、表面仕上げ状態が変わるのは容易に想像できるであろう。

---

6. アルミニウム製建具工事において、枠のアンカー取付け位置は、枠の隅より150 mm内外を端とし、中間の間隔を　a　mm以下とする。

くつずりをステンレス製とする場合は、厚さ　b　mmを標準とし、仕上げはヘアラインとする。

また、一般的に、破損及び発音防止のためのくつずり裏面のモルタル詰めは、取付け　c　に行う。

	a	b	c
①	500	1.5	後
②	600	1.5	前
③	600	1.6	後
④	500	1.6	前
⑤	500	1.5	前

解答 ⑤（162ページ参照）

アルミニウム製建具に関する設問である。くつずりのステンレス鋼板は「1.5」mmが規格寸法であり、「1.6」mmはスチール鋼板の規格寸法である。また、くつずりとは、一般に床に埋め込んで設置するため、取付「後」にモルタル詰めはできず、取付「前」に行う。以上の2問がわかれ

試験概要と試験対策のポイント

施工経験記述

仮設・安全

躯体施工

仕上施工

学科記述解説

施工管理

法規

過去問題と解答

ば、枠のアンカー取付け位置の中間の間隔が「500」mm以下であることがわからなくても正答⑤にたどり着く。

---

7. せっこうボード面の素地ごしらえのパテ処理の工法には、パテしごき、パテかい、パテ付けの3種類がある。

　　 a 　は、面の状況に応じて、面のくぼみ、隙間、目違い等の部分を平滑にするためにパテを塗る。

　また、パテかいは、 b にパテ処理するもので、素地とパテ面との肌違いが仕上げに影響するため、注意しなければならない。

　なお、パテ付けは、特に c を要求される仕上げの場合に行う。

	a	b	c
①	パテしごき	全面	美装性
②	パテしごき	全面	付着性
③	パテかい	局部的	美装性
④	パテかい	全面	美装性
⑤	パテかい	局部的	付着性

解答｜③（165ページ参照）

素地ごしらえのパテ処理工法に関する設問である。パテ処理の工法として、「パテしごき」、「パテかい」、「パテ付け」の3種類があげられているが、問題文には「パテかい」、パテ付けは記載されているが「パテしごき」に関する記載はない。それで、 a は「パテしごき」かと思いきや、正解は「パテかい」である。「パテかい」は「局部的」にパテ処理を行い、「パテしごき」は「全面的」にパテを塗りしごき取る工法、「パテ付け」は「パテかい」の後、さらにパテを全面に塗り、「美装性」を高める工法である。

---

8. タイルカーペットを事務室用フリーアクセスフロア下地に施工する場合、床パネル相互間の段差と隙間を a mm以下に調整した後、床パネルの目地とタイルカーペットの目地を b mm程度ずらして割付けを行う。

　また、カーペットの張付けは、粘着剥離形の接着剤を c の全面に塗布し、適切なオープンタイムをとり、圧着しながら行う。

	a	b	c
①	1	100	床パネル
②	2	50	床パネル
③	1	100	カーペット裏
④	2	100	カーペット裏
⑤	1	50	カーペット裏

解答｜①（168ページ参照）

フリーアクセス下地のタイルカーペット施工に関する設問である。タイルカーペットは、仕上げ後、下地の影響が表面に出やすいため、下地の床パネル相互間の段差と隙間を「1」mm以下に調整する必要がある。また、下地と仕上げをできるだけずらして張るというのは、内装工事の常識であろう。なお、粘着剥離形の接着剤を全面に塗布した後、適切なオープンタイムを取ってから張りつけるのであれば、施工上、塗布面は「カーペット裏」ではなく、当然、「床パネル」になるであろう。

179

4　施工管理

POINT
出題傾向と
ポイント

- 「施工管理」は工程表に関する出題が続いており、平成13年度からは「バーチャート工程表」から作業工程の理解度や各作業の前後関係を問う設問が毎年出題されていたが、平成29年度からは連続して「ネットワーク工程表」が出題されている。
- 「ネットワーク」対策だけではなく、「バーチャート」対策も必要である。
- 設問となっている「バーチャート工程表」の対象となる建築物は、すべて市街地の事務所ビルや共同住宅である。施工規模、構造種別、地下階の有無等は毎年異なり一定の法則はつかめないが、下記に過去の出題内容を表に示したので参考にしてほしい。特に地下階の有無については、工程上の重要なポイントとなるため、「4-2　地下階の施工手順」としてまとめた。各種作業内容をよく理解するとともに、それぞれの作業の前後関係を正しく把握することが不可欠である。
- 特に「ネットワーク工程表」の設問では、長い問題文に対する正確な読解力と、冷静な問題解決力が必要である。

CHECK
第二次検定
の出題内容

分野			H20	H21	H22	H23	H24	H25	H26	H27	H28	H29	H30	H30(臨時)	H30	R1	R2	R3	R4	R5
工程表の種類	バーチャート		●	●	●	●	●	●	●	●	●	·	·	·	·	·	●	·	●	·
	ネットワーク		·	·	·	·	·	·	·	·	·	●	●	●	●	●	●	●	●	●
用途	事務所ビル		●	●	●	●	●	●	·	●	●	●	●	●	●	●	●	●	●	●
	共同住宅		·	·	·	·	·	·	●	·	·	·	·	·	·	·	·	·	·	·
構造	RC造		●	●	·	●	●	·	●	●	●	●	●	●	●	●	·	●	●	●
	S造		·	·	●	·	·	●	·	·	·	●	·	·	·	·	●	·	·	·
地階	地階あり	敷地に余裕あり	●	·	·	·	·	·	·	·	·	·	·	·	·	·	·	·	·	·
		敷地に余裕なし	·	·	●	●	●	●	●	●	●	●	●	●	●	●	·	●	·	●
	地階なし		·	●	·	·	·	·	·	·	·	·	·	·	·	·	●	·	●	·
屋上防水	保護コンクリートあり		·	●	·	●	●	●	●	●	●									
	保護コンクリートなし		●	·	●	·	·	·	·	·	·									
基礎	アースドリル杭		·	·	·	●	●	●	·	●	●									
	PC既製杭		·	●	·	·	·	·	·	·	·									
	直接基礎		●	·	●	·	·	·	●	·	●									

平成30年度は、1級建築施工管理技術検定 実地試験と1級建築士の製図試験が重なったため、両方を受検する者を対象に臨時試験が実施されて2回試験が行われている

4-1　工程管理

1　バーチャート工程表　図1

[1] バーチャート工程表とは、縦軸に工事を構成する作業を記入し横軸に暦日をとり、各作業の着手日と終了日を棒線で結び表示したものである。

[2] バーチャート工程表の長所。
- 各作業の日程および所要日数がわかりやすい。
- 各作業の流れを左から右に移行するよう表現しているため、各作業間の関連がある程度理解できる。

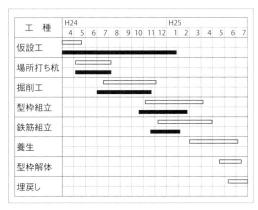

図1｜バーチャート工程表

［3］ バーチャート工程表の短所。
  • 各作業の全体工期に対する影響の度合いは把握しにくい。

2 ネットワーク工程表 図2

［1］ ネットワーク工程表とは、作業を矢線で表示し、各作業間の順序関係を視覚的に表現したものである。

［2］ ネットワーク工程表の長所。
  • 各作業の関連性を把握しやすい。
  • 重点管理作業を把握しやすく、工期短縮の方針を立てやすい。
  • 労務、資材等の投入時期を把握しやすい。

［3］ ネットワーク工程表の短所。
  • 作成に多くのデータを必要とし、労力・費用がかかる。
  • 各作業の進捗状況が把握しにくい。
  • 全体の出来高が把握しにくい。

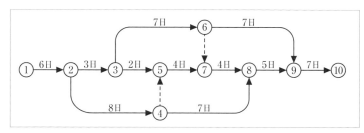

図2｜ネットワーク工程表

4-2 地下階の施工手順

重要▶▶▶▶

  • 建設工事の工程は、施工規模、構造種別、地下階の有無、敷地状況等により大きく異なる。特に地下階がある場合は、周辺の地盤に悪影響を与えることなく、地下躯体をいかに合理的に構築していくかが重要なポイントとなり、施工技術者として腕のふるいどころである。

地下階がある場合の地下工事の手順を下記(次ページ)に示す。

敷地に余裕がある場合は、躯体と山留め壁の間に作業空間が設けられるため、地下外壁の防水工事が可能となる 図1 〜 図6(182ページ)。

市街地で敷地に余裕がない場合は、山留め壁は外部型枠兼用となり、親杭は引き抜かず、地下外壁の防水工事も外部からは実施できない 図7(182ページ)。

試験概要と試験対策のポイント

施工経験記述

仮設・安全

躯体施工

仕上施工

学科記述解説

施工管理

法規

過去問題と解答

[1] ①山留め親杭等打込み 図1
　↓
　②場所打ちコンクリート杭工事 図1
　↓
[2] ③1次根切り 図2
　↓
　④乗入れ構台架け 図2
　↓
　⑤切梁架け 図2
　↓
[3] ⑥2次根切り・床付け 図3
　↓
　⑦杭頭処理 図3
　↓
[4] ⑧基礎耐圧盤打設 図4
　↓
　⑨地下1階床・地中梁打設 図4
　↓
　⑩1次埋戻し（※2）図4
　↓
　⑪仮切梁（※1、※2）図4
　↓
　⑫切梁払い 図4

※1 切梁払いの前に、切梁で負担していた側圧を基礎躯体に負担させるために、仮切梁を設置する。仮切梁は早強コンクリートによるスラブ形式が多い。

※2 敷地に余裕がなく躯体と山留め壁との間に作業空間がない場合には、⑩⑪の作業は行わず、基礎躯体で直接山留め壁の側圧を支え、切梁払いを行う 図7。
　↓
[5] ⑬地下1階躯体打設 図5
　↓
　⑭外壁防水工事（※3）図5

※3 敷地に余裕がなく躯体と山留め壁との間に作業空間がない場合には、⑭の作業は行わない 図7。

[6] ⑮2次埋戻し（※4）図6
　↓
　⑯親杭引抜き（※5）図6
　↓
　⑰乗入れ構台解体 図6
　↓
　地上躯体工事へ

※4 敷地に余裕がなく躯体と山留め壁との間に作業空間がない場合には、⑮の作業は行わない 図7。

※5 親杭は引抜く場合と引抜かない場合があるが、山留め壁が外部型枠兼用となる場合は引抜かない 図7。

[7] 敷地に余裕のない場合 図7

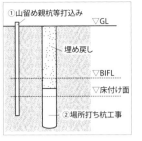

図1 ｜ 地下工事の作業手順1

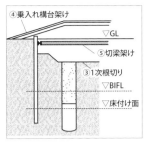

図2 ｜ 地下工事の作業手順2

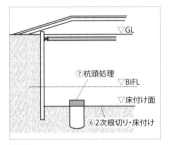

図3 ｜ 地下工事の作業手順3

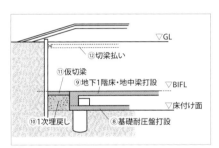

図4 ｜ 地下工事の作業手順4

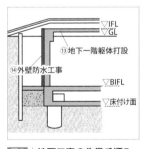

図5 ｜ 地下工事の作業手順5

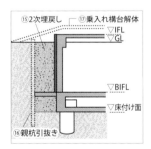

図6 ｜ 地下工事の作業手順6

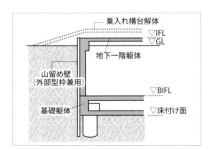

図7 ｜ 地下工事の作業手順—敷地に余裕のない場合

試験概要と試験対策のポイント

施工経験記述

仮設・安全

躯体施工

仕上施工

学科記述解説

施工管理

法規

過去問題と解答

4-3 バーチャートのポイント

重要 ▶▶▶▶

- 「バーチャート工程表」に関する設問の内容は下記の3点となる。
  ① バーチャート工程表上にA、Bなどの記号が記載され、その作業名を記述する。
    ※ Aは土工事や杭地業工事等、Bは防水工事等からよく出題されている。
  ② 最も不適当なバーチャート工程を指摘し、正しい作業開始日もしくは終了日を解答する。
    ※ 不適当な工程の多くは、防水工事や内装工事等からよく出題されている。
  ③ 工種別工事の空欄に、当該工事の適切な作業工程を、作業の開始日および終了日を月の上旬・中旬・下旬で解答する。
    ※ 未記入の工程は、外壁仕上工事や建具工事等からの出題が多い。
- 問題文には、工程表で示した建物の立地条件、構造・規模、外壁仕上、その他の条件が記述されているため、まずは、落ち着いてそれらを頭に入れた上で、工程表を読み込むことが重要である。正答を得るには、各種作業内容をよく理解するとともに、それぞれの作業の前後関係を正しく把握することが不可欠である。

1 仮設工事

[1] 準備工事として、着工前に、仮囲い、仮設事務所の設置、仮設電力引込み、上下水道引込み、諸官庁への届出等を行う。

[2] 乗入れ構台は、1次根切り開始後切梁架けの前に組立て、地上躯体工事の開始前に解体する。

[3] 外部足場は、構台解体や埋戻しが終了後、1階躯体施工の前に設置し、外装工事および外装のクリーニング完了後解体する。外部足場を解体後、外構工事を行う。

[4] タワークレーンは鉄骨建方前に設置し、外構工事の前に解体する。

[5] 低床ジブクレーンは鉄骨本締め終了後に設置し、屋上防水施工前に解体する。

[6] クライミング式ジブクレーン撤去後、揚重機開口部を閉鎖する。

[7] 片づけ、清掃、クリーニングは、完了検査前に行い、竣工引き渡し前に完了させる。

2 杭工事

[1] 場所打ちコンクリート杭や既製杭は、一般的には、土工事に先行し施工する。

[2] 杭頭処理は、根切り終了後、基礎躯体の施工の前に行う。

3 土工事・山留め工事

[1] 周囲の地盤に悪影響を及ぼさずに、地下工事をいかに進めるかが重要。

[2] 1次根切りは切梁を架ける前、2次根切りは切梁を架けた後に行う。

memo ▶▶▶▶

- 乗入れ構台も切梁も、「架け（組立て）」があれば、後に必ず「払い（解体）」がある。

[3] 山留め壁は、親杭横矢板工法が一般的で、親杭は引抜く場合とそうでない場合がある。

試験概要と試験対策のポイント

施工経験記述

仮設・安全

躯体施工

仕上施工

学科記述解説

施工管理

法規

過去問題と解答

4 鉄骨工事

[1] 主な作業手順。

鉄骨建方→本締め→デッキプレート敷き→梁上の頭付きスタッド溶接→床コンクリート打設→外壁下地鉄骨組み(外壁金属パネル等の場合)→**耐火被覆**(耐火構造の場合)→**外壁金属パネル取り付け**→外壁シーリング

[2] 外壁がALC板や押出成形セメント板の場合は、外壁材取り付け後に耐火被覆を行う。

[3] 建逃げ方式(屏風建て)とは、建物の片側から一方向に、鉄骨柱を屏風のように先行していく建方である。

5 コンクリート工事(地階がない場合)

[1] コンクリート工事の主な作業手順。

基礎・地中梁型枠・鉄筋工事→基礎・地中梁コンクリート打設→型枠解体→埋め戻し→土間地業→配筋→土間コンクリート打設→1階型枠・鉄筋工事

[2] 土間コンクリート打設を先に延ばし、1階躯体工事を進める場合もあるが、床板がないと仮設材の足元が固定されず型枠の沈下の恐れもあるため注意を要する。

[3] 屋上防水が保護コンクリート仕様 図1 の場合は、防水工事完了後、保護コンクリート打設工事となる。

6 防水工事

[1] 地下外壁防水は、地下躯体完了後、埋め戻し前に地下外壁の外部側に施工する。

[2] 屋上防水工事は、最上階の躯体コンクリート打設後、3週間から1カ月程度養生期間をとってから開始する。

[3] 屋上防水が保護コンクリート仕様 図1 の場合は、アスファルト防水施工後、伸縮目地棒取り付け工事を行う必要がある。

[4] 外壁シーリング工事を行う時期は外壁材により異なる。

外壁タイル張り:　　　　外壁タイル張り後
外壁吹付け材仕上:　外壁吹付け材吹付け前
外壁カーテンウォール:カーテンウォール取り付け後

[5] 建物内に浴室・厨房等水を流す施設がある場合には、仕上工事前に内部防水を行う必要がある。

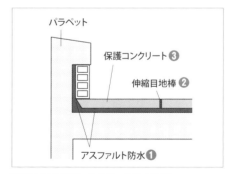

パラペット
保護コンクリート ❸
伸縮目地棒 ❷
アスファルト防水 ❶

図1 屋上保護コンクリート防水仕様
施工手順 ❶→❷→❸

7 建具工事

[1] 外部建具工事は外壁躯体完了後および外壁仕上工事前に行い、外部シーリング工事前に完了する。

[2] 外壁タイル張りの場合は、外壁躯体完了後、タイル下地モルタル塗り前に建具取り付けを行う。

memo >>>>

- 建具(サッシ)を外壁に先付けし、それを定規として外壁タイル張りを行うことで美しい納まりとなる。

8　外装工事

[1] 方立方式のカーテンウォールは、コンクリート躯体工事がほぼ完了してから始める。それ以外のカーテンウォールの場合は、躯体工事完了前に着工可能である。

[2] 外壁タイルとの取り合い部は、カーテンウォール取り付け後にタイルを張る。

[3] 外壁吹付け材との取り合い部は、カーテンウォール取り付け後にシーリングをした後、外壁吹付け材を吹付ける。

[4] 鉄骨造の場合、PCaカーテンウォール工事は床コンクリートを打設した箇所から施工する。方立方式のカーテンウォールは、その面が一度に施工可能な状態になってから行う。

[5] 外壁ALCパネル工事(鉄骨造)の主な作業手順

　　鉄骨建方→本締め→デッキプレート敷き→床コンクリート打設→ALCパネル取り付け→
　　耐火被覆(耐火構造の場合)→外壁シーリング
　　押出成形セメント板の場合も同様とする。

9　タイル工事

[1] タイル下地モルタル塗り後14日以上の養生期間をおいてからタイル張りを開始する。

[2] タイル張り後、シーリング、クリーニング完了後、足場解体となる。

10　内装工事

[1] 内装工事の主な作業手順

　　一般的な場合：　　　　　　　　天井→壁→床
　　壁を天井裏まで伸ばす場合：壁→天井→床

memo >>>>

> ●防火区画や遮音壁などでは、間仕切り壁を上部スラブ下に固定するため、天井工事より壁工事が先行する。

memo >>>>

> ●いずれの場合も床仕上は最後の作業となる。

[2] 内部ボード張りは、外部建具および内部建具枠が取り付けられ、ガラス工事完了後の施工とする。

memo >>>>

> ●内部ボード(石膏ボードが多い)は、吸湿率が大きいため、施工にあたっては、外気の遮断が不可欠である。

[3] 内部ボード張りは、天井・壁下地施工後の工事とする。

[4] 直張り工法の石膏ボード表面に仕上げを行う場合、ボード張り付け後、仕上材に通気性がある場合で7日以上、通気性がない場合で20日以上放置し、接着剤が乾燥したことを確認後、仕上げを行う。

[5] 巾木(ソフト巾木等)施工は、一般に、床仕上げ完了後に行う。

[6] 外壁室内側現場発泡断熱材吹付け工事(発泡ウレタン吹付け)は、建具廻りのモルタル詰めがある程度進み、モルタルが乾燥した状態で開始し、壁ボード張りの開始までに当該部分を終わらせる。

試験概要と試験対策のポイント

施工経験記述

仮設・安全

躯体施工

仕上施工

学科記述解説

施工管理

法規

過去問題と解答

11 外構工事

［1］外部足場に関係する箇所では、外部足場解体後に着手し、完了検査までに終了する。

［2］外構工事には、植栽工事、囲障工事、屋外排水工事等を含む。

12 エレベーター工事

［1］エレベーターの据え付けは、受電日までに完了し、仮設として使用する。

［2］仮設使用は、完了検査までに終了する。

4-4 ネットワークのポイント

［1］アクティビティは作業であり、矢線の尾が開始、頭が完了を示す。

［2］丸印〔→○─〕は作業（またはダミー）の結合点（イベント）を表し、作業の開始および終了時点を示す。イベントは同じ番号が2つ以上あってはいけない。

［3］デュレーションは、アクティビティの開始～終了までの時間（日数）であり、矢線の下に書く。

［4］始点と終点のイベントが同じ作業が2つ以上あってはいけない。

［5］ダミーは、上記を避けるために表す所用時間0（架空の作業）の点線の矢印で、作業の前後関係だけを表す。

［6］最早完了時刻（EFT）は、作業を終了することのできる最も早い時刻で、最早開始時刻にその作業の所要時間を加えて計算する。

［7］最早開始時刻（EST）は、ある一つの作業に先行作業が終了次第、最も早く着手できる時刻（日）で、イベントの右肩に○の数値で示す。先行作業が複数ある時はそのEFTのうち最も大きいものである。

［8］最遅開始時刻（LST）は、工期に影響ない範囲で作業を遅くとも開始しなければならない時刻で、最遅完了時刻からその作業の所要時間を引いて計算する。

［9］最遅完了時刻（LFT）は、各イベントにおいて、完了する作業が全体の予定工期を遅らせないように終わらせておかなければならない時刻（日）で、イベントの右肩に□の数値で示す。その結合点に後続作業が複数ある場合はLSTの最も小さいものである。

［10］最早結合点時刻（ET）と最遅結合点時刻（LT）との差を余裕（スラック）という。

［11］TF（トータルフロート・全余裕時間）は、ある一つの作業内で生じる最大の余裕日数である。
TF＝0ならば、他のフロート（FF、IF）も0である。

［12］FF（フリーフロート・自由余裕時間）は、全部使っても後続作業や全体工期になんら影響を及ぼさない、余裕時間である。

［13］DF（ディペンデントフロート）は、TFとFFの差である（FF＋DF＝TT）。これはIF（インターフェアリングフロート）と呼ばれることもある。

［14］クリティカルパスは、開始点から終了点までの経路の内、最も時間の長い経路である。

［15］クリティカルパス上の作業のフロート（TF、FF、DF）は0である。

［16］クリティカルパスは、1本だけとは限らない。

［17］クリティカルパス以外のアクティビティでも、フロートを消化してしまうと、クリティカルパスになってしまう。そのため、フロートの小さいパスも重点的に管理する必要がある。

試験概要と試験対策のポイント

施工経験記述

仮設・安全

躯体施工

仕上施工

学科記述解説

施工管理

法規

過去問題と解答

［18］ 山積工程表における山崩しは、日程間での人員の凹凸をなくし、平均化することにより、人員の効率的な配置を図ることを目的としている。

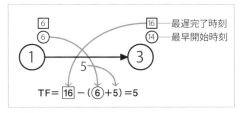

TF＝ 16 －（ 6 ＋5）＝5

図1 | **TFの計算方法**

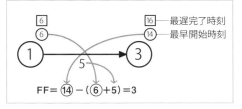

FF＝ 14 －（ 6 ＋5）＝3

図2 | **FFの計算方法**

memo >>>>

- ［6］〜［9］は似たような用語であり、間違えないこと。ネットワーク表に描かれるのは［7］の最早開始時刻と［9］の最遅完了時刻であるが、問題では最早完了時刻や最遅開始時刻を問う文章が出る場合があるので注意すべき
- TF、FFの計算方法は、図1、図2を見て、位置関係で覚えること。いずれも引くほう（図1、図2では（6＋5））は同じであり、□の数値（最遅完了時刻）から引けばTF、〇の数値（最早開始時刻）から引けばFFである。

memo >>>>

- 令和元年度、2年度と連続して、工事の総所要日数を求めるだけでなく、工事完了日の記入も求められている。手間がかかるようだが、実際にカレンダーを作成し、土・日・祝・振替休日・雨天日などをチェックした上で解答するのが確実である。

memo >>>>

- 令和3年度では、工事短縮のための配置計画の変更が求められている。長文の問題を落ち着いて読み込み、冷静に判断する能力が問われている。

memo >>>>

- 令和4・5年度では、作業条件変更後のクリティカルパスや総所要日数が問われている。

市街地での事務所ビルの新築工事において、各階を施工数量の異なるA工区とB工区に分けて工事を行うとき、下の躯体工事工程表（基準階の柱、上階の床、梁部分）に関し、次の1.から4.の問いに答えなさい。

工程表は検討中のもので、型枠工10人、鉄筋工6人をそれぞれ半数ずつの2班に割り振り、両工区の施工を同時に進める計画とした。各作業班の作業内容は作業内容表のとおりであり、Aで始まる作業名はA工区の作業を、Bで始まる作業名はB工区の作業を、Cで始まる作業名は両工区同時に行う作業を示すが、作業A4、B4および作業A8、B8については作業内容を記載していない。

各作業は一般的な手順に従って施工されるものとし、検査や設備関係の作業については省略している。なお、安全上の観点から鉄筋工事と型枠工事の同時施工は避け、作業A3、B3および作業A7、B7はA、B両工区の前工程が両方とも完了してから作業を行うこととする。

〔工事概要〕

用途：事務所

構造・規模：鉄筋コンクリート造、地上6階、塔屋1階、延べ面積3,000m²
　　　　　　　階段は鉄骨造で、別工程により施工する

1. 作業A4、B4および作業A8、B8の作業内容を記述しなさい。

2. 作業B6のフリーフロートを記入しなさい。

3. 次の記述の　　　に当てはまる数値をそれぞれ記入しなさい。

　A工区とB工区の施工数量の違いから、各作業に必要な総人数に差のある作業A1、B1から作業A4、B4までについて、最も効率の良い作業員の割り振りに変え、所要日数の短縮を図ることとした。ただし、一作業の1日当たりの最少人数は2人とし、一作業の途中での人数の変更は無いものとする。

　このとき、変更後の1日当たりの人数は、作業A1は2人、作業B1は4人に、作業A2は4人、作業B2は2人に、作業A3の人数は　あ　人となり、作業A4の人数は　い　人となる。

4. 3.で求めた、作業A1、B1から作業A4、B4の工事ごと、工区ごとの割振り人数としたとき、㊎から㊅までの総所要日数を記入しなさい。

躯体工事工程表（基準階の柱、上階の床、梁部分）

㊎ → C1/1 →

A1/1 → A2/3 → A3/1 → A4/5 → A5/2 → A6/3 → A7/4 → A8/4 → A9/1

B1/2 → B2/1 → B3/3 → B4/1 → B5/2 → B6/3 → B7/4 → B8/4 → B9/1

→ C2/1 → ㊅

※ 凡例　B1/2 ：作業 B1 の所要日数が2日であることを表している。
　　　なお、工程表にダミー線は記載していない。

作業内容表（所要日数、必要総人数には仮設、運搬を含む）

作業名	作業員（人）	所要日数（日）	必要総人数（人）	作業内容
C1	2	1	2	墨出し
A1	3	1	3	柱配筋　※1
B1	3	2	4	
A2	3	3	8	壁配筋
B2	3	1	2	
A3	5	1	5	柱型枠建込み
B3	5	3	14	
A4	5	5	24	
B4	5	1	5	
A5	5	2	10	梁型枠組立て
B5	5	2	10	
A6	5	3	15	床型枠組立て
B6	5	3	15	
A7	3	4	12	梁配筋　※1
B7	3	4	12	
A8	3	4	12	
B8	3	4	12	
A9	5	1	5	段差、立上り型枠建込み
B9	5	1	5	
C2	2（台）	1	2（台）	コンクリート打込み

※1：圧接は、配筋作業に合わせ別途作業員にて施工する。

検討用

令和3年度の問題3の問題は、217～218ページにも掲載しています。

解答と考え方

1. 作業内容表より、作業A3、B3が「柱型枠建込み」、すぐ後の作業A5、B5が「梁型枠組立て」なので、作業A4、B4は「**壁型枠建込み**」となる。また、作業A7、B7が「梁配筋」なので、継続する作業A8、B8は「**床配筋**」となる。

2. 作業B6のフリーフロートを計算するために、最早開始時刻（EST）を記入する（**図1**）。その際、作業A3、B3および作業A7、B7はA、B両工区の前工程が完了してから行うとのことなので、ダミー線を記入する。

図1 ネットワーク工程表
○＝EST

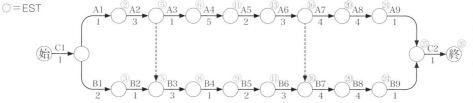

その結果、作業B6のESTが11日目、作業B7のESTが16日目となり、作業B6の作業時間3日間を考慮すると、作業B6のフリーフロート＝16日－（11日＋3日）＝**2日**となる。

3. 所要日数を短縮するために、作業員の割振りを変更する。作業内容表より、作業A3、B3の必要総人数は5人、14人、また、作業A4、B4の必要総人数は24人、5人となっており、同数の作業員の配置ではバランスが悪いことに注目する。そこで作業A3、B3の作業員を**3人**、7人（計10人）、作業A4、B4の作業員を**8人**、2人（計10人）と仮定する（**図2**）。

次に作業員の割振りを変更した山積み工程表を作成し、検討を行う。**図3**、**図4**を比較すると所要日数が16日から14日に**2日**短縮可能なことが確認できる。

図3 当初の山積み工程表

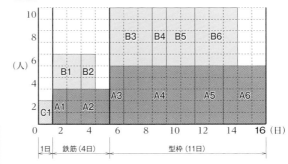

図2 作業内容表

作業名	必要総人数	作業員（人）	所要日数（日）
A3	5	5→3	1→2(+1)
B3	14	5→7	3→2(−1)
A4	24	5→8	5→3(−2)
B4	5	5→2	1→2(+1)

図4 短縮後の山積み工程表

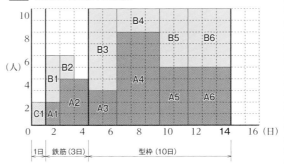

4. **図1**より総所要日数は26日であったので、短縮後の総所要日数は、26日－2日＝**24日**となる。

試験概要と試験対策のポイント

施工経験記述

仮設・安全

躯体施工

仕上施工

学科記述解説

施工管理

法規

過去問題と解答

EXERCISE
過去問題
令和元年
問題5

市街地での事務所ビルの建設工事において、各階を施工量の異なるA工区とB工区に分けて工事を行うとき、躯体工事工程表（3階柱、4階床梁部分）に関し、次の1.から4.の問いに答えなさい。工程表は作成中のもので、検査や設備関係の作業については省略している。

各作業の内容は作業内容表のとおりであり、Aで始まる作業名はA工区の作業を、Bで始まる作業名はB工区の作業を示すが、作業A2および作業B2については作業内容および担当する作業班を記載していない。

なお、各作業班は、各工区ごとに確保できているものとする。

また、各作業は一般的な手順に従って施工し、各作業班は複数の作業を同時に行わず、先行する作業が完了してから後続の作業を開始するものとする。

〔工事概要〕

用途：事務所

構造・規模：鉄筋コンクリート造、地下1階、地上6階、延べ面積3,200m²
鉄筋コンクリート製の壁はなく、階段は鉄骨造で別工程により施工する

外　　壁：ALCパネル

1. 作業A2および作業B2の作業内容を記述しなさい。

2. 作業B7のフリーフロートを記入しなさい。

3. ㊎から㊣までの総所要日数と、工事を令和元年10月23日（水曜日）より開始するときの工事完了日を記入しなさい。

ただし、作業休止日は、土曜日、日曜日、祝日、振替休日のほか、雨天1日とする。

なお、10月23日以降年末までの祝日は、文化の日（11月3日）と勤労感謝の日（11月23日）である。

4. 工事着手に当たり、各作業班の手配状況を確認したところ、型枠作業班が1班しか手配できないため、1班で両工区の作業を行うこととなった。

この時に、次の記述の　　　に当てはまる語句または数値をそれぞれ記入しなさい。

工程の見直しに当たって、型枠作業班は同じ工区の作業を続けて行うこととしたため、作業B3は、作業B2の完了後で作業　あ　の完了後でないと開始できないこととなる。

このため、作業休止日が同じ場合、工事完了日は当初工程より暦日で　い　日遅れることとなる。

躯体工事工程表（3階柱，4階床梁部分）

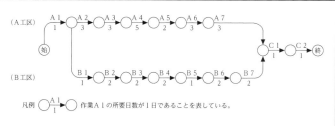

凡例 ◯━A1／1━◯ 作業A1の所要日数が1日であることを表している。

作業内容表

作業名	作業内容	担当する作業班
A1，B1	3階墨出し	墨出し作業班
A2，B2		
A3，B3	柱型枠の組立て	型枠作業班
A4，B4	梁型枠の組立て（梁下支保工を含む）	型枠作業班
A5，B5	フラットデッキの敷設	型枠作業班
A6，B6	梁の配筋	鉄筋作業班
A7，B7	床の配筋	鉄筋作業班
C1	清掃及び打込み準備（A工区及びB工区）	清掃準備作業班
C2	コンクリート打込み（A工区及びB工区）	打込み作業班

令和元年の問題5の問題は、231～232ページにも掲載しています。

解答と考え方

1. 作業A2および作業B2は「墨出し」後で、「柱型枠の組立て」前の作業ということで、「**柱の配筋**」となる。

2. 下図のように、最早開始時刻（EST）をイベント番号の右肩に〇の数値で記す。

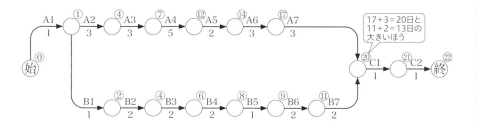

作業B7の最早開始時刻（EST）が11日目、作業C1の最早開始時刻（EST）が20日目となり、B7の作業時間は2日であるため、作業B7のフリーフロート（FF）は、20日－（11日＋2日）＝**7日**となる。

3. 上記2.より、最終イベントの最早開始時刻（EST）＝22日となり、総所要日数は**22日**である。
工事完了日を求めるため、カレンダーを作成する。作業休止日を除き、指折り数えると、令和元年**11月25日**が工事完了日となる。

工事開始日

日	月	火	水	木	金	土
			10 23	24	25	26
27	28	29	(30)	31	11/1	2
③	4	5	6	7	8	9
10	11	12	13	14	15	16
17	18	19	20	21	22	23
24	25	26	27	28	29	30

土曜日、日曜日
〇 祝日
□ 振替休日
⊙ 雨天日（期間中1日）

どこでもよいが、期間中
雨天日1日を想定する

土曜日の祝日は
振替休日がない

工事完了日

4. 型枠作業班が1班のみという条件で、同じ工区の作業を連続して行うとなると、作業A3、A4、A5を連続して行った後、作業B3、B4、B5を行うことになる。従って、作業B3は、作業B2の完了後、かつ、**作業A5の完了後**に行うことになる。
工程見直し後のネットワーク工程表は下図のようになる。従って総所要日数が**25日**、工事完了日か暦日で**11月28日**となり、**3日**遅れることとなる。間に休日等がある場合は、その日数を加算することになる。

試験概要と試験対策のポイント
施工経験記述
仮設・安全
躯体施工
仕上施工
学科記述解説
施工管理
法規
過去問題と解答

191

5 法規

POINT
出題傾向と
ポイント

- 平成18年度以降は、穴埋め問題のみと、元下関係の系統図判別問題および穴埋め問題の組み合せいずれかに定着している。
- 令和3年度以降は、下枠の5つから選択する形式に変わった。「こんなところが□抜きされるのか?」というような国語的センスを問われる問題でも、「その用語が思いつかなければどうしようもない」というような心配もなくなったので、比較的取組みやすくなったと言える。
- ここ10年以上、建設業法、建築基準法施行令、労働安全衛生法の穴埋め問題が続いている。
- 勉強のし方としては、まず本書に抜粋した上記3法令の赤太字部分と過去10年間の問題をチェックしておくこと。覚えるというより、電車の中での流し読みでもよいから、2回くらいは通読しておくことをお勧めする。
- 元下関係の系統図判別問題は、この問題が出ればラッキーくらいにまで完璧に理解しておくべきである。

CHECK
第二次検定
の出題内容

法令	法令No.	内容	H23以前	H24	H25	H26	H27	H28	H29	H30	H30(臨時)	R1	R2	R3	R4	R5
建設業法	第4条	附帯工事	H23	・	・	・	・	・	・	・	・	・	・	・	・	・
	第18条	請負契約の原則	H8	・	・	・	・	・	・	・	・	・	・	・	・	・
	第19条の2	現場代理人の選任等に関する通知	H20,23	・	・	・	・	・	・	・	・	・	・	・	・	・
	第20条	建設工事の見積り等	H20	・	・	・	●	・	・	・	・	・	・	・	・	・
	第23条	下請け負人の変更請求	H21	・	・	・	・	・	・	●	・	・	・	・	・	・
	第24条	請負契約とみなす場合	H21	・	・	・	・	・	・	・	・	・	・	・	●	・
	第24条の2~4	元請け負人の義務	H7,11,13,16,19,20	・	・	●	・	・	・	・	・	・	●	・	・	●
	第24条の5	特定建設業者の下請け代金の支払期日等	H7,11,13	●	・	・	・	・	・	●	・	・	・	●	・	・
	第24条の6	下請け負人に対する特定建設業者の指導等	H7,19,22	・	・	・	・	・	・	・	・	・	・	・	・	・
	第24条の7	施工体制台帳および施工体系図の作成等	H9,12,14,17,18,21,22	●	・	・	・	・	・	・	・	・	・	・	・	・
	第26条	主任技術者および監理技術者の設置等	H6,10,15,17	・	・	・	・	・	・	・	・	・	・	・	・	・
	第26条の3	主任技術者および監理技術者の職務等	H10,15,18,21	・	・	・	・	●	・	・	●	・	・	・	・	・
	第40条	標識の掲示	H9	・	・	・	・	・	・	・	・	・	・	・	・	・
労働安全衛生法	第1条	目的	H6	・	・	・	・	・	・	・	・	・	・	・	・	・
	第3条	事業者等の責務	H13,23	・	・	・	・	・	・	●	・	・	・	・	・	・
	第10条	統括安全衛生管理者		・	・	・	・	・	・	・	・	・	●	・	・	●
	第14条	作業主任者	H8	・	・	・	・	・	・	・	・	・	・	・	・	・
	第29条の1~2	元方事業者の講ずべき措置等		●	・	・	●	・	・	●	・	●	●	・	・	・
	第30条	特定元方事業者の講ずべき措置		・	・	・	・	・	・	・	・	●	・	・	・	・
	第59条、第60条	安全衛生教育	H22	・	●	●	・	・	・	・	・	・	・	・	・	・
	第66条	健康診断		・	・	・	・	・	●	・	・	・	・	・	・	・
建築基準法施行令	第136条の2の20	仮囲い	H11,12	・	・	・	●	・	・	・	・	・	・	・	・	・
	第136条の3	根切り工事、山留め工事の危害の防止		・	・	・	・	・	・	・	●	・	・	●	・	●
	第136条の5	落下物に対する防護		・	・	●	・	・	・	・	・	・	・	・	・	・
	第136条の6	建て方		・	・	・	・	・	・	・	・	・	・	・	・	・
問題型式		条文の穴埋め問題	H18年以降すべて	●	●	●	●	●	●	●	●	●	●	●	●	●
		元下関係の系統図における判別問題	H17,18,21	●	・	・	・	・	・	・	・	・	・	・	・	・
		記述式問題	H16,17	・	・	・	・	・	・	・	・	・	・	・	・	・

平成30年度は、1級建築施工管理技術検定 実地試験と1級建築士の製図試験が重なったため、両方を受検する者を対象に臨時試験が実施されたため、2回試験が行われている。

5-1 建設業法

1 法令条文

穴埋め問題で出題の可能性の高い建設業法の条文を記す。赤太字は□抜きされる可能性が高いと考えられる。

建設業法

（目的）　第1条
この法律は、建設業を営む者の**資質**の向上、建設工事の**請負契約**の**適正化**等を図ることによって、建設工事の**適正**な**施工**を確保し、**発注者を保護**するとともに、建設業の**健全**な**発達**を促進し、もって公共の**福祉**の増進に寄与することを目的とする。

（附帯工事）　第4条
建設業者は、許可を受けた**建設業**に係る建設工事を請け負う場合においては、当該建設工事に**附帯**する他の建設業に係る建設工事を請け負うことができる。

（建設工事の請負契約の原則）　第18条
建設工事の請負契約の当事者は、各々の**対等**な立場における**合意**に基いて**公正**な契約を締結し、**信義**に従って**誠実**にこれを履行しなければならない。

（現場代理人の選任等に関する通知）　第19条の2
請負人は、請負契約の履行に関し工事現場に**現場代理人**を置く場合においては、当該現場代理人の**権限**に関する事項及び当該現場代理人の行為についての注文者の請負人に対する**意見**の申出の方法（第三項において「現場代理人に関する事項」という。）を、**書面**により注文者に**通知**しなければならない。
2 注文者は、請負契約の履行に関し工事現場に**監督員**を置く場合においては、当該監督員の**権限**に関する事項及び当該監督員の行為についての請負人の注文者に対する**意見**の申出の方法（第4項において「監督員に関する事項」という。）を、**書面**により請負人に**通知**しなければならない。

（不当に低い請負代金の禁止）　第19条の3
注文者は、自己の取引上の地位を**不当**に利用して、その注文した建設工事を施工するために通常必要と認められる**原価**に満たない金額を請負代金の額とする**請負契約**を締結してはならない。

（不当な使用資材等の購入強制の禁止）　第19条の4
注文者は、請負契約の**締結後**、自己の取引上の地位を不当に利用して、その注文した建設工事に使用する**資材**若しくは**機械器具又**はこれらの**購入先**を指定し、これらを請負人に購入させて、その**利益**を害してはならない。

（建設工事の見積り等）　第20条
建設業者は、建設工事の**請負契約**を締結するに際して、工事内容に応じ、工事の種別ごとに**材料費**、**労務費**その他の経費の内訳を明らかにして、建設工事の**見積り**を行うよう努めなければならない。
2 建設業者は、建設工事の**注文者**から請求があったときは、**請負契約**が成立するまでの間に、建設工事の**見積書**を交付しなければならない。

（一括下請負の禁止）　第22条
建設業者は、その請け負った建設工事を、いかなる方法をもってするかを問わず、**一括**して他人に請け負わせてはならない。
2 建設業を営む者は、建設業者から当該建設業者の請け負った建設工事を**一括**して請け負ってはならない。

試験概要と試験対策のポイント

施工経験記述

仮設・安全

躯体施工

仕上施工

学科記述解説

施工管理

法規

過去問題と解答

3 前2項の建設工事が多数の者が利用する施設又は工作物に関する重要な建設工事で政令で定めるものの以外の建設工事である場合において、当該建設工事の元請負人があらかじめ**発注者**の書面による承諾を得たときは、これらの規定は、適用しない。

建設業法施行令

第6条の3　法第22条第3項 の政令で定める重要な建設工事は、**共同住宅を新築する建設工事**とする。

公共工事の入札及び契約の適正化の促進に関する法律（**適正化法**）

第14条　**公共工事**については、建設業法、第22条第3項の規定は適用しない。

（下請負人の変更請求）　第23条

注文者は、請負人に対して、建設工事の施工につき著しく不適当と認められる**下請負人**があるときは、その**変更**を請求することができる。ただし、あらかじめ**注文者**の書面による**承諾**を得て選定した**下請負人**については、この限りでない。

（請負契約とみなす場合）　第24条

委託その他いかなる**名義**をもつてするかを問わず、**報酬**を得て建設工事の**完成**を目的として締結する契約は、建設工事の請負契約とみなして、この法律の規定を適用する。

（下請負人の意見の聴取）　第24条の2

元請負人は、その請け負った建設工事を施工するために必要な**工程**の細目、**作業方法**その他元請負人において定めるべき事項を定めようとするときは、あらかじめ、**下請負人**の意見をきかなければならない。

（下請代金の支払）　第24条の3

元請負人は、請負代金の**出来形部分**に対する支払又は工事完成後における支払を受けたときは、当該支払の対象となった建設工事を施工した**下請負人**に対して、当該**元請負人**が支払を受けた金額の**出来形**に対する割合及び当該**下請負人**が施工した**出来形部分**に相応する下請代金を、当該支払を受けた日から**1月以内**で、かつ、できる限り短い期間内に支払わなければならない。

2 前項の場合において、**元請負人**は、同項に規定する下請代金のうち**労務費**に相当する部分については、**現金**で支払うよう適切な配慮をしなければならない。

3 **元請負人**は、**前払金**の支払を受けたときは、**下請負人**に対して、**資材**の購入、**労働者**の募集その他建設工事の着手に必要な費用を**前払金**として支払うよう適切な配慮をしなければならない。

（検査及び引渡し）　第24条の4

元請負人は、**下請負人**からその請け負った建設工事が完成した旨の通知を受けたときは、当該**通知**を受けた日から**20日以内**で、かつ、できる限り短い期間内に、その完成を確認するための**検査**を完了しなければならない。

2 **元請負人**は、前項の検査によって建設工事の完成を確認した後、**下請負人**が申し出たときは、直ちに、当該建設工事の目的物の**引渡し**を受けなければならない。ただし、**下請契約**において定められた工事完成の時期から**20日**を経過した日以前の一定の日に引渡しを受ける旨の**特約**がされている場合には、この限りでない。

（特定建設業者の下請代金の支払期日等）　第24条の5

特定建設業者が**注文者**となった**下請契約**（下請契約における請負人が特定建設業者又は資本金額が政令で定める金額以上の法人であるものを除く。以下この条において同じ。）における下請代金の支払期日は、前条第2項の申出の日（同項ただし書の場合にあっては、その一定の日。以下この条において同じ。）から起算して**50日**を経過する日以前において、かつ、できる限り短い期間内において定められなければならない。

2 特定建設業者が注文者となった下請契約において、下請代金の支払期日が定められなかったときは前条第2項の申出の日が、前項の規定に違反して下請代金の支払期日が定められたときは同条第2項の申出の日から起算して**50日**を経過する日が下請代金の支払期日と定められたものとみなす。

（下請負人に対する特定建設業者の指導等） **第24条の6**

発注者から直接建設工事を請け負った**特定建設業者**は、当該建設工事の**下請負人**が、その下請負に係る建設工事の施工に関し、この法律の規定又は建設工事の施工若しくは建設工事に従事する**労働者**の使用に関する法令の規定で政令で定めるものに違反しないよう、当該**下請負人**の**指導**に努めるものとする。

2　前項の**特定建設業者**は、その請け負った建設工事の下請負人である建設業を営む者が同項に規定する規定に**違反**していると認めたときは、当該建設業を営む者に対し、当該**違反**している事実を**指摘**して、その是正を求めるように努めるものとする。

3　第1項の**特定建設業者**が前項の規定により是正を求めた場合において、当該建設業を営む者が当該**違反**している事実を是正しないときは、同項の**特定建設業者**は、当該建設業を営む者が建設業者であるときはその許可をした国土交通大臣若しくは都道府県知事又は営業としてその建設工事の行われる区域を管轄する都道府県知事に、その他の建設業を営む者であるときはその建設工事の現場を管轄する都道府県知事に、速やかに、その旨を通報しなければならない。

（施工体制台帳及び施工体系図の作成等） **第24条の7**

特定建設業者は、発注者から直接建設工事を請け負った場合において、当該建設工事を施工するために締結した**下請契約**の請負代金の額（当該下請契約が2以上あるときは、それらの請負代金の額の総額）が政令で定める金額以上になるときは、建設工事の**適正な施工**を確保するため、国土交通省令で定めるところにより、当該建設工事について、**下請負人**の商号又は名称、当該下請負人に係る建設工事の内容及び工期その他の国土交通省令で定める事項を記載した**施工体制台帳**を作成し、工事現場ごとに備え置かなければならない。

（ただし、平成27年4月1日より、公共工事においては下請合計金額の多寡にかかわらず、下請契約を結ぶすべての元請工事に対して施工体制台帳の設置が義務づけられることになった）。

2　前項の建設工事の**下請負人**は、その請け負った建設工事を他の建設業を営む者に請け負わせたときは、国土交通省令で定めるところにより、同項の**特定建設業者**に対して、当該他の建設業を営む者の商号又は名称、当該者の請け負った建設工事の内容及び工期その他の国土交通省令で定める事項を**通知**しなければならない。

3　第1項の**特定建設業者**は、同項の**発注者**から請求があったときは、同項の規定により備え置かれた**施工体制台帳**を、その発注者の**閲覧**に供しなければならない。

4　第1項の**特定建設業者**は、国土交通省令で定めるところにより、当該建設工事における各下請負人の施工の**分担関係**を表示した**施工体系図**を作成し、これを当該工事現場の**見やすい**場所に掲げなければならない。

（施工技術の確保） **第25条の27**

建設業者は、建設工事の担い手の育成及び確保その他の**施工技術の確保**に努めなければならない。

2　国土交通大臣は、前項の建設工事の担い手の育成及び確保その他の施工技術の確保に資するため、必要に応じ、**講習及び調査の実施**、資料の提供その他の措置を講ずるものとする。

（主任技術者及び監理技術者の職務等） **第26条の3**

主任技術者及び**監理技術者**は、工事現場における建設工事を適正に実施するため、当該建設工事の施工計画の作成、工程管理、品質管理その他の技術上の管理及び当該建設工事の施工に従事する者の技術上の指導監督の職務を誠実に行わなければならない。

2　工事現場における建設工事の施工に従事する者は、**主任技術者**又は**監理技術者**がその職務として行う指導に従わなければならない。

memo >>>>
●同じ意味でも法令によって呼称が異なる。元請会社、下請会社のことを、建設業法では「元請負人」、「下請負人」と称しているが、労働安全衛生法では「元方事業者」、「関係請負人」と称している。

試験概要と試験対策のポイント
施工経験記述
仮設・安全
躯体施工
仕上施工
学科記述解説
施工管理
法規
過去問題と解答

EXERCISE
過去問題
令和3年
問題6-1

次の建設業法の法文において、□□に当てはまる正しい語句を、下の該当する枠内から1つ選びなさい。

建設業法（請負契約とみなす場合）

第24条　委託その他いかなる　①　をもってするかを問わず、　②　を得て建設工事の完成を目的として締結する契約は、建設工事の請負契約とみなして、この法律の規定を適用する。

①	①業務	②許可	③立場	④名義	⑤資格

②	①報酬	②利益	③許可	④承認	⑤信用

考え方

平成21年以来10数年ぶりの問題の条文である。

②は「請負契約」とみなす場合であるから、得るのは「**報酬**」か「利益」までは推定できる。利益が出ない場合もあるので、「**報酬**」が正しい。

①は、「委託その他のいかなる　①　を問わず」であるから、「許可」や「資格」ではないことはわかるが、独特の法律用語であるため「**名義**」を推定するのはやや難しい。

2　建設業の許可

[1]　都道府県知事許可：1つの都道府県内に支店や営業所を設けて営業しようとする場合。

[2]　国土交通大臣許可：2以上の都道府県に支店や営業所を設けて営業しようとする場合。

[3]　特定建設業：元請けであって、建築一式工事で6,000万円以上、それ以外の建設工事では4,000万円以上の下請け契約を締結しようとする建設業者。

[4]　一般建設業：特定建設業以外の建設業者

[5]　建設業許可の有効期限は5年で、満了日の30日前までに更新申請が必要である。

3　建設業の許可申請

[1]　許可申請書に記すべき事項
- 商号または名称
- 営業所の名称および所在地
- 法人である場合においては、その資本金額および役員の氏名
- 個人である場合においては、その者の氏名および支配人があるときは、その者の氏名
- 許可を受けようとする建設業
- 他に営業を行っている場合においては、その営業の種類

[2]　許可申請書に添付すべき書類
- 工事経歴書
- 直前3年の各事業年度における工事施工金額を記載した書面
- 使用人数を記載した書面
- 許可を受けようとする者および法定代理人が欠格要件に該当しない者であることを誓約する書面

4 建設工事の請負契約書に記すべき事項

- 工事内容
- 請負代金の額
- 工事着手の時期および工事完成の時期
- 前金払いまたは出来形部分に対する支払いの定めをするときはその支払の時期および方法
- 工期の変更、請負代金の額の変更または損害の負担およびそれらの額の算定方法に関する定め
- 天災その他不可抗力による工期の変更または損害の負担およびその額の算定方法に関する定め
- 価格等の変動もしくは変更に基づく請負代金の額または工事内容の変更
- 第三者が損害を受けた場合における賠償金の負担に関する定め
- 注文者が資材の提供または建設機械その他の機械を貸与するときは、その内容および方法に関する定め
- 注文者の検査の時期および方法並びに引渡しの時期
- 工事完成後における請負代金の支払の時期および方法
- 工事の目的物の瑕疵を担保すべき責任または当該責任の履行に関して講ずべき保証保険契約の締結その他の措置に関する定めをするときは、その内容
- 各当事者の履行の遅滞その他債務の不履行の場合における遅延利息、違約金その他の損害金
- 契約に関する紛争の解決方法

5 施工体制台帳に記すべき事項

［1］特定建設業者に関する以下の事項

- 許可を受けて営む建設業の種類
- 健康保険等の加入状況

［2］当該建設工事に関する次に掲げる事項

- 建設工事の名称、内容および工期
- 発注者と請負契約締結年月日、当該発注者の商号、名称または氏名および住所並びに当該請負契約を締結した営業所の名称および所在地
- 発注者が監督員を置くときは、当該監督員の氏名および通知事項
- 特定建設業者が現場代理人を置くときは、当該現場代理人の氏名および通知事項
- 監理技術者、主任技術者の氏名、その者が有する監理技術者、主任技術者資格およびその者が専任の監理技術者、主任技術者であるか否かの別

［3］下請負人に関する次の事項

- 商号または名称および住所
- 下請負人の許可番号および許可を受けた建設業の種類
- 健康保険等の加入状況
- 下請建設工事の名称、内容および工期
- 下請契約を締結した年月日
- 下請負人が現場代理人を置くときは、当該現場代理人の氏名および通知事項
- 下請負人が置く主任技術者の氏名、当該主任技術者が有する主任技術者資格および当該主任技術者が専任の者であるか否かの別

試験概要と試験対策のポイント

施工経験記述

仮設・安全

躯体施工

仕上施工

学科記述解説

施工管理

法規

過去問題と解答

6 監理技術者・主任技術者の設置要件

[1] 特定建設業者が建築一式工事で6,000万円以上、それ以外の建設工事では4,000万円以上の合計金額になる下請契約を締結しようとする元請け工事を行う際には、現場に監理技術者を設置しなければならない。

[2] それ以外の場合は、現場に主任技術者を設置しなければならない。

[3] 建設業の許可を受けていない者が500万円未満の軽微な工事を行う場合は、主任技術者の設置は義務付けられていない。しかし、建設業の許可を受けた業者は、500万円未満の軽微な工事を行う場合でも、主任技術者の設置が必要である。

[4] 施工体制台帳の作成を義務付けられた建設業者を、「作成建設業者」という。

[5] 作成建設業者は、1次下請負人に対し再下請通知を行わなければならない。

[6] 作成建設業者の下請負人が、再下請負を行う場合は**再下請負通知人**としての義務を有する。

[7] 特定建設業許可を有していなければならない場合、施工体系図を整備しなければならない場合、監理技術者を設置しなければならない場合、公共工事以外で施工体制台帳を整備しなければならない場合の4ケースは、いずれも条件は同じである。

[8] 公共性のある工事や多数の者が利用する施設の重要な工事の場合で、自社の請負金額が建築一式工事で7,000万円以上、その他工事で3,500万円以上の場合は、現場に置く監理技術者、主任技術者は専任でなければならない。

[9] 専任の者でなければならない監理技術者は、**監理技術者資格者証**の交付を受けている者であって、**監理技術者講習**を受講したもののうちから、これを選任しなければならない。

[10] 前項の規定により選任された監理技術者は、発注者から請求があったときは、監理技術者資格者証を提示しなければならない。

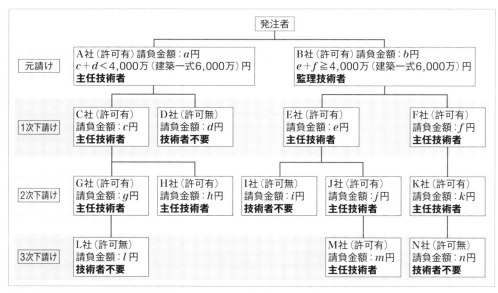

図1 | 監理技術者・主任技術者の設置例（D、I、L、N社は請負金額500万円以下、建設業の許可は受けていない）

7 建設現場ごとに設置する標識の掲示事項

[1] 一般建設業または特定建設業の別

[2] 許可年月日、許可番号および許可を受けた建設業

[3] 商号または名称

[4] 代表者の氏名

[5] 主任技術者または監理技術者の氏名

EXERCISE
過去問題
平成24年
問題6-1

請負関係を示した下図において、「建設業法」上、施工体制台帳の作成等および技術者の設置に関する次の問いに答えなさい。ただし、下図のA社からO社のうちK社およびN社以外は、建設工事の許可業者であり、A社が請け負った工事は建築一式工事とし、B社〜O社が請け負った工事は、建築一式工事以外の建設工事とする。

1. **施工体制台帳を作成し、工事現場ごとに備え置かなければならないすべての建設業者を、会社名で答えなさい。**

2. **書面等により再下請負通知を行う再下請負通知人に該当するすべての建設業者を、会社名で答えなさい。**

3. **下請負人であるJ社からO社のうち、工事現場に施工の技術上の管理をつかさどる主任技術者を置かなければならないすべての下請負人を、会社名で答えなさい。**

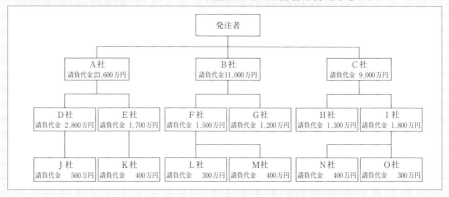

考え方

1. 施工体制台帳を作成しなければならない作成特定建設業者は、建築一式工事で4,500万円以上、それ以外の建設工事では3,000万円以上の合計金額になる下請け契約を締結しようとする元請け業者である、
   - 元請け業者であるから、まずA社〜C社の3社だけを見ればよい。
   - A社は建築一式工事で下請け合計金額4,500万円≧4,500だから該当する。
   - B社は建築一式以外の工事で下請け合計金額2,700万円＜3,000万円だから該当せず。
   - C社は建築一式以外の工事で下請け合計金額3,100万円＞3,000万円だから該当する。

2. 再下請負通知人は、元請けが作成特定建設業者であって、再下請けに出している下請負人である。
   - 作成特定建設業者であるA社とC社の下請けラインだけを見ればよい。
   - A社のラインでは、D社とE社が再下請けに出しており、この2社が該当する。
   - C社のラインではI社が再下請けに出しているので、これが該当する。

3. 下請負人で、建設業許可を有している会社はすべて主任技術者が必要である。したがって、J社〜O社のうちK社とN社以外のJ社、L社、M社、O社である。

※上記解答は平成27年4月1日の建設業法改正以前の考え方に基づくものであり、改正後はこれが公共工事であった場合は、A〜C社すべてが作成建設業者となり、再下請けに出しているD、E、F、I社のすべてが再下請負通知人となる。

※この問題は平成28年6月の建設業法改正前に基づく出題であり、改正後は4,500万円は6,000万円、3,000万円は4,000万円となったので、この事例の場合ならA〜C社いずれもその金額に満たず監理技術者を設置する義務はないことになる。

試験概要と試験対策のポイント

施工経験記述

仮設・安全

躯体施工

仕上施工

学科記述解説

施工管理

法規

過去問題と解答

5-2 労働安全衛生法

1 法令条文

覚えておきたいポイントとして、穴埋め問題で出題の可能性の高い条文を記す。

労働安全衛生法

（目的）　第1条

この法律は、労働基準法（昭和22年法律第49号）と相まって、労働災害の防止のための**危害防止**基準の確立、**責任体制**の明確化及び**自主的活動**の促進の措置を講ずる等その防止に関する総合的計画的な対策を推進することにより職場における労働者の**安全**と健康を確保するとともに、**快適な**職場環境の形成を促進することを目的とする。

（事業者等の責務）　第3条

事業者は、単にこの法律で定める労働災害の防止のための**最低**基準を守るだけでなく、**快適な職場環境**の実現と**労働条件**の改善を通じて職場における労働者の**安全**と健康を確保するようにしなければならない。また、事業者は、国が実施する**労働災害**の防止に関する施策に協力するようにしなければならない。

2 機械、器具その他の設備を設計し、製造し、若しくは輸入する者、原材料を製造し、若しくは輸入する者又は建設物を建設し、若しくは設計する者は、これらの物の設計、製造、輸入又は建設に際して、これらの物が使用されることによる労働災害の発生の防止に資するように努めなければならない。

3 建設工事の注文者等仕事を他人に請け負わせる者は、**施工方法**、**工期**等について、安全で**衛生**的な作業の遂行をそこなうおそれのある**条件**を附さないように配慮しなければならない。

（総括安全衛生管理者）　第10条

法第10条 事業者は、政令で定める規模の事業場ごとに、厚生労働省令で定めるところにより、**総括安全衛生管理者**を選任し、その者に**安全管理者**、**衛生管理者**又は第25条の2第2項の規定により技術的事項を管理する者の指揮をさせるとともに、次の業務を統括管理させなければならない。

一　労働者の**危険**又は**健康障害**を防止するための措置に関すること。

二　労働者の安全又は衛生のための**教育**の実施に関すること。

三　**健康診断**の実施その他健康の保持増進のための措置に関すること。

四　**労働災害**の原因の調査及び**再発防止**対策に関すること。

五　前各号に掲げるもののほか、労働災害を防止するため必要な業務で、厚生労働省令で定めるもの。

（作業主任者）　第14条

事業者は、高圧室内作業その他の労働災害を防止するための管理を必要とする作業で、政令で定めるものについては、都道府県労働局長の**免許**を受けた者又は都道府県労働局長の登録を受けた者が行う技能講習を修了した者のうちから、厚生労働省令で定めるところにより、当該作業の区分に応じて、**作業主任者**を選任し、その者に当該作業に従事する労働者の**指揮**その他の厚生労働省令で定める事項を行わせなければならない。

（元方事業者の講ずべき措置等）　第29条

元方事業者は、**関係請負人**及び**関係請負人**の**労働者**が、当該仕事に関し、この法律又はこれに基づく命令の規定に違反しないよう必要な**指導**を行なわなければならない。

2 **元方事業者**は、関係請負人又は関係請負人の労働者が、当該仕事に関し、この法律又はこれに基づく命令の規定に違反していると認めるときは、**是正**のため必要な**指示**を行なわなければならない。

3 前項の指示を受けた関係請負人又はその労働者は、当該指示に従わなければならない。

第29条の2

建設業に属する事業の**元方事業者**は、土砂等が崩壊するおそれのある場所、機械等が転倒するおそれのある場所その他の厚生労働省令で定める場所において**関係請負人**の労働者が当該事業の仕事の作業を行うときは、当該**関係請負人**が講ずべき当該場所に係る**危険**を防止するための措置が適正に講ぜられるように、**技術上の指導**その他の必要な措置を講じなければならない。

（特定元方事業者等の講ずべき措置）　**第30条**

特定元方事業者は、その労働者及び関係請負人の労働者の作業が同一の場所において行われることによって生ずる労働災害を防止するため、次の事項に関する必要な措置を講じなければならない。

一　**協議組織**の設置及び運営を行うこと。

二　作業間の**連絡及び調整**を行うこと。

三　**毎作業日**に必ず1回以上作業場所を巡視すること。

四　関係請負人が行う労働者の安全又は衛生のための教育に対する**指導及び援助**を行うこと。

五　仕事を行う場所が仕事ごとに異なることを常態とする業種で、厚生労働省令で定めるものに属する事業を行う特定元方事業者にあつては、仕事の工程に関する計画及び作業場所における機械、設備等の配置に関する計画を作成するとともに、当該機械、設備等を使用する作業に関し関係請負人がこの法律又はこれに基づく命令の規定に基づき講ずべき措置についての指導を行うこと。

六　前各号に掲げるもののほか、当該労働災害を防止するため必要な事項

（安全衛生教育）　**第59条**

事業者は、労働者を雇い入れたときは、当該労働者に対し、厚生労働省令で定めるところにより、その従事する業務に関する安全又は衛生のための教育を行なわなければならない。

2　前項の規定は、労働者の**作業内容**を変更したときについて準用する。

3　事業者は、危険又は**有害**な業務で、厚生労働省令で定めるものに労働者をつかせるときは、厚生労働省令で定めるところにより、当該業務に関する安全又は衛生のための**特別**の教育を行なわなければならない。

第60条

事業者は、その事業場の業種が政令で定めるものに該当するときは、新たに職務に付くこととなった**職長**その他の作業中の労働者を直接**指導**又は**監督**する者（作業主任者を除く。）に対し、次の事項について、厚生労働省令で定めるところにより、安全又は衛生のための教育を行なわなければならない。

一　作業方法の決定及び**労働者の配置**に関すること。

二　労働者に対する**指導又は監督**の方法に関すること。

三　前二号に掲げるもののほか、**労働災害**を防止するため必要な事項で、厚生労働省令で定めるもの

（就業制限）　**第61条**

事業者は、クレーンの運転その他の業務で、政令で定めるものについては、都道府県労働局長の当該業務に係る**免許**を受けた者又は都道府県労働局長の登録を受けた者が行う当該業務に係る技能講習を修了した者その他厚生労働省令で定める**資格**を有する者でなければ、当該業務に就かせてはならない。

（健康診断）　**第66条**

事業者は、労働者に対し、厚生労働省令で定めるところにより、**医師**による**健康診断**を行なわなければならない。

2　事業者は、**有害な業務**で、政令で定めるものに従事する労働者に対し、厚生労働省令で定めるところにより、医師による特別の項目についての**健康診断**を行なわなければならない。

試験概要と試験対策のポイント

施工経験記述

仮設・安全

躯体施工

仕上施工

学科記述解説

施工管理

法規

過去問題と解答

2 安全衛生管理体制

1 │ 個々の事業場単位の安全衛生管理組織

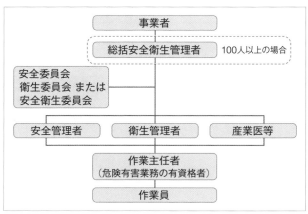

図2 │ 常時10〜49人の直用労働者を使用する事業場の安全衛生管理体制

図1 │ 常時50人以上の直用労働者を使用する事業場の安全衛生管理体制

2 │ 下請け混在現場における安全衛生管理組織

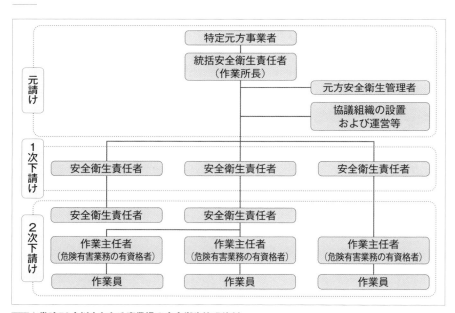

図3 │ 常時50人以上となる事業場の安全衛生管理体制

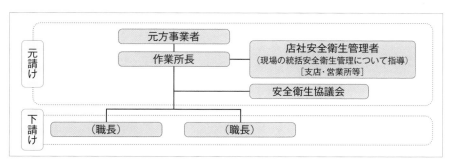

図4 │ 20〜49人の事業場の安全衛生管理体制

試験概要と試験対策のポイント

施工経験記述

仮設・安全

躯体施工

仕上施工

学科記述解説

施工管理

法規

過去問題と解答

3 │ 統括安全衛生責任者の責務

[1] 協議組織の設置および運営を行うこと。

[2] 作業間の連絡および調整を行うこと。

[3] 毎作業日に必ず1回以上作業所を巡視すること。

[4] 関係請負人が行う安全、衛生のための教育に対する指導、援助を行うこと。

[5] 工程に関する計画及び作業場所における機械、設備の配置に関する計画を作成すること。

4 │ 作業主任者の名称と作業内容

表4 │ 作業主任者名と作業内容

作業主任者名	作業内容
ガス溶接作業主任者（免）	アセチレンガス等を用いるガス溶接による金属の溶接・切断作業
コンクリート破砕器作業主任者（技）	コンクリート破砕器を用いる破砕の作業
地山の掘削作業主任者（技）	高さ2m以上の地山の掘削の作業
土止め支保工作業主任者（技）	土止め支保工の切梁、腹起し等の取り付け・取り外しの作業
型枠支保工の組立て等作業主任者（技）	型枠支保工の組立てまたは解体の作業（コンクリート打設は含まれない）
足場の組立て等作業主任者（技）	つり足場、張り出し足場、高さ5m以上の足場の組立て・解体の作業
建築等の鉄骨の組立て等 作業主任者（技）	建築物の骨組み・塔等高さ5m以上の金属部材の組立て・解体・変更の作業
木造建築物の組立て等作業主任者（技）	軒の高さ5m以上の木造建築物の構造材組立て、これにともなう屋根下地・外壁下地の取り付け作業
コンクリート造の工作物の解体等 作業主任者（技）	高さ5m以上のコンクリート工作物の解体・破壊の作業
酸素欠乏等危険作業主任者（技）	酸素欠乏の恐れのある場所、硫化水素中毒にかかる恐れのある場所における作業
有機溶剤作業主任者（技）	屋内作業等における一定以上の有機溶剤の製造・取り扱いの作業
石綿作業主任者（技）	石綿を取り扱う作業または石綿を試験研究のために製造する作業

（免）は免許取得者、（技）は技能講習修了者である

EXERCISE
過去問題
令和3年
問題6-3

次の労働安全衛生法の文において、□□に当てはまる正しい語句を、下の該当する枠内から1つ選びなさい。

労働安全衛生法（元方事業者の講ずべき措置等）

第29条 元方事業者は、関係請負人及び関係請負人の労働者が、当該仕事に関し、この法律又はこれに基づく命令の規定に違反しないよう必要な □⑤□ を行なわなければならない。

2 元方事業者は、関係請負人又は関係請負人の労働者が、当該仕事に関し、この法律又はこれに基づく命令の規定に違反していると認めるときは、□⑥□ のため必要な指示を行なわなければならない。

3 （略）

⑤	①説明	②教育	③指導	④注意喚起	⑤契約

⑥	①衛生	②是正	③改善	④安全	⑤健康

考え方

下枠がなかったときは、⑤は「指導監督」と混同しないようにとの注意が必要であったが、下枠ができたので、スムーズに「**指導**」が選択できるであろう。⑥は日本語的には「**是正**」か「改善」であるまでは絞り込める。頻繁に出ている条文なので、ここは点数を稼ぎたいところである。

試験概要と試験対策のポイント

施工経験記述

仮設・安全

躯体施工

仕上施工

学科記述解説

施工管理

法規

過去問題と解答

5-3 建築基準法施行令

1 法令条文

穴埋め問題での出題の可能性の高い建築基準法施行令の条文を以下に記す。

建築基準法施行令

(仮囲い) 第136条の2の20

木造の建築物で高さが13m若しくは軒の高さが9mを超えるもの又は木造以外の建築物で2以上の階数を有するものについて、建築、修繕、模様替又は除却のための工事(以下この章において「建築工事等」という。)を行う場合においては、工事期間中工事現場の周囲にその地盤面(その地盤面が工事現場の周辺の地盤面より**低い**場合においては、工事現場の周辺の地盤面)からの高さが**1.8m**以上の**板塀**その他これに類する**仮囲い**を設けなければならない。ただし、これらと同等以上の効力を有する他の囲いがある場合又は工事現場の周辺若しくは工事の状況により危害防止上支障がない場合においては、この限りでない。

(根切り工事、山留め工事等を行う場合の危害の防止) 第136条の3

建築工事等において根切り工事、山留め工事、ウエル工事、ケーソン工事その他基礎工事を行なう場合においては、あらかじめ、地下に**埋設**されたガス管、ケーブル、水道管及び下水道管の損壊による危害の発生を防止するための措置を講じなければならない。

2 建築工事等における地階の根切り工事その他の深い根切り工事(これに伴う山留め工事を含む。)は、**地盤調査**による地層及び**地下水**の状況に応じて作成した**施工図**に基づいて行なわなければならない。

3 建築工事等において建築物その他の工作物に**近接**して根切り工事その他土地の掘削を行なう場合においては、当該工作物の**基礎**又は**地盤**を補強して構造耐力の低下を防止し、急激な**排水**を避ける等その傾斜又は**倒壊**による危害の発生を防止するための措置を講じなければならない。

4 建築工事等において深さ**1.5m**以上の根切り工事を行なう場合においては、地盤が崩壊するおそれがないとき、及び周辺の状況により危害防止上支障がないときを除き、**山留め**を設けなければならない。この場合において、**山留めの根入れ**は、周辺の地盤の安定を保持するために相当な深さとしなければならない。

5 前項の規定により設ける山留めの切ばり、矢板、腹起しその他の主要な部分は、土圧に対して、次に定める方法による構造計算によつた場合に安全であることが確かめられる最低の耐力以上の耐力を有する構造としなければならない。(以下省略)

6 建築工事等における根切り及び山留めについては、その工事の施工中必要に応じて**点検**を行ない、山留めを**補強**し、排水を適当に行なう等これを安全な状態に維持するための措置を講ずるとともに、矢板等の**抜取り**に際しては、周辺の地盤の**沈下**による危害を防止するための措置を講じなければならない。

(落下物に対する防護) 第136条の5

建築工事等において工事現場の境界線からの水平距離が5m以内で、かつ、地盤面からの高さが3m以上の場所からくず、ごみその他**飛散**するおそれのある物を投下する場合においては、ダストシユートを用いる等当該くず、ごみ等が工事現場の周辺に**飛散**することを防止するための措置を講じなければならない。

2 建築工事等を行なう場合において、建築のための工事をする部分が工事現場の**境界線**から水平距離が5m以内で、かつ、地盤面から高さが7m以上にあるとき、その他はつり、除却、外壁の修繕等に伴う落下物によって工事現場の周辺に危害を生ずるおそれがあるときは、国土交通大臣の定める基準に従つて、工事現場の周囲その他危害防止上必要な部分を**鉄網**又は**帆布**でおおう等落下物による危害を防止するための措置を講じなければならない。

（建て方）　第136条の6

建築物の建て方を行なうに当たっては、仮筋かいを取り付ける等荷重又は外力による**倒壊**を防止するための措置を講じなければならない。

2　鉄骨造の建築物の建て方の**仮締**は、荷重及び外力に対して安全なものとしなければならない。

（工事用材料の集積）　第136条の7

建築工事等における工事用材料の集積は、その倒壊、崩落等による危害の少ない場所に安全にしなければならない。

2　建築工事等において山留めの周辺又は架構の上に工事用材料を集積する場合においては、当該山留め又は架構に予定した荷重以上の荷重を与えないようにしなければならない。

（火災の防止）　第136条の8

建築工事等において火気を使用する場合においては、その場所に不燃材料の囲いを設ける等防火上必要な措置を講じなければならない。

EXERCISE
過去問題
令和3年
問題6-2

次の建築基準法施工令の各法文において、□に当てはまる正しい語句を、下の該当する枠内から1つ選びなさい。

建築基準法施行令（建て方）

第136条の6　建築物の建て方を行なうに当たつては、仮筋かいを取り付ける等荷重又は外力による ③ を防止するための措置を講じなければならない。

2　鉄骨造の建築物の建て方の ④ は、荷重及び外力に対して安全なものとしなければならない。

③	①事故	②災害	③変形	④傾倒	⑤倒壊
④	①ワイヤロープ	②仮筋かい	③仮締	④本締	⑤手順

考え方

この条文は平成28年度にも出題。「外力による」だから、「事故」、「災害」は日本語的におかしい。136条の3には、「傾斜又は倒壊」という用語が使われていることから「倒壊」を推定してほしい。本条文の1は構造物一般で「仮筋交い」のことを述べており、2ではそのうちの鉄鋼造に特化して述べているので、「**仮締**」であると推定できる。建築基準法施工令でチェックしておくべき条文はそれほど多くないので、2～3回は必ず読んでおいていただきたい。

5-4　騒音防止法・振動防止法

1　地域の指定

[1] 騒音・振動を規制する地域として、都道府県知事が指定する。

[2] 規制値は、敷地の境界線上での測定値が、騒音で85dB以下、振動で75dB以下である。

[3] 指定地域における特定建設作業は、作業時間帯の規制、1日の作業時間の規制、同一場所で連続6日を超えてはならない、日曜日や祝祭日は作業をしてはならない等の規制がある。

[4] 時間規制や休日規制は、災害等の緊急時は適用されないが、規制値は適用される。

試験概要と試験対策のポイント

施工経験記述

仮設・安全

躯体施工

仕上施工

学科記述解説

施工管理

法規

過去問題と解答

2　特定建設作業

［1］騒音8種類、振動4種類の作業で、2日間以上にわたる作業である。

3　届出

［1］特定建設作業は、開始日の7日前までに市町村長に、元請け業者が届け出る。災害等の緊急時は、届出が出来るようになった時点で、速やかに届け出る（届出免除ではなく、「7日前まで」の規定が緩和されるだけ）。

［2］市町村長は、特定建設作業に対する改善勧告、改善命令を出すことはできるが、工事中止命令を出すことはできない。

5-5　廃棄物の処理および清掃に関する法律（廃棄物処理法）

1　目的

－　廃棄物の処理及び清掃に関する法律（廃棄物処理法）の第1条（目的）は以下のようになっている。

－　「この法律は、廃棄物の排出を抑制し、及び廃棄物の適正な分別、保管、収集、運搬、再生、処分等の処理をし、並びに生活環境を清潔にすることにより、生活環境の保全及び公衆衛生の向上を図ることを目的とする。」

2　廃棄物の種類

［1］事業活動にともなって生じた廃棄物を「産業廃棄物」、それ以外を「一般廃棄物」という。一般廃棄物は、いわゆる家庭ごみである。

［2］事業活動にともなって生じた廃棄物でも、例外的に一般廃棄物扱いとなるものがある。建設現場では、剪定枝や現場事務所から出る弁当の食べ残し、コピーくず、廃棄書類等は一般廃棄物扱いとしている。

［3］産業廃棄物は、埋め立てた場合の処分場の型式により、安定型、管理型、遮断型に分けられる。

- a）「がれき類（コンクリートがら、アスファルトがら等）」、「廃プラスチック類」、「ガラスくずおよび陶磁器くず」、「金属くず」、「ゴムくず」を安定5品目といい、もっとも緩やかな型式の安定型処分場に処分できる。
- b）廃PCB、飛散性廃石綿（飛散性アスベスト）、基準を超えた有害物を含む燃えがら・ばいじん・汚泥等を特別管理産業廃棄物（特管物）といい、鉄筋コンクリート構造の遮断型処分場で処分しなければならない。
- c）それ以外の産業廃棄物（木くず、紙くず、繊維くず、汚泥、廃油、廃酸・廃アルカリ、ばいじん等）は、遮水シート構造の管理型処分場で処分する。

3　事業者の責務

［1］産業廃棄物の処理を他人に委託する時は、都道府県知事の許可を得た収集運搬業者と処分業者に、それぞれ別個に委託契約書を交わして委託しなければならない。委託契約書の保存期間は5年である。

［2］ 産業廃棄物の排出事業者は、廃棄物の種類ごと、運搬先ごとに**産業廃棄物管理票**（マニフェスト）を交付する。交付者は、収集運搬・処分委託業者から業務終了後に返送された管理票の写しと委託契約書を5年間保存しなければならない。

A票　　　→　搬出事業者

B票　　　→　運搬者

C、D票　→　中間処理業者

E票　　　→　最終処分業者

［3］ **建設現場における建設廃棄物の排出事業者は、発注者ではなく元請負人である。**

試験概要と試験対策のポイント

施工経験記述

仮設・安全

躯体施工

仕上施工

学科記述解説

施工管理

法規

過去問題と解答

5-6 建設工事に係る資材の再資源化等に関する法律（建設リサイクル法）

1 目的

- 建設工事に係る資材の再資源化等に関する法律（建設リサイクル法）の第1条（目的）は以下のようになっている。

- 「この法律は、特定の建設資材について、その**分別解体等**及び**再資源化等**を促進するための措置を講ずるとともに、**解体工事業者**について登録制度を実施すること等により、**再生資源の十分な利用及び廃棄物の減量**等を通じて、資源の有効な利用の確保及び廃棄物の適正な処理を図り、もって**生活環境の保全及び国民経済の健全な発展に寄与することを目的とする。**」

2 定義

［1］ **分別解体等**：建築物等に用いられた建設資材に係る建設副産物をその種類ごとに分別しつつ工事を計画的に施工する行為であり、対象は解体工事だけではなく建築工事も含む。

［2］ **再資源化**：分別解体等にともなって生じた建設資材廃棄物を資材、原材料として利用すること（マテリアルリサイクル）と、**熱を得るために燃焼させること（サーマルリサイクル）。**

［3］ **再資源化等**：再資源化及び縮減（焼却、脱水、圧縮等で大きさを減ずること：減容化）。

［4］ **特定建設資材**： コンクリート、コンクリートおよび鉄からなる建設資材、木材、アスファルトコンクリートである。

3 建設業を営む者の責務

- 建設工事に係る資材の再資源化等に関する法律（建設リサイクル法）の第5条（建設業を営む者の責務）は以下のようになっている。

- 「建設業を営む者は、建築物等の設計及びこれに用いる**建設資材の選択**、建設工事の**施工方法**等を工夫することにより、建設資材廃棄物の**発生を抑制**するとともに、**分別解体等**及び建設資材廃棄物の**再資源化等**に要する費用を**低減**するよう努めなければならない。

2 建設業を営む者は、建設資材廃棄物の**再資源化**により得られた**建設資材**（建設資材廃棄物の再資源化により得られた物を使用した建設資材を含む。次条及び第41条において同じ。）を**使用する**よう努めなければならない。」

[1] 分別解体等および再資源化等が義務付けられている工事

  a) 建築物の解体 ……………………………… 床面積合計　80m²以上

  b) 建築物の新築・増築 ……………………… 床面積合計　500m²以上

  c) 建築物の修繕・模様替え ………………… 請負代金の額　1億円以上

  d) その他工作物の工事(土木工事等) …… 請負代金の額　500万円以上

[2] 対象建設工事の発注者は工事着手7日前までに都道府県知事に届け出る。また、完了した場合の都道府県知事への届け出義務も発注者にある

[3] 対象建設工事の元請業者は、発注者に対して分別解体に関する事項を書類を交付して説明しなければならない。

[4] 元請業者は、再資源化完了後、発注者に書面で報告し、記録を作成して1年間保存する。

EXERCISE
過去問題
平成23年
問題6

「建設業法」および「労働安全衛生法」に定める次の各法文において、□□□に当てはまる語句を記入しなさい。

1. 建設業法

建設業者は、許可を受けた　①　に係る建設工事を請け負う場合において、当該建設工事に　②　する他の　①　に係る建設工事を請け負うことができる。

2. 建設業法

請負人は、請負契約の履行に関し工事現場に現場代理人を置く場合においては、当該現場代理人の　③　に関する事項及び当該現場代理人の行為についての注文者の請負人に対する　④　の申出の方法（第3項において「現場代理人に関する事項」という。）を、書面により注文者に通知しなければならない。

3. 労働安全衛生法

建設工事の注文者等仕事を他人に請け負わせる者は、施工方法、　⑤　等について、安全で衛生的な作業の遂行をそこなうおそれのある　⑥　を附さないように配慮しなければならない。

考え方

②は第一次検定対策としても重要であったので「**附帯**」という言葉は入るであろう。①は「**建設業**」という単純な用語でよいのだが、条文を完全に覚えていなければ、国語的意味から「工種」と書く受検生がいるかも知れない。

2の条文は公共工事請負契約約款にも出てくる重要事項であるが、④の「**意見**」の申し出では入っても、③の「**権限**」を、「責務」とか「責任権限」と記す受検者がいるかもしれない。

3の安衛法第3条第3項の条文を覚えている受検生は少ないと思われ、その場合は国語的な知識で考えるしかない。注文者が請負者に対して気遣わなければならない事項である。無理な工事を押し付けてはならないことを記しているのである。⑥の「**条件**」は思い浮かんでも、施工方法に並列する⑤の「**工期**」を思い付くかどうかである。

②と④と⑥は正解してほしい、残りの3つのうち1問できれば、ここでは67%はとれる。

PART 4

過去問題と
解答

1 令和5年度の問題と解答

問題2　建築工事における次の1.から3.の仮設物の設置を計画するに当たり、**留意すべき事項**及び**検討すべき事項**を、**それぞれ2つ**具体的に記述しなさい。

ただし、解答はそれぞれ異なる内容の記述とし、申請手続、届出及び運用管理に関する記述は除くものとする。

また、使用資機材に不良品はないものとする。

1.　くさび緊結式足場
2.　建設用リフト
3.　場内仮設道路

問題3　市街地での事務所ビル新築工事について、右の基準階の躯体工事工程表及び作業内容表を読み解き、次の1.から4.の問いに答えなさい。

工程表は工事着手時のもので、各工種の作業内容は作業内容表のとおりであり、型枠工事の作業④と、鉄筋工事の作業⑦については作業内容を記載していない。

基準階の施工は型枠工10人、鉄筋工6人のそれぞれ 1班で施工し、③柱型枠、壁型枠返しは、⑧壁配筋が完了してから開始するものとし、⑨梁配筋（圧接共）は、⑤床型枠組立て（階段を含む）が完了してから開始するものとする。

なお、仮設工事、設備工事及び検査は、墨出し、型枠工事、鉄筋工事、コンクリート工事の進捗に合わせ行われることとし、作業手順、作業日数の検討事項には含めないものとする。

〔工事概要〕
用途　　　　：事務所
構造、規模　：鉄筋コンクリート造、地上6階、延べ面積3,000m²、基準階面積480m²

1.型枠工事の作業④及び鉄筋工事の作業⑦の**作業内容**を記述しなさい。

2.型枠工事の③柱型枠、壁型枠返しの**最早開始時期（EST）**を記入しなさい。

3.型枠工事の⑥型枠締固め及び鉄筋工事の⑩床配筋の**フリーフロート**を記入しなさい。

4.次の記述の　　　　に当てはまる**数値**を記入しなさい。

ある基準階において、②片壁型枠建込み及び③柱型枠、壁型枠返しについて、当初計画した型枠工の人数が確保できず、②片壁型枠建込みでは2日、③柱型枠、壁型枠返しでは1日、作業日数が増加することとなった。

このとき、墨出しからコンクリート打込み完了までの**総所要日数**は　　　　日となる。

基準階の躯体工事工程表 （当該階の柱及び壁，上階の床及び梁）

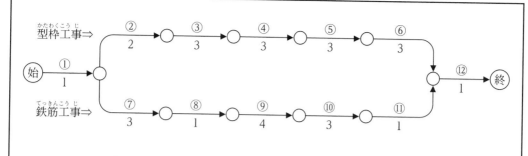

（凡例） ◯ —②→ ◯ ： ②片壁型枠建込み作業の所要日数が2日であることを表している。
2

※ 工程表にダミーアローは記載していない。

作業内容表 （所要日数には仮設，運搬を含む）

工　種	作　業　内　容	所要日数（日）
墨出し	① 墨出し	1
型枠工事	② 片壁型枠建込み	2
	③ 柱型枠，壁型枠返し	3
	④	3
	⑤ 床型枠組立て（階段を含む）	3
	⑥ 型枠締固め	3
鉄筋工事	⑦	3
	⑧ 壁配筋	1
	⑨ 梁配筋（圧接共）	4
	⑩ 床配筋	3
	⑪ 差筋	1
コンクリート工事	⑫ コンクリート打込み	1

ネットワーク工程表 検討用

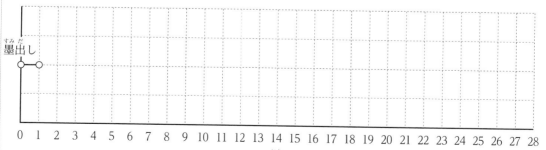

墨出し

0　1　2　3　4　5　6　7　8　9　10　11　12　13　14　15　16　17　18　19　20　21　22　23　24　25　26　27　28
（日）

211

試験概要と試験対策のポイント

施工経験記述

仮設・安全

躯体施工

仕上施工

学科記述解説

施工管理

法規

過去問題と解答

問題4 次の1.から4.の問いに答えなさい。

ただし、解答はそれぞれ異なる内容の記述とし、材料(仕様、品質、搬入、保管等)、作業環境(騒音、振動、気象条件等)、養生及び安全に関する記述は除くものとする。

1. 土工事において、山留め壁に鋼製切梁工法の支保工を設置する際の施工上の**留意事項**を2つ、具体的に記述しなさい。

   ただし、地下水の処理及び設置後の維持管理に関する記述は除くものとする。

2. 鉄筋工事において、バーサポート又はスペーサーを設置する際の施工上の**留意事項**を2つ、具体的に記述しなさい。

3. 鉄筋コンクリート造の型枠工事において、床型枠用鋼製デッキプレート(フラットデッキプレート)を設置する際の施工上の**留意事項**を2つ、具体的に記述しなさい。

4. コンクリート工事において、普通コンクリートを密実に打ち込むための施工上の**留意事項**を2つ、具体的に記述しなさい。

問題5 次の 1.から 8.の各記述において、□□に当てはまる最も適当な語句又は数値の組合せを、下の枠内から1つ選びなさい。

1. 塩化ビニル樹脂系シート防水の接着工法において、シート相互の接合部は、原則として水上側のシートが水下側のシートの上になるよう張り重ねる。

   また、シート相互の接合幅は、幅方向、長手方向とも、最小値 a mmとし、シート相互の接合方法は、 b と c を併用して接合する。

	a	b	c
①	40	接着剤	液状シール材
②	100	接着剤	テープ状シール材
③	100	接着剤又は熱風	テープ状シール材
④	40	接着剤又は熱風	液状シール材
⑤	100	接着剤又は熱風	液状シール材

2. セメントモルタルによる外壁タイル後張り工法の引張接着強度検査は、施工後2週間以上経過した時点で、油圧式接着力試験機を用いて、引張接着強度と a 状況に基づき合否を判定する。

   また、下地がモルタル塗りの場合の試験体は、タイルの目地部分を b 面まで切断して周囲と絶縁したものとし、試験体の数は100m²以下ごとに1個以上とし、かつ、全面積で c 個以上とする。

	a	b	c
①	破壊	下地モルタル	2
②	破壊	コンクリート	2
③	破壊	コンクリート	3
④	打音	コンクリート	3
⑤	打音	下地モルタル	3

3. 鋼板製折板葺屋根におけるけらば包みの継手位置は、端部用タイトフレームの位置よりできるだけ　a　ほうがよい。

また、けらば包み相互の継手の重ね幅は、最小値　b　mmとし、当該重ね内部に不定形又は定形シーリング材をはさみ込み、　c　等で留め付ける。

	a	b	c
①	近い	100	ドリリングタッピンネジ
②	離す	60	溶接接合
③	近い	60	ドリリングタッピンネジ
④	近い	100	溶接接合
⑤	離す	100	ドリリングタッピンネジ

4. 軽量鉄骨壁下地のランナー両端部の固定位置は、端部から　a　mm内側とする。

ランナーの固定間隔は、ランナーの形状、断面性能及び軽量鉄骨壁の構成等により　b　mm程度とする。

また、上部ランナーの上端とスタッド天端の隙間は10 mm以下とし、スタッドに取り付けるスペーサーの間隔は　c　mm程度とする。

	a	b	c
①	100	600	900
②	50	900	600
③	50	600	900
④	50	900	900
⑤	100	900	600

5. 仕上げ材の下地となるセメントモルタル塗りの表面仕上げには、金ごて仕上げ、木ごて仕上げ、はけ引き仕上げがあり、その上に施工する仕上げ材の種類に応じて使い分ける。

一般塗装下地、壁紙張り下地の仕上げの場合は、　a　仕上げとする。

壁タイル接着剤張り下地の仕上げの場合は、　b　仕上げとする。

セメントモルタル張りタイル下地の仕上げの場合は、　c　仕上げとする。

	a	b	c
①	金ごて	木ごて	はけ引き
②	金ごて	金ごて	はけ引き
③	木ごて	木ごて	はけ引き
④	金ごて	金ごて	木ごて
⑤	木ごて	金ごて	木ごて

試験概要と試験対策のポイント

施工経験記述

仮設・安全

躯体施工

仕上施工

学科記述解説

施工管理

法規

過去問題と解答

6. アルミニウム製建具工事において、枠のアンカー取付け位置は、枠の隅より150 mm内外を端とし、中間の間隔を [a] mm以下とする。

　くつずりをステンレス製とする場合は、厚さ [b] mmを標準とし、仕上げはヘアラインとする。

　また、一般的に、破損及び発音防止のためのくつずり裏面のモルタル詰めは、取付け [c] に行う。

	a	b	c
①	500	1.5	後
②	600	1.5	前
③	600	1.6	後
④	500	1.6	前
⑤	500	1.5	前

7. せっこうボード面の素地ごしらえのパテ処理の工法には、パテしごき、パテかい、パテ付けの3種類がある。

　[a] は、面の状況に応じて、面のくぼみ、隙間、目違い等の部分を平滑にするためにパテを塗る。

　また、パテかいは、[b] にパテ処理するもので、素地とパテ面との肌違いが仕上げに影響するため、注意しなければならない。

　なお、パテ付けは、特に [c] を要求される仕上げの場合に行う。

	a	b	c
①	パテしごき	全面	美装性
②	パテしごき	全面	付着性
③	パテかい	局部的	美装性
④	パテかい	全面	美装性
⑤	パテかい	局部的	付着性

8. タイルカーペットを事務室用フリーアクセスフロア下地に施工する場合、床パネル相互間の段差と隙間を [a] mm以下に調整した後、床パネルの目地とタイルカーペットの目地を [b] mm程度ずらして割付けを行う。

　また、カーペットの張付けは、粘着剥離形の接着剤を [c] の全面に塗布し、適切なオープンタイムをとり、圧着しながら行う。

	a	b	c
①	1	100	床パネル
②	2	50	床パネル
③	1	100	カーペット裏
④	2	100	カーペット裏
⑤	1	50	カーペット裏

問題6　次の1.から3.の各法文において、□□に当てはまる**正しい語句又は数値**を、下の該当する枠内から**1つ**選びなさい。

1. 建設業法（下請代金の支払）

第24条の3　元請負人は、請負代金の出来形部分に対する支払又は工事完成後における支払を受けたときは、当該支払の対象となった建設工事を施工した下請負人に対して、当該元請負人が支払を受けた金額の出来形に対する割合及び当該下請負人が施工した出来形部分に相応する下請代金を、当該支払を受けた日から ① 以内で、かつ、できる限り短い期間内に支払わなければならない。

2　前項の場合において、元請負人は、同項に規定する下請代金のうち ② に相当する部分については、現金で支払うよう適切な配慮をしなければならない。

3（略）

①	① 10日	② 20日	③ 1月	④ 3月	⑤ 3月

②	① 労務費	② 交通費	③ 材料費	④ 事務費	⑤ 諸経費

2. 建築基準法施行令（根切り工事、山留め工事等を行う場合の危害の防止）

第136条の3　建築工事等において根切り工事、山留め工事、ウエル工事、ケーソン工事その他基礎工事を行う場合においては、あらかじめ、地下に埋設されたガス管、ケーブル、水道管及び下水道管の損壊による危害の発生を防止するための措置を講じなければならない。

2（略）

3（略）

4　建築工事等において深さ ③ メートル以上の根切り工事を行なう場合においては、地盤が崩壊するおそれがないとき、及び周辺の状況により危害防止上支障がないときを除き、山留めを設けなければならない。この場合において、山留めの根入れは、周辺の地盤の安定を保持するために相当な深さとしなければならない。

5（略）

6　建築工事等における根切り及び山留めについては、その工事の施工中必要に応じて点検を行ない、山留めを補強し、排水を適当に行なう等これを安全な状態に維持するための措置を講ずるとともに、矢板等の抜取りに際しては、周辺の地盤の ④ による危害を防止するための措置を講じなければならない。

③	① 0.5	② 1.0	③ 1.5	④ 2.0	⑤ 2.5

④	① 沈下	② ゆるみ	③ 崩落	④ 陥没	⑤ 倒壊

215

試験概要と試験対策のポイント

施工経験記述

仮設・安全

躯体施工

仕上施工

学科記述解説

施工管理

法規

過去問題と解答

3. 労働安全衛生法（総括安全衛生管理者）

第10条　事業者は、政令で定める規模の事業場ごとに、厚生労働省令で定めるところにより、総括安全衛生管理者を選任し、その者に安全管理者、衛生管理者又は第25条の2第2項の規定により技術的事項を管理する者の指揮をさせるとともに、次の業務を統括管理させなければならない。

一　労働者の ⑤ 又は健康障害を防止するための措置に関すること。

二　労働者の安全又は衛生のための教育の実施に関すること。

三　健康診断の実施その他健康の保持増進のための措置に関すること。

四　労働災害の原因の調査及び ⑥ 防止対策に関すること。

五　前各号に掲げるもののほか、労働災害を防止するため必要な業務で、厚生労働省令で定めるもの

2（略）

3（略）

| ⑤ | ① 危害 | ② 損傷 | ③ 危機 | ④ 損害 | ⑤ 危険 |

| ⑥ | ① 発生 | ② 拡大 | ③ 頻発 | ④ 再発 | ⑤ 被害 |

解答｜問題2

1～3とも、以下から2つ記せばよい。

1.くさび緊結式足場

- 強度計算を行って組立図を作成し、それに基づいて組み立てる。
- 敷地の地盤の高低差を考慮し、地盤強度の確保、設置スペースの確保を行う。
- 建地は滑動防止、沈下防止に留意し、敷板、ベース金具を用い、脚部は根がらみを設ける。
- 壁つなぎ、控えの間隔は、垂直方向5m以下、水平方向5.5m以下となるようにし、足場の倒壊を防止する。
- 第三者への飛来落下事故防止のため、必要な構造の防護棚を設ける。
- 作業員の墜落防止のため、高さ85cm以上の手すりおよび中さん等を設ける。

2.建設用リフト

- 積載物の最大荷重に応じた定格荷重の者を選定し、定格荷重や操作方法についての掲示を行う。また、人は載ってはいけない旨を掲示する。
- 昇降路内には人が出入りできないように、また積み荷の落下、飛散がないように金網等で防護する。
- 出入り口および荷の積卸し口に遮断装置を設ける。
- 積載物の最大寸法に応じ荷台面積とし、積載物が荷台から出ないようにする。
- 作業に必要な最大揚程高さで設置が可能であるか確認する。
- 安全装置、ブレーキの性能を把握して計画する。

3.場内仮設道路

- 作業員の通行動線と車両動線ができるだけ交差しないように計画する。
- 地盤耐力を低下させないように、地盤改良や鉄板敷き等を行う。
- 車両、重機の大きさや通行量に合わせた幅員とする。
- 雨水が滞留しないよう、横断勾配をつけて水はけをよくし、排水溝を設置する。
- 再生骨材や、現場発生土、斫りがら等の再生材使用を検討する。
- 短期使用の仮設道路については、接地や撤去が簡単な方式を採用する。

解答｜問題3

1. 作業④：梁配筋組立て　作業⑦：柱配筋
2. EST：5日
3. ⑥：5　⑩：0
4. 24

解答｜問題4

以下から、それぞれ2つずつ記す。

1　山留め壁に鋼製切梁工法の支保工を設置する際の施工上の留意事項

- 腹起しの継手位置は、曲げ応力の小さい切梁と火打ち梁との間、または切梁に近い位置に割り付ける。
- 切梁の継手位置は、中間支柱付近とし、同一方向の継手は同じ位置に並ばないようにする。
- 強度計算を行って、寸法・取付順序を記した組立図を作成し、それに基づいて組み立てる。
- 軸力を計測するためのひずみ計は、2台を対としてウェブ力面（両面）に設置する。
- プレロードをかける場合は、設計切梁軸力の50～80%とする。

2　鉄筋工事において、バーサポート又はスペーサーを設置する際の施工上の留意事項

- 水平の鉄筋を保持するためにはバーサポートを用い、ドーナツ型スペーサーはコンクリートの重点（充填）を考慮して縦向きに使用する。
- 場所に応じて、必要なかぶりを確保するために即した寸法のスペーサー、バーサポートを選定する。
- スラブのスペーサーは原則として鋼製とし、型枠に接する部分に防錆処理を行ったものとする。
- スラブの場合は上端筋、下端筋それぞれ1.3個/m²程度、梁の場合は1.5m程度の間隔とする。

3　鉄筋コンクリート造の型枠工事において、床型枠用鋼製デッキプレート（フラットデッキプレート）を設置する際の施工上の留意事項

- フラットデッキには10mm程度のキャンバー（むくり）が付いているので、梁との隙間からのろ漏れ等が生じないように施工する。
- フラットデッキは衝撃に弱く、曲がったりへこんだり変形したりしやすいので、養生方法、揚重方法、吊り治具等に注意する。
- 設備配管等の貫通口が規則的な場合または集中している場合は、局部破壊の原因となるので、補強する必要がある。
- フラットデッキは、リブでコンクリート等の施工荷重を負担しているので、リブを切断する場合等は、デッキ受けを設け荷重を梁や型枠に確実に伝えるようにしなければならない。

試験概要と試験対策のポイント

施工経験記述

仮設・安全

躯体施工

仕上施工

学科記述解説

施工管理

法規

令和5年度

過去問題と解答

試験概要と試験対策のポイント

施工経験記述

仮設・安全

躯体施工

仕上施工 学科記述解説

施工管理

法規

過去問題と解答

ANSWER

4　コンクリート工事において、普通コンクリートを密実に打込むための施工上の留意事項

● コンクリートが分離しないように、たて型シュートや打ち込み用ホースを使用して打設する。

● 締固めには棒状振動機を用い、加振時間は1カ所あたり5～15秒程度とし、先打ちコンクリート層に10cm程度挿入して一体化を図る。

● コンクリートは連続して打設し、可能な限り中断させないようコンクリートプラントとの連絡を密に取る。

● 夏場は気温の上昇する時間帯の打設を避ける。

● 流動性を改良するために、AE剤、AE減水剤等も使用を検討する。

解答｜問題5

1. ④　　　2. ③　　　3. ③　　　4. ②
5. ④　　　6. ⑤　　　7. ③　　　8. ①

解答｜問題6

1. ①　③ 1月　　②　① 労務費
2. ③　③ 1.5　　④　① 沈下
3. ⑤　⑤ 危険　　⑥　④ 再発

2 令和4年度の問題と解答

問題2 建築工事における次の 1. から 3. の災害について、施工計画に当たり事前に検討した事項として、災害の発生するおそれのある**状況又は作業内容**と災害を防止するための**対策**を、**それぞれ2つ**具体的に記述しなさい。

ただし、解答はそれぞれ異なる内容の記述とする。また、保護帽や要求性能墜落制止用器具の使用、朝礼時の注意喚起、点検や整備などの日常管理、安全衛生管理組織、新規入場者教育、資格や免許に関する記述は除くものとする。

1. 墜落、転落による災害
2. 崩壊、倒壊による災害
3. 移動式クレーンによる災害

問題3 市街地での事務所ビル新築工事において、同一フロアをA、Bの工区に分けて施工を行うとき、次ページの内装工事工程表（3階）に関し、次の 1. から 4. の問いに答えなさい。

工程表は計画時点のもので、検査や設備関係の作業については省略している。

各作業日数と作業内容は工程表及び作業内容表に記載のとおりであり、Aで始まる作業名はA工区の作業を、Bで始まる作業名はB工区の作業を、Cで始まる作業名は両工区を同時に行う作業を示すが、作業A1、B1及び作業A6、B6については作業内容を記載していない。

各作業班は、それぞれ当該作業のみを行い、各作業内容共、A工区の作業が完了してからB工区の作業を行う。また、A工区における作業A2と作業C2以外は、工区内で複数の作業を同時に行わず、各作業は先行する作業が完了してから開始するものとする。

なお、各作業は一般的な手順に従って施工されるものとする。

〔工事概要〕

用途　　　：事務所

構造・規模：鉄筋コンクリート造、地上6階、塔屋1階、延べ面積2,800m²
　　　　　　階段は鉄骨造で、別工程により施工する。

仕上げ　　：床は、フリーアクセスフロア下地、タイルカーペット仕上げ
　　　　　　壁は、軽量鉄骨下地、せっこうボード張り、ビニルクロス仕上げ
　　　　　　天井は、システム天井下地、ロックウール化粧吸音板仕上げ
　　　　　　A工区の会議室に可動間仕切設置

1. 作業A1、B1及びA6、B6の**作業内容**を記述しなさい。

2. ㊙から㊗までの**総所要日数**を記入しなさい。

3. 作業A4の**フリーフロート**を記入しなさい。

4. 次の記述の□□□に当てはまる**作業名と数値**をそれぞれ記入しなさい。

建具枠納入予定日の前日に、A工区分の納入が遅れることが判明したため、B工区の建具枠取付けを先行し、その後の作業もB工区の作業が完了してからA工区の作業を行うこととした。

なお、変更後のB工区の建具枠取付けの所要日数は2日で、納入の遅れたA工区の建具枠は、B工区の壁せっこうボード張り完了までに取り付けられることが判った。

試験概要と試験対策のポイント

施工経験記述

仮設・安全

躯体施工

仕上施工

学科記述解説

施工管理

法規

過去問題と解答

このとき、当初クリティカルパスではなかった作業 あ から作業A8までがクリティカルパスとなり、㊀から㊀までの総所要日数は い 日となる。

内装工事工程表 （3階）

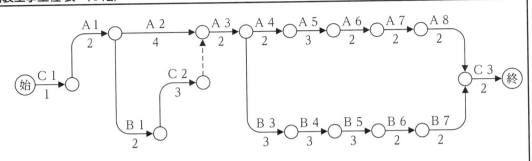

※ 凡例 ：作業B1の所要日数が2日であることを表している。

※ 所要日数には，各作業に必要な仮設，資機材運搬を含む。

作業内容表 （各作業に必要な仮設，資機材運搬を含む）

作業名	作業内容
C1	墨出し
A1，B1	
A2	可動間仕切レール取付け（下地共）
C2	建具枠取付け
A3，B3	壁せっこうボード張り
A4，B4	システム天井組立て（ロックウール化粧 吸音板仕上げを含む）
A5，B5	壁ビニルクロス張り
A6，B6	
A7，B7	タイルカーペット敷設，幅木張付け
A8	可動間仕切壁取付け
C3	建具扉吊込み

検討用

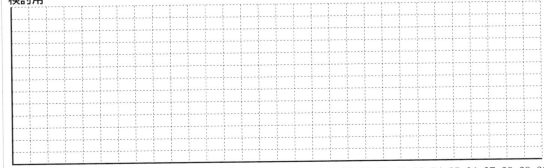

0　1　2　3　4　5　6　7　8　9　10　11　12　13　14　15　16　17　18　19　20　21　22　23　24　25　26　27　28　29　30

問題4　次の1.から4.の問いに答えなさい。

ただし、解答はそれぞれ異なる内容の記述とし、材料(仕様、品質、運搬、保管等)、作業環境(騒音、振動、気象条件等)、下地、養生及び作業員の安全に関する記述は除くものとする。

1. 屋根保護防水断熱工法における保護層の平場部の施工上の**留意事項**を2つ、具体的に記述しなさい。

なお、防水層はアスファルト密着工法とし、保護層の仕上げはコンクリート直均し仕上げとする。

2. 木製床下地にフローリングボード又は複合フローリングを釘留め工法で張るときの施工上の**留意事項**を2つ、具体的に記述しなさい。

3. 外壁コンクリート面を外装合成樹脂エマルション系薄付け仕上塗材(外装薄塗材E)仕上げとするときの施工上の**留意事項**を2つ、具体的に記述しなさい。

4. 鉄筋コンクリート造の外壁に鋼製建具を取り付けるときの施工上の**留意事項**を2つ、具体的に記述しなさい。

問題5　次の 1.から 8.の各記述において、□□に当てはまる**最も適当な語句又は数値の組合せ**を、下の枠内から1つ選びなさい。

1. 地盤の平板載荷試験は、地盤の変形及び支持力特性を調べるための試験である。

試験は、直径 [a] cm以上の円形の鋼板にジャッキにより垂直荷重を与え、載荷圧力、載荷時間、[b] を測定する。

また、試験結果により求められる支持力特性は、載荷板直径の1.5 ～ [c] 倍程度の深さの地盤が対象となる。

	a	b	c
①	30	載荷係数	2.0
②	30	沈下量	2.0
③	20	載荷係数	3.0
④	20	沈下量	3.0
⑤	30	沈下量	3.0

2. 根切りにおいて、床付け面を乱さないため、機械式掘削では、通常床付け面上30 ～ 50 cmの土を残して、残りを手掘りとするか、ショベルの刃を [a] のものに替えて掘削する。

床付け面を乱してしまった場合は、礫や砂質土であれば [b] で締め固め、粘性土の場合は、良質土に置換するか、セメントや石灰等による地盤改良を行う。

また、杭間地盤の掘り過ぎや掻き乱しは、杭の [c] 抵抗力に悪影響を与えるので行ってはならない。

	a	b	c
①	平状	水締め	水平
②	爪状	水締め	鉛直
③	平状	転圧	水平
④	爪状	転圧	水平
⑤	平状	転圧	鉛直

3. 場所打ちコンクリート杭地業のオールケーシング工法において、地表面下 [a] m程度までのケーシングチューブの初期の圧入精度によって以後の掘削の鉛直精度が決定される。

掘削は [b] を用いて行い、一次スライム処理は、孔内水が多い場合には、[c] を用いて処理し、コンクリート打込み直前までに沈殿物が多い場合には、二次スライム処理を行う。

試験概要と試験対策のポイント

施工経験記述

仮設・安全

躯体施工

仕上施工

学科記述解説

施工管理

法規

過去問題と解答

	a	b	c
①	10	ハンマーグラブ	沈殿バケット
②	5	ハンマーグラブ	沈殿バケット
③	5	ドリリングバケット	底ざらいバケット
④	10	ドリリングバケット	沈殿バケット
⑤	5	ハンマーグラブ	底ざらいバケット

4. 鉄筋のガス圧接を手動で行う場合、突き合わせた鉄筋の圧接端面間の隙間は　a　mm以下で、偏心、曲がりのないことを確認し、還元炎で圧接端面間の隙間が完全に閉じるまで加圧しながら加熱する。

圧接端面間の隙間が完全に閉じた後、鉄筋の軸方向に適切な圧力を加えながら、　b　により鉄筋の表面と中心部の温度差がなくなるように十分加熱する。

このときの加熱範囲は、圧接面を中心に鉄筋径の　c　倍程度とする。

	a	b	c
①	2	酸化炎	3
②	2	酸化炎	2
③	2	中性炎	2
④	5	中性炎	2
⑤	5	酸化炎	3

5. 型枠に作用するコンクリートの側圧に影響する要因として、コンクリートの打込み速さ、比重、打込み高さ及び柱、壁などの部位の影響等があり、打込み速さが速ければコンクリートヘッドが　a　なって、最大側圧が大となる。

また、せき板材質の透水性又は漏水性が　b　と最大側圧は小となり、打ち込んだコンクリートと型枠表面との摩擦係数が　c　ほど、液体圧に近くなり最大側圧は大となる。

	a	b	c
①	大きく	大きい	大きい
②	小さく	小さい	大きい
③	大きく	小さい	大きい
④	小さく	大きい	小さい
⑤	大きく	大きい	小さい

6. 型枠組立てに当たって、締付け時に丸セパレーターのせき板に対する傾きが大きくなると丸セパレーターの　a　強度が大幅に低下するので、できるだけ垂直に近くなるように取り付ける。

締付け金物は、締付け不足でも締付け過ぎでも不具合が生じるので、適正に使用することが重要である。締付け金物を締め過ぎると、せき板が　b　に変形する。

締付け金物の締付け過ぎへの対策として、内端太（縦端太）を締付けボルトとできるだけ　c　等の方法がある。

	a	b	c
①	破断	内側	近接させる
②	圧縮	外側	近接させる
③	破断	外側	近接させる
④	破断	内側	離す
⑤	圧縮	外側	離す

試験概要と試験対策のポイント

施工経験記述

仮設・安全

躯体施工

仕上施工

学科記述解説

施工管理

法規

令和4年度 過去問題と解答

7. コンクリート工事において、暑中コンクリートでは、レディーミクストコンクリートの荷卸し時のコンクリート温度は、原則として □a□ ℃以下とし、コンクリートの練混ぜから打込み終了までの時間は、□b□ 分以内とする。

打込み後の養生は、特に水分の急激な発散及び日射による温度上昇を防ぐよう、コンクリート表面への散水により常に湿潤に保つ。

湿潤養生の開始時期は、コンクリート上面ではブリーディング水が消失した時点、せき板に接する面では脱型 □c□ とする。

	a	b	c
①	30	90	直後
②	35	120	直前
③	35	90	直後
④	30	90	直前
⑤	30	120	直後

8. 鉄骨工事におけるスタッド溶接後の仕上がり高さ及び傾きの検査は、□a□ 本又は主要部材1本若しくは1台に溶接した本数のいずれか少ないほうを1ロットとし、1ロットにつき1本行う。

検査する1本をサンプリングする場合、ロットの中から全体より長いかあるいは短そうなもの、又は傾きの大きそうなものを選択する。

なお、スタッドが傾いている場合の仕上がり高さは、軸の中心でその軸長を測定する。

検査の合否の判定は限界許容差により、スタッド溶接後の仕上がり高さは指定された寸法の± □b□ mm以内、かつ、スタッド溶接後の傾きは □c□ 度以内を適合とし、検査したスタッドが適合の場合は、そのロットを合格とする。

	a	b	c
①	150	2	5
②	150	3	15
③	100	2	15
④	100	2	5
⑤	100	3	5

問題6 次の1.から3.の各法文において、□□□に**当てはまる正しい語句又は数値**を、下の該当する枠内から**1つ**選びなさい。

1. 建設業法（特定建設業者の下請代金の支払期日等）

第24条の6　特定建設業者が □①□ となった下請契約（下請契約における請負人が特定建設業者又は資本金額が政令で定める金額以上の法人であるものを除く。以下この条において同じ。）における下請代金の支払期日は、第24条の4第2項の申出の日（同項ただし書の場合にあっては、その一定の日。以下この条において同じ。）から起算して □②□ 日を経過する日以前において、かつ、できる限り短い期間内において定められなければならない。

2 （略）

3 （略）

4 （略）

①	① 注文者	② 発注者	③ 依頼者	④ 事業者	⑤ 受注者

②	① 20	② 30	③ 40	④ 50	⑤ 60

2. 建築基準法施行令（落下物に対する防護）

第136条の5　（略）

2　建築工事等を行なう場合において、建築のための工事をする部分が工事現場の境界線から水平距離が ③ m以内で、かつ、地盤面から高さが ④ m以上にあるとき、その他はつり、除却、外壁の修繕等に伴う落下物によって工事現場の周辺に危害を生ずるおそれがあるときは、国土交通大臣の定める基準に従って、工事現場の周囲その他危害防止上必要な部分を鉄網又は帆布でおおう等落下物による危害を防止するための措置を講じなければならない。

③	① 3	② 4	③ 5	④ 6	⑤ 7

④	① 3	② 4	③ 5	④ 6	⑤ 7

3. 労働安全衛生法（元方事業者の講ずべき措置等）

第29条の2　建設業に属する事業の元方事業者は、土砂等が崩壊するおそれのある場所、機械等が転倒するおそれのある場所その他の厚生労働省令で定める場所において関係請負人の労働者が当該事業の仕事の作業を行うときは、当該関係請負人が講ずべき当該場所に係る ⑤ を防止するための措置が適正に講ぜられるように、 ⑥ 上の指導その他の必要な措置を講じなければならない。

⑤	① 破損	② 損壊	③ 危険	④ 労働災害	⑤ 事故

⑥	① 教育	② 技術	③ 施工	④ 作業	⑤ 安全

解答│問題2

1〜3とも、以下から2つ記せばよい。

1.墜落、転落による災害

● 外壁工事において、作業員の足場からの墜落を防止するため、高さ85cmの手すりと中さんを取り付ける。

● 鉄骨組立作業中の、とび工の墜落を防止するため、ハーネスト型要求性能墜落制止用器具を掛けるための親綱を設置する。

● 外壁塗装工事において、別の作業員の墜落を防止するため、臨時に取り外した手すりは作業終了後必ず復旧し、責任者に報告させる。

● 部分的な外壁補修工事において、作業員の足場からの墜落を防止するため、高所作業車の使用など無足場工法を採用する。

2.崩壊、倒壊による災害

● コンクリート打設による型枠支保工の崩壊を防止するため、構造計算により作成した組立図に基づき組み立てる。

● 地下掘削中にボイリングによる山留め壁の崩壊を防止するため、背面の地下水位を下げる。

● 高所作業における足場の倒壊を防止するため、水平・鉛直方向とも規定の間隔で壁つなぎ・控えをとる。

● 土留支保工のない明りの地山掘削を行う際は、地山の崩壊を防止するために、地質に応じて定められた勾配を超えないようにする。

3.移動式クレーンによる災害

● 揚重中の転倒事故を防止するため、敷き鉄板を敷き、アウトリガーを最大限に張り出して設置する。

● 揚重中における吊り荷の落下事故を防止するため、ワイヤーロープの安全率は6以上とし、素線の切断率、直径の減少率が規定以上のワイヤーロープは使用しない。

● 吊り荷の落下による作業員や歩行者への災害を防止するために、安全柵やカラーコーンを設置して監視人を配置し、旋回範囲内への立入禁止措置を行う。

● 揚重中の転倒事故を防止するため、運転者、玉掛者の見やすい位置に定格荷重を常時知ることができるよう表示板を設置する。

解答│問題3

1. 作業A1、B1：壁軽量鉄骨下地取付け
   作業A6、B6：フリーアクセスフロア下地取付け
2. 総所要日数：25日
3. 作業A4のフリーフロート：0日
4. あ：A5、　い：27

解答│問題4

以下から、それぞれ2つずつ記す。

1 屋根保護防水断熱工法における保護層の平場部の施工上の留意事項

● 保護コンクリートは防水層施工後すみやかに打設する。

● 保護コンクリート中に敷き込む溶接金網の重ねは、1節半以上かつ150mm以上とする。

● 保護コンクリート厚さは、こて仕上げの場合は80mm以上とし、所定勾配をとる。

● 押えコンクリートに配管を埋め込む場合は、配管に先立ち防水層の上に厚さ15mmの保護モルタルを施す。

● コンクリートポンプ車の圧送管が防水層に直接触れないようにする。
　※平成28年とほぼ同じ解答。

2 木製床下地フローリングボードまたは複合フローリングを釘留め工法で張るときの施工上の留意事項

● 張立てに先立ち、根太および捨張りの上に数日間並べ、環境に良く順応させてから張り込む。

● 板の割り付けを行い、通り良く敷き並べて締付け、雄ざねの付け根から隠し釘打ちして留め付ける。

● 敷居際の板そばは、敷居下に適当な空隙を設ける。

● 捨張りには合板、パーティクルボードなどを用いるが、製材板を用いる場合は含水率15%以下のものを使用する。
　※平成26年と同じ問題。

3 外壁コンクリート面を外装合成樹脂エマルション系薄付け仕上塗材（外装薄塗材E）仕上とするときの施工上の留意事項

● 塗料の塗付けは同じ方向に揃え、途中の塗り残しがないように、1日の工程終了はきりのよいところまでとする。

● 希釈に使用する水は水道水を標準とし、地下水や工業用水を使用する場合は事前に各材料との適合性を確認する。

● 気温−5℃以下での保管は避け、気温5℃以下での施工は避ける。

● 各塗装工程の標準工程間隔時間は、気温20℃の際には3時間以上とる。

4 鉄筋コンクリート造の外壁に鋼製建具を取り付けるときの施工上の留意事項

● 鋼板は、溶融亜鉛メッキ鋼板および表面処理亜鉛メッキ鋼板とする。

● 鋼板の厚さは、つり元のように大きな力がかかる部分は2.3mm以上、他の部分は1.6mm以上とする。

● くつずりの材料はステンレス鋼板とし、厚さ1.5mmを標準とする。

● くつずり、下枠等のモルタル充填が困難な場所は、あらかじめ裏面に鉄線等を取り付けておき、設置前にモルタル詰めを行う。

● フラッシュ戸では、外部に面する戸は下部を除き三方の見込み部を表面板で包み（三方曲げ）、内部に面する戸は上下部を除き二方の見込み部を表面版で包む（二方曲げ）。
※平成20年はアルミ製建具の問題。

解答｜問題5

1. ② 　　　2. ③ 　　　3. ① 　　　4. ③
5. ⑤ 　　　6. ① 　　　7. ③ 　　　8. ④

解答｜問題6

1. ① ① 注文者 　　　② ④ 50
2. ③ ③ 5 　　　④ ⑤ 7
3. ⑤ ③ 危険 　　　⑥ ② 技術

3　令和3年度の問題と解答

試験概要と試験対策のポイント

施工経験記述

仮設・安全

躯体施工　仕上施工

学科記述解説

施工管理

法規

令和3年度　過去問題と解答

問題2　次の1.から3.の建築工事における仮設物の設置を計画するに当たり、留意及び検討すべき事項を2つ具体的に記述しなさい。

ただし、解答はそれぞれ異なる内容の記述とし、申請手続、届出及び運用管理に関する記述は除くものとする。また、使用資機材に不良品はないものとする。

1.　仮設ゴンドラ
2.　場内仮設事務所
3.　工事ゲート（車両出入口）

問題3　市街地での事務所ビルの新築工事において、各階を施工数量の異なるA工区とB工区に分けて工事を行うとき、右（次ページ）の躯体工事工程表（基準階の柱、上階の床、梁部分）に関し、次の1.から4.の問いに答えなさい。

工程表は検討中のもので、型枠工10人、鉄筋工6人をそれぞれ半数ずつの班に割り振り、両工区の施工を同時に進める計画とした。各作業班の作業内容は作業内容表のとおりであり、Aで始まる作業名はA工区の作業を、Bで始まる作業名はB工区の作業を、Cで始まる作業名は両工区同時に行う作業を示すが、作業A4、B4及び作業A8、B8については作業内容を記載していない。

各作業は一般的な手順に従って施工されるものとし、検査や設備関係の作業については省略している。

なお、安全上の観点から鉄筋工事と型枠工事の同時施工は避け、作業A3、B3及び作業A7、B7はA、B両工区の前工程が両方とも完了してから作業を行うこととする。

〔工事概要〕
用途　　　：事務所
構造・規模：鉄筋コンクリート造、地上6階、塔屋1階、延べ面積3,000m²
　　　　　　階段は鉄骨造で、別工程により施工する。

1. 作業A4、B4及びA8、B8の**作業内容**を記述しなさい。

2. 作業B6の**フリーフロート**を記入しなさい。

3. 次の記述の　　　に**当てはまる数値**をそれぞれ記入しなさい。

A工区とB工区の施工数量の違いから、各作業に必要な総人数に差のある作業A1、B1から作業A4、B4までについて、最も効率の良い作業員の割振りに変え、所要日数の短縮を図ることとした。

ただし、一作業の1日当たりの最少人数は2人とし、一作業の途中での人数の変更は無いものとする。このとき、変更後の1日当たりの人数は、作業A1は2人、作業B1は4人に、作業A2は4人、作業B2は2人に、**作業A3の人数は**　あ　人となり、**作業A4の人数は**　い　人となる。

4. 3.で求めた、作業A1、B1から作業A4、B4の工事ごと、工区ごとの割振り人数としたとき、㊎から㊌までの**総所要日数**を記入しなさい。

試験概要と試験対策のポイント

施工経験記述

仮設・安全

躯体施工

仕上施工

学科記述解説

施工管理

法規

過去問題と解答

躯体工事工程表 （基準階の柱，上階の床，梁部分）

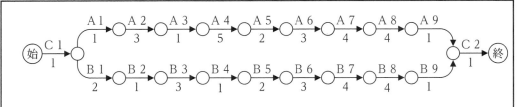

※　凡例　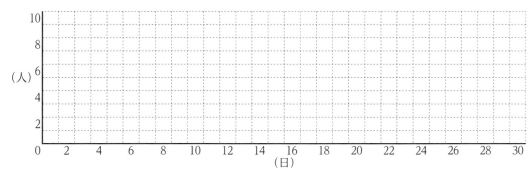 ：作業 B 1 の所要日数が 2 日であることを表している。

なお，工程表にダミー線は記載していない。

作業内容表 （所要日数，必要総人数には仮設，運搬を含む）

作業名	作業員（人）	所要日数（日）	必要総人数（人）	作業内容
C 1	2	1	2	墨出し
A 1	3	1	2	柱配筋 ※ 1
B 1	3	2	4	
A 2	3	3	8	壁配筋
B 2	3	1	2	
A 3	5	1	5	柱型枠建込み
B 3	5	3	14	
A 4	5	5	24	
B 4	5	1	5	
A 5	5	2	10	梁型枠組立て
B 5	5	2	10	
A 6	5	3	15	床型枠組立て
B 6	5	3	15	
A 7	3	4	12	梁配筋 ※ 1
B 7	3	4	12	
A 8	3	4	12	
B 8	3	4	12	
A 9	5	1	5	段差，立上り型枠建込み
B 9	5	1	5	
C 2	2（台）	1	2（台）	コンクリート打込み

※ 1：圧接は，配筋作業に合わせ別途作業員にて施工する。

検討用

（人）

10
8
6
4
2
0

2　4　6　8　10　12　14　16　18　20　22　24　26　28　30

（日）

問題4 次の1.から4.の問いに答えなさい。

ただし、解答はそれぞれ異なる内容の記述とし、材料(仕様、品質、運搬、保管等)、作業環境(騒音、振動、気象条件等)及び作業員の安全に関する記述は除くものとする。

1. 杭工事において、既製コンクリート杭の埋込み工法の施工上の**留意事項を2つ**、具体的に記述しなさい。

ただし、養生に関する記述は除くものとする。

2. 型枠工事において、柱又は梁型枠の加工、組立ての施工上の**留意事項を2つ**、具体的に記述しなさい。

ただし、基礎梁及び型枠支保工に関する記述は除くものとする。

3. コンクリート工事において、コンクリート打込み後の養生に関する施工上の**留意事項を2つ**、具体的に記述しなさい。

なお、コンクリートに使用するセメントは普通ポルトランドセメントとし、計画供用期間の級は標準とする。

4. 鉄骨工事において、トルシア形高力ボルトの締付けに関する施工上の**留意事項を2つ**、具体的に記述しなさい。

ただし、締付け器具に関する記述は除くものとする。

問題5 次の1.から8.の各記述において、ⓐからⓔの下線部のうち**最も不適当な語句又は数値**の下線部下の**記号**とそれに替わる**適当な語句又は数値との組合せ**を、下の枠内から1つ選びなさい。

1. 改質アスファルトシート防水常温粘着工法・断熱露出仕様の場合、立上り際の風による<u>負圧</u>ⓐは平場の一般部より大きくなるため、断熱材の上が絶縁工法となる立上り際の平場部の幅<u>300</u>ⓑmm程度は、防水層の<u>1</u>ⓒ層目に粘着層付改質アスファルトシートを張り付ける。

なお、<u>入隅部</u>ⓓでは立上りに<u>100</u>ⓔmm程度立ち上げて、浮きや口あきが生じないように張り付ける。

①ⓐ−正　　②ⓑ−500　　③ⓒ−2　　④ⓓ−出隅　　⑤ⓔ−150

2. セメントモルタルによるタイル張りにおいて、まぐさ、庇先端<u>下部</u>ⓐなど剥落のおそれが大きい箇所に<u>小口</u>ⓑタイル以上の大きさのタイルを張る場合、径が<u>0.6</u>ⓒmm以上のなまし<u>鉄線</u>ⓓを剥落防止用引金物として張り付けモルタルに塗り込み、必要に応じて、受木を添えて<u>24</u>ⓔ時間以上支持する。

①ⓐ−見付　　②ⓑ−モザイク　　③ⓒ−0.4　　④ⓓ−ステンレス　　⑤ⓔ−72

3. 長尺金属板葺の下葺のアスファルトルーフィングは軒先と<u>平行</u>ⓐに敷き込み、軒先から順次棟へ向かって張り、隣接するルーフィングとの重ね幅は、流れ方向(上下)は<u>100</u>ⓑmm以上、長手方向(左右)は<u>150</u>ⓒmm以上重ね合わせる。

金属板を折曲げ加工する場合、塗装又はめっき及び地肌に亀裂が生じないよう切れ目を<u>入れないで</u>ⓓ折り曲げる。金属板を小はぜ掛けとする場合は、はぜの折返し寸法と角度に注意し、小はぜ内に3〜6mm程度の隙間を設けて毛細管現象による<u>雨水</u>ⓔの浸入を防ぐようにする。

①ⓐ−垂直　　②ⓑ−200　　③ⓒ−200　　④ⓓ−入れて　　⑤ⓔ−風

試験概要と試験対策のポイント

施工経験記述

仮設・安全

躯体施工

学科記述解説

仕上施工

施工管理

法規

過去問題と解答

4. 内装の床張り物下地をセルフレベリング材塗りとする場合、軟度を一定に練り上げたセルフレベリング
   材を、レベルに合わせて流し込む。流し込み中はできる限り通風を良くして作業を行う。施工後の養
   生期間は、常温で 7 日以上、冬期間は 14日以上とし、施工場所の気温が 5 ℃以下の場合は施工
   しない。

   ① ⓐ－硬　　② ⓑ－避けて　　③ ⓒ－3　　④ ⓓ－28　　⑤ ⓔ－3

5. PCカーテンウォールのファスナー方式には、ロッキング方式、スウェイ方式がある。
   ロッキング方式はPCパネルを回転させることにより、また、スウェイ方式は上部、下部ファスナーの両方
   をルーズホールなどで滑らせることにより、PCカーテンウォールを層間変位に追従させるものである。

   ① ⓐ－取付　　② ⓑ－滑らせる　　③ ⓒ－どちらか　　④ ⓓ－回転させる　　⑤ ⓔ－地震

6. 塗装工事における研磨紙ずりは、素地の汚れや錆、下地に付着している塵埃を取り除いて素地や
   下地を粗面にし、かつ、次工程で適用する塗装材料の付着性を確保するための足掛かりをつくり、
   仕上りを良くするために行う。
   研磨紙ずりは、下層塗膜が十分乾燥した後に行い、塗膜を過度に研がないようにする。

   ① ⓐ－油分　　② ⓑ－平滑　　③ ⓒ－作業　　④ ⓓ－付着　　⑤ ⓔ－硬化

7. 居室の壁紙施工において、壁紙及び壁紙施工用でん粉系接着剤のホルムアルデヒド放散量は、一
   般に、F☆☆☆☆としている。また、防火材の認定の表示は防火製品表示ラベルを1区分（1室）ごと
   に 1枚以上張り付けて表示する。

   ① ⓐ－溶剤　　② ⓑ－シンナー　　③ ⓒ－☆☆☆　　④ ⓓ－シール　　⑤ ⓔ－2

8. コンクリート打放し仕上げ外壁のひび割れ部の改修における樹脂注入工法は、外壁のひび割れ幅
   が0.2mm以上2.0mm以下の場合に主に適用され、シール工法やUカットシール材充填工法に比べ
   耐久性が期待できる工法である。
   挙動のあるひび割れ部の注入に用いるエポキシ樹脂の種類は、軟質形とし、粘性による区分が低
   粘度形又は中粘度形とする。

   ① ⓐ－1.0　　② ⓑ－V　　③ ⓒ－耐水　　④ ⓓ－硬　　⑤ ⓔ－高

問題6 次の1.から3.の各法文において、□に**当てはまる正しい語句**を、下の該当する枠内から**1つ選**びなさい。

1. 建設業法（請負契約とみなす場合）

第24条　委託その他いかなる ① をもってするかを問わず、 ② を得て建設工事の完成を目的として締結する契約は、建設工事の請負契約とみなして、この法律の規定を適用する。

①	①業務　②許可　③立場　④名義　⑤資格

②	①報酬　②利益　③許可　④承認　⑤信用

2. 建築基準法施行令（建て方）

第136条の6　建築物の建て方を行なうに当たつては、仮筋かいを取り付ける等荷重又は外力による ③ を防止するための措置を講じなければならない。

2　鉄骨造の建築物の建て方の ④ は、荷重及び外力に対して安全なものとしなければならない。

③	①事故　②災害　③変形　④傾倒　⑤倒壊

④	①ワイヤロープ　②仮筋かい　③仮締　④本締　⑤手順

3. 労働安全衛生法（元方事業者の講ずべき措置等）

第29条　元方事業者は、関係請負人及び関係請負人の労働者が、当該仕事に関し、この法律又はこれに基づく命令の規定に違反しないよう必要な ⑤ を行なわなければならない。

2　元方事業者は、関係請負人又は関係請負人の労働者が、当該仕事に関し、この法律又はこれに基づく命令の規定に違反していると認めるときは、 ⑥ のため必要な指示を行なわなければならない。

3　（略）

⑤	①説明　②教育　③指導　④注意喚起　⑤契約

⑥	①衛生　②是正　③改善　④安全　⑤健康

ANSWER

解答｜問題2

1～3とも、以下から2つ記せばよい。

1.仮設ゴンドラ

● 建物の大きさ、形状、工事内容を考慮し、適切なゴンドラ機種を選ぶこと。

● ケージ本体の重量と積載荷重を十分に支えることのできるつり元となる固定物の強度を確認すること。

● 作業員、通行人への安全確保と環境対策のため、必要に応じて養生を行うこと。

● つり元からケージにいたるつりワイヤロープの確実な取り付けが行えるかを確認すること。

● 機材搬入出の経路、保管スペースの確保、監視人の配置等を考慮して計画すること。

● 移設時や撤去作業を行う上での障害はないかを確認して計画すること。

2.場内仮設事務所

● 現場や加工場の状況が把握しやすい場所に設けること。

● 給排水や受電など、インフラ設備を引き込みやすい場所に設けること。

● 作業員の出入り口に近い場所に設けること。

● 会議や打ち合わせのスペースを確保できる広さとすること。

● 構造安全、採光・換気なための開口部確保など、建築基準法を遵守した計画とすること。

● 近隣の民家の側に窓や通路を設けないような計画とすること。

3.工事用ゲート（車両出入口）

- 工事用車両の円滑な入退場ができる幅、高さを有するように計画すること。
- 扉は引き戸または内開きとし、通行者や交通の妨げとならない位置に設置すること。
- ゲートは、盗難や事故防止のため、施錠できるようにすること。
- カーブミラーなどを設置して運転者が安全確認しやすいように配慮すること。
- 交差点の近くなど見通しの悪い場所や交通量の多い場所を避け、入退場に支障のない位置に設置すること。
- ゲート近くの仮囲いを透明なアクリル板とし、接触事故防止を図ること。

解答｜問題3

1. 作業A4、B4：壁型枠建込み
   作業A8、B8：床配筋（スラブ配筋）
2. 作業B6のフリーフロート：2日
3. あ：3人、　い：8人
4. 総所要日数：24日

解答｜問題4

以下から、それぞれ2つずつ記す。

1　既成コンクリート杭の埋込工法の施工上の留意事項

- 掘削中は孔の崩壊を防止するため、オーガーの先端から安定液を噴出する。
- 所定深度に達した後は、噴出を根固め液に切り替え、所定量を注入した後、杭周固定液を注入しながらオーガーを引き上げる。
- 掘削ではオーガーの回転方向は掘削時・引上げ時とも正回転とする。
- 杭を継ぐ場合は、上下の杭軸が一直線となるよう上杭を建込み、仮付け溶接を行い、溶接長さは40mm以上とする。溶接はアーク溶接とする。
- 継手部における開先の目違い量は2mm以下、許容ルート間隔は最大で4mm以下とする。
- 降雨・降雪時、10m/sec以上の強風時、気温0℃以下の場合は、原則として溶接を行わないこととする。
  ※平成29年とほぼ同じ解答。

2　柱又は梁型枠の加工、組立の施工上の留意事項

- せき板となる木材は、できるだけ直射日光にさらされないようにシート等を用いて保護する。
- 締付け時に丸セパレータとせき板との角度が大きくなると、丸セパレータの破断強度が大幅に低下するため、できるだけ垂直になるように取り付ける。
- 締付金物を締付け過ぎるとせき板が内側に変形するので、縦端太を締付ボルトとできるだけ近接させて締付ける。
- 脱型の際に打設コンクリート面が剥がれないように、必要に応じて型枠面に剥離材等を塗布する。

- 型枠の墨出しは、平面基準のBMから、通り心からの逃げ通り墨を床の上に印し、これを基準にして通り心、壁墨、柱型墨を印す。
- コラムクランプを使用する場合は、柱寸法に応じた規格、サイズのものを選択する。

3　コンクリート打込み後の養生に関する施工上の留意事項

- 打設後は、表面の急激な乾燥を避けるため、散水などで湿潤養生し、湿潤養生の期間は5日以上とする。
- 湿潤養生の開始時期は、コンクリート上面ではブリージング水が消滅した時点、せき板に接する面では脱型直後とする。
- 打設後5日間はコンクリート温度を2℃以上に保つ。
- 振動からの保護のため、打設後1日間以上はその上で歩行および作業を行わないようにする。
- 直射日光の当たる場所では、表面をシートで覆うなどの措置を施す。
- 散水養生が不可能な場所では、膜養生材を塗布する。膜養生材の塗布は、表面の水光が消えた時期とする。

4　トルシア形高力ボルトの締付の施工上の留意事項

- 締付けは2度締めとし、一次締め、マーキング、本締めの順に行う。
- 一群となっているボルトの締付けは、鋼板に生じるひずみを防止するため、群の中央から端部に向かう順序で行う。
- 本締め終了後、全ボルトのマーキングのずれ、ピンテールの破断、ナット回転量等により締付けを確認する。
- トルクコントロール法による場合は、所定トルク値の±10%以内のものを合格とする。
- ナット回転法による場合は、一次締め後の回転量が120°±30°の範囲にあるものを合格とする。
- ナット回転量に著しいばらつきの見られるボルト群は、その1群のすべてもボルトのナット回転量に対する平均回転角度を計算し、平均回転角度±30°の範囲のものを合格とする。

解答｜問題5

1.② ⓑ 500		2.④ ⓓ ステンレス	
3.③ ⓒ 200		4.② ⓑ 避けて	
5.③ ⓒ どちらか		6.② ⓑ 平滑	
7.⑤ ⓔ 2		8.① ⓐ 1.0	

解答｜問題6

① ④ 名義　② ① 報酬　③ ⑤ 倒壊
④ ③ 仮締　⑤ ③ 指導　⑥ ② 是正

4 令和2年度の問題と解答

試験概要と試験対策のポイント

施工経験記述

仮設・安全

躯体施工

仕上施工

学科記述解説

施工管理

法規

令和2年度　過去問題と解答

QUESTION

問題2　次の1.から3.の設備または機械を安全に使用するための**留意事項**を、**それぞれ2つ**具体的に記述しなさい。

ただし、解答はそれぞれ異なる内容の記述とし、保護帽や要求性能墜落制止用器具などの保護具の使用、気象条件、資格、免許および届出に関する記述は除くものとする。また、使用資機材に不良品はないものとする。

1.　外部枠組足場
2.　コンクリートポンプ車
3.　建設用リフト

問題3　次の 1. から 8. の各記述において、記述ごとの箇所番号①から③の下線部の語句または数値のうち最も**不適当な箇所番号**を1つあげ、**適当な語句**または**数値**を記入しなさい。

1.つり足場における作業床の最大積載荷重は、現場の作業条件等により定めて、これを超えて使用してはならない。

つり足場のつり材は、ゴンドラのつり足場を除き、定めた作業床の最大積載荷重に対して、使用材料の種類による安全係数を考慮する必要がある。

安全係数は、つりワイヤロープおよびつり鋼線は<u>7.5</u> 以上、つり鎖およびつりフックは<u>5.0</u> 以上、つり鋼
　　　　　　　　　　　　　　　　　　　　①　　　　　　　　　　　　　　　　②
帯およびつり足場の上下支点部は鋼材の場合<u>2.5</u> 以上とする。
　　　　　　　　　　　　　　　　　　　　③

2.地下水処理における排水工法は、地下水の揚水によって水位を必要な位置まで低下させる工法であり、地下水位の低下量は揚水量や地盤の<u>透水性</u> によって決まる。
　　　　　　　　　　　　　　　　　　　　　　　　①

必要揚水量が非常に<u>多い</u> 場合、対象とする帯水層が深い場合や帯水層が砂礫層である場合には、
　　　　　　　　　②

<u>ウェルポイント</u> 工法が採用される。
③

3.既製コンクリート杭の埋込み工法において、杭心ずれを低減するためには、掘削ロッドの振れ止め装置を用いることや、杭心位置から直角二方向に逃げ心を取り、掘削中や杭の建込み時にも逃げ心からの距離を随時確認することが大切である。

一般的な施工精度の管理値は、杭心ずれ量が$\frac{D}{4}$ D以下 （D は杭直径）、かつ、<u>150</u> mm以下、傾
　　　　　　　　　　　　　　　　　　①　　　　　　　　　　　　　　　　　②

斜$\frac{1}{100}$ 以内である。
　③

4.鉄筋工事において、鉄筋相互のあきは粗骨材の最大寸法の1.25倍、<u>20</u> mmおよび隣り合う鉄筋の
　　　　　　　　　　　　　　　　　　　　　　　　　　　　　　　①

径（呼び名の数値）の平均値の<u>1.5</u> 倍のうち最大のもの以上とする。
　　　　　　　　　　　　②

鉄筋の間隔は鉄筋相互のあきに鉄筋の最大外径を加えたものとする。

柱および梁の主筋のかぶり厚さはD29以上の異形鉄筋を使用する場合は径（呼び名の数値）の

<u>1.5</u> 倍以上とする。
③

5. 型枠工事における型枠支保工で、鋼管枠を支柱として用いるものにあっては、鋼管枠と鋼管枠との間に <u>交差筋かい</u>①を設け、支柱の脚部の滑動を防止するための措置として、支柱の脚部の固定および <u>布枠</u>②の取付けなどを行う。

また、パイプサポートを支柱として用いるものにあっては、支柱の高さが3.5mを超えるときは、高さ2m以内ごとに <u>水平つなぎ</u>を2方向に設けなければならない。

6. 型枠の高さが <u>4.5</u>①m以上の柱にコンクリートを打ち込む場合、たて形シュートや打込み用ホースを接続してコンクリートの分離を防止する。

たて形シュートを用いる場合、その投入口と排出口との水平方向の距離は、垂直方向の高さの約 $\frac{1}{2}$② 以下とする。

また、斜めシュートはコンクリートが分離しやすいが、やむを得ず斜めシュートを使用する場合で、シュートの排出口に漏斗管を設けない場合は、その傾斜角度を水平に対して<u>15</u>③度以上とする。

7. 溶融亜鉛めっき高力ボルト接合に用いる溶融亜鉛めっき高力ボルトは、建築基準法に基づき認定を受けたもので、セットの種類は1種、ボルトの機械的性質による等級は<u>F8T</u>①が用いられる。

溶融亜鉛めっきを施した鋼材の摩擦面の処理は、すべり係数が0.4以上確保できるブラスト処理または <u>りん酸塩</u>②処理とし、H形鋼ウェブ接合部のウェブに処理を施す範囲は、添え板が接する部分の添え板の外周から5mm程度 <u>外側</u>③とする。

8. 鉄骨の現場溶接作業において、防風対策は特に配慮しなければならない事項である。

アーク熱によって溶かされた溶融金属は大気中の酸素や <u>窒素</u>①が混入しやすく、凝固するまで適切な方法で外気から遮断する必要があり、このとき遮断材料として作用するものが、ガスシールドアーク溶接の場合は <u>シールドガス</u>②である。

しかし、風の影響により <u>シールドガス</u>②に乱れが生じると、溶融金属の保護が不完全になり溶融金属内部に <u>アンダーカット</u>③が生じてしまう。

問題4 次の1.から4.の問いに答えなさい。
ただし、解答はそれぞれ異なる内容の記述とし、材料(仕様、品質、保管等)、作業環境(騒音、振動、気象条件等)および作業員の安全に関する記述は除くものとする。

1. タイル工事において、有機系接着剤を用いて外壁タイル張りを行うときの施工上の**留意事項**を2つ、具体的に記述しなさい。
ただし、下地およびタイルの割付けに関する記述は除くものとする。
2. 屋根工事において、金属製折板屋根葺を行うときの施工上の**留意事項**を2つ、具体的に記述しなさい。
3. 内装工事において、天井仕上げとしてロックウール化粧吸音板を、せっこうボード下地に張るときの施工上の**留意事項**を2つ、具体的に記述しなさい。
ただし、下地に関する記述は除くものとする。
4. 断熱工事において、吹付け硬質ウレタンフォームの吹付けを行うときの施工上の**留意事項**を2つ、具体的に記述しなさい。
ただし、下地に関する記述は除くものとする。

試験概要と試験対策のポイント

施工経験記述

仮設・安全

躯体施工

仕上施工 学科記述解説

施工管理

法規

令和2年度 過去問題と解答

問題5 市街地での事務所ビルの建設工事において、各階を施工量の異なるA工区とB工区に分けて工事を行うとき、右（次ページ）の内装仕上げ工事工程表（3階）に関し、次の1.から4.の問いに答えなさい。

工程表は計画時点のもので、検査や設備関係の作業については省略している。

各作業班の作業内容および各作業に必要な作業員数は作業内容表のとおりであり、Aで始まる作業名はA工区の作業を、Bで始まる作業名はB工区の作業を、Cで始まる作業名は両工区同時に行う作業を示すが、作業A4および作業B4については作業内容を記載していない。。

各作業班は、それぞれ当該作業のみを行い、各作業内容共、A工区の作業が完了してからB工区の作業を行うものとする。また、工区内では複数の作業を同時に行わず、各作業は先行する作業が完了してから開始するものとする。なお、各作業は一般的な手順に従って施工されるものとする。

〔工事概要〕

用途　　　：事務所

構造・規模：鉄筋コンクリート造、地上6階、塔屋1階、延べ面積2,800m²

仕上げ　　：床は、フリーアクセスフロア下地、タイルカーペット仕上げ

　　　　　　間仕切り壁は、軽量鉄骨下地せっこうボード張り、ビニルクロス仕上げ

　　　　　　天井は、システム天井下地、ロックウール化粧吸音板取付け

なお、3階の仕上げ工事部分床面積は455m²（A工区：273m²、B工区182m²）である。

1. 作業A4および作業B4の**作業内容**を記述しなさい。

2. 作業B2の**フリーフロート**を記入しなさい。

3. ㊎から㊗までの**総所要日数**と、工事を令和3年2月8日（月曜日）より開始するときの**工事完了日**を記入しなさい。

   ただし、作業休止日は、土曜日、日曜日および祝日とする。

   なお、2月8日以降3月末までの祝日は、建国記念の日（2月11日）、天皇誕生日（2月23日）、春分の日（3月20日）である。

4. 次の記述の　　　に当てはまる**数値**をそれぞれ記入しなさい。

   総所要日数を変えずに、作業B2および作業B4の1日当たりの作業員の人数をできるだけ少なくする場合、作業Bの人数は　あ　人に、作業B4の人数は　い　人となる。

   ただし、各作業に必要な作業員の総人数は変わらないものとする。

試験概要と試験対策のポイント

施工経験記述

仮設・安全

躯体施工

学科記述解説

仕上施工

施工管理

法規

過去問題と解答

内装仕上げ工事工程表（3階）

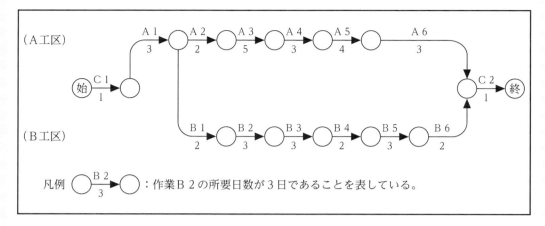

凡例 ◯ —B2/3→ ◯ ：作業B2の所要日数が3日であることを表している。

作業内容表

作 業 名	各作業班の作業内容注)	1日当たりの作業員数
C1	3階墨出し	2人
A1，B1	壁軽量鉄骨下地組立て（建具枠取付けを含む）	4人
A2，B2	壁せっこうボード張り （A工区：1枚張り，B工区：2枚張り）	5人
A3，B3	システム天井組立て （ロックウール化粧吸音板取付けを含む）	3人
A4，B4		4人
A5，B5	フリーアクセスフロア敷設	3人
A6，B6	タイルカーペット敷設，幅木張付け	3人
C2	建具扉の吊込み	2人

注）各作業内容には，仮設，運搬を含む。

検討用

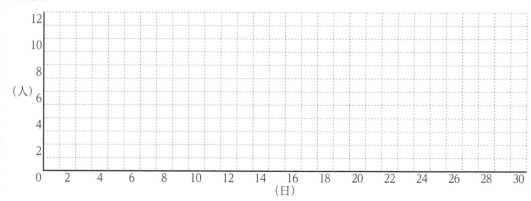

問題6　次の1.から3.の問いに答えなさい。

1. 「建設業法」に基づく建設工事の完成を確認するための検査および引渡しに関する次の文章において、□に当てはまる語句または数値を記入しなさい。

　元請負人は、下請負人からその請け負った建設工事が完成した旨の通知を受けたときは、当該通知を受けた日から①日以内で、かつ、できる限り短い期間内に、その完成を確認するための検査を完了しなければならない。

　元請負人は、前項の検査によって建設工事の完成を確認した後、下請負人が申し出たときは、直ちに、当該建設工事の目的物の引渡しを受けなければならない。ただし、下請契約において定められた工事完成の時期から①日を経過した日以前の一定の日に引渡しを受ける旨の②がされている場合には、この限りでない。

2. 「建築基準法施行令」に基づく山留め工事等を行う場合の危害の防止に関する次の文章において、□に当てはまる語句を記入しなさい。

　建築工事等における根切りおよび山留めについては、その工事の施工中必要に応じて③を行ない、山留めを補強し、排水を適当に行なう等これを安全な状態に維持するための措置を講ずるとともに、矢板等の抜取りに際しては、周辺の地盤の④による危害を防止するための措置を講じなければならない。

3. 「労働安全衛生法」に基づく総括安全衛生管理者に関する次の文章において、□に当てはまる語句を記入しなさい。

　事業者は、政令で定める規模の事業場ごとに、厚生労働省令で定めるところにより、総括安全衛生管理者を選任し、その者に安全管理者、衛生管理者または第二十五条の二第二項の規定により技術的事項を管理する者の指揮をさせるとともに、次の業務を統括管理させなければならない。
　一　労働者の⑤または健康障害を防止するための措置に関すること。
　二　労働者の安全または衛生のための⑥の実施に関すること。
　三　健康診断の実施その他健康の保持増進のための措置に関すること。
　四　労働災害の原因の調査及び再発防止対策に関すること。
　五　前各号に掲げるもののほか、労働災害を防止するため必要な業務で亜厚生労働省令で定めるもの。

ANSWER

解答｜問題2

1〜3とも、以下から2つ記せばよい。

1.外部枠組足場
● 敷地の地盤の高低差を考慮し、地盤強度の確保、設置スペースの確保を行う。
● 建地は、沈下や滑動を防止するため、敷板、ベース金具を用い、脚部は根がらみを設ける。
● 建枠は高さ2m以下とし、枠の間隔は1.85m以下とする。
● 壁つなぎ間隔は垂直方向9m以下、水平方向8m以下とし、建物にしっかり固定する。

● 三者への飛来落下事故防止のため、必要な構造の防護棚（朝顔）を設ける
● 高さ85cm以上の手すりおよび中さん等を設け、作業の必要上取り外した場合は、作業終了後必ず復旧する。
● 大雨、強風、地震等の後には、点検を行い、不備ある場合は、直ちに修復する。

2.コンクリートポンプ車
● ポンプ車の操作者とホース先端の打設者との間で一定の合図を定める。

試験概要と試験対策のポイント

施工経験記述

仮設・安全

躯体施工

仕上施工

学科記述解説

施工管理

法規

過去問題と解答

- 輸送管やホースが振れて作業員が被災したりするのを防止するために、建造物に固定するなどの振れ止め措置を施す。
- 打設後の洗浄ボールにより作業員が被災することを防止するため、ホース先端に洗浄ボール飛び出し防止装置を設ける。
- 輸送管が外れて第三者や建物に飛散するのを防止するために、輸送管の連結部は固定金具で緊結する。
- ブーム車の場合、打設中の転倒を防止するために、敷き鉄板等を敷き、アウトリガーを最大限に張り出す。
- ブーム車の場合は、旋回範囲内に作業員や第三者を立ち入らせないような措置をとる。
- ブーム車の場合は、送電線から離隔距離がとれるような場所に設置する。

3.建設用リフト

- 使用前に、制動装置、操作装置等の安全装置に異常がないか、正常に動作するか確認を行う。
- 最大積載荷重や人の昇降禁止などの標示を行う。
- 使用前に、過巻き防止装置の作動確認を行う。
- 積み荷は、落下、飛散がないようにしっかりと結束する。
- 昇降によって作業員に危険を生ずるおそれのある箇所には立ち入り禁止措置をとる。
- 使用前には、ワイヤーロープの直径の減少、素線の切断率、キンクの有無などの確認を行う。

解答|問題3

1.①：10	2.③：ディープウェル
3.②：100	4.①：25
5.②：根がらみ	6.③：30
7.③：内側	8.③：ブローホール

解答|問題4

以下から、それぞれ2つずつ記す。

1
- 接着剤の1回の塗布面積は、30分以内に張り終える面積とする。
- 練り混ぜ量は、1回の塗布量とする。
- ホルムアルデヒド放散量に対しては、基本的にはF☆☆☆☆を使用する。
- 下地に接着剤をくし目ごてで塗り付け、タイルをもみ込むように張り付ける。
- 目地幅が広く、かつ空目地とする場合には、接着剤をくし目ごてで塗り付け、平滑にならしてからタイルを張り付ける。
  ※平成28年と同じ解答。

2
- 折版は各山ごとにタイトフレームに固定し、緊結ボルトの間隔は600mm程度とする。
- 折版のボルト孔は、ボルト径より0.5mm以上大きくならないようにする。
- 軒先は、先端部分下底に約15度の尾垂れをつける。
- 壁取り合い部の雨押さえは150mm以上立ち上げる。
  ※平成26年と同じ解答。

3
- ロックウール化粧吸音板の目地は、石膏ボード下地の目地と同位置にならないようにする。
- 接着剤は、吸音板の材質に応じて製造所の指定する材料、可使時間、使用料を順守する。
- 接着剤の塗布は、15点以上の点付けとする。
- ステープル打ち込み後はステープルの浮きがないことを確認する。
  ※平成28年と同じ解答。

4
- 施工面に、約5mm厚さの下吹きを行う。
- 吹付け厚さの許容誤差は、0〜＋10mmとする。
- 1層の吹付け厚さは30mm以下とし、1日の総吹付け厚さは80mm以下とする。
- 厚く付きすぎて支障となるところは、カッターナイフで表層を除去する。

解答|問題5

1. ビニルクロス張り
2. 2日
3. 総所要日数：24日、 終了日：3月15日
4. あ：3、 い：2

解答|問題6

①20	②特約	③点検
④沈下	⑤危険	⑥教育

5　**令和元年度の問題と解答**

QUESTION

問題2　次の1.から3.の建築工事における仮設物について、設置計画の作成に当たり**検討すべき事項**を、**それぞれ2つ、留意点とともに**具体的に記述しなさい。

ただし、解答はそれぞれ異なる内容の記述とし、申請手続、届出および運用管理に関する記述は除くものとする。また、使用資機材に不良品はないものとする。

1.　荷受け構台
2.　鋼板製仮囲い（ゲートおよび通用口を除く）
3.　工事用エレベーター

問題3　次の1.から4.の問いに答えなさい。

ただし、解答はそれぞれ異なる内容の記述とし、材料の保管、作業環境（騒音、振動、気象条件等）および作業員の安全に関する記述は除くものとする。

1. 山留め支保工において、地盤アンカーを用いる場合の施工上の**留意事項**を2つ、具体的に記述しなさい。

ただし、山留め壁に関する記述は除くものとする。

2. 鉄筋工事において、鉄筋の組立てを行う場合の施工上の**留意事項**を2つ、具体的に記述しなさい。

ただし、鉄筋材料、加工およびガス圧接に関する記述は除くものとする。

3. 普通コンクリートを用いる工事において、コンクリートを密実に打ち込むための施工上の**留意事項**を2つ、具体的に記述しなさい。

ただし、コンクリートの調合および養生に関する記述は除くものとする。

4. 鉄骨工事において、建入れ直しを行う場合の施工上の**留意事項**を2つ、具体的に記述しなさい。

ただし、アンカーボルトおよび仮ボルトに関する記述は除くものとする。

問題4　次の1.から8.の各記述において、記述ごとの①から③の下線部の語句または数値のうち**最も不適当な箇所番号**を1つあげ、**適当な語句または数値**を記入しなさい。

1. アスファルト防水密着工法において、出隅および入隅は平場部のルーフィング類の張付けに先立ち、幅 <u>300</u>① mm程度のストレッチルーフィングを増張りする。

また、コンクリートスラブの打継ぎ部は、絶縁用テープを張り付けた上に、幅 <u>300</u>② mm程度のストレッチルーフィングを増張りする。

なお、流し張りに用いるアスファルトは、環境対応低煙低臭型防水工事用アスファルトとし、溶融温度の上限は、<u>300</u>③ ℃とする。

2. セメントモルタルによる外壁タイル後張り工法において、マスク張りでは、張付けモルタルを塗り付けたタイルは、塗り付けてから <u>60</u>① 分を限度に張り付ける。

また、モザイクタイル張りでは、張付けモルタルを2層に分けて塗り付けるものとし、<u>1</u>② 層目はこて圧をかけて塗り付ける。

試験概要と試験対策のポイント

施工経験記述

仮設・安全

躯体施工

仕上施工

学科記述解説

施工管理

法規

過去問題と解答

なお、外壁タイル張り面の伸縮調整目地の位置は、一般に縦目地を $\underset{③}{3}$ m内外に割り付け、横目地を各階ごとの打継ぎ目地に合わせる。

3. 金属製折板葺きにおいて、タイトフレームの受梁への接合は、下底の両側を隅肉溶接とし、隅肉溶接のサイズを $\underset{①}{受梁}$ の板厚と同じとする。

また、水上部分の折板と壁との取合い部に設ける雨押えは、壁際立上りを $\underset{②}{150}$ mm以上とする。

なお、重ね形折板の端部の端あき寸法は、$\underset{③}{50}$ mm以上とする。

4. 軽量鉄骨壁下地のランナー両端部の固定位置は、端部から $\underset{①}{50}$ mm内側とする。ランナーの固定間隔は、ランナーの形状および断面性能、軽量鉄骨壁の構成等により $\underset{②}{900}$ mm程度を限度とする。

また、上部ランナーの上端とスタッド天端の間隔は10mm以下とし、スタッドに取り付けるスペーサーの間隔は $\underset{③}{1,200}$ mm程度とする。

5. 仕上げ材の下地となるセメントモルタル塗りの表面仕上げには、金ごて仕上げ、木ごて仕上げ、はけ引き仕上げのほか、$\underset{①}{くし目引き}$ 仕上げがあり、その上に施工する仕上げ材の種類に応じて使い分ける。

一般塗装下地、壁紙張り下地の仕上げとして、$\underset{②}{金ごて}$ 仕上げを用い、セメントモルタルによるタイル張付け下地の仕上げとして、$\underset{③}{はけ引き}$ 仕上げを用いる。

6. 防火区画に用いる防煙シャッターは、表面がフラットでガイドレール内での遮煙性を確保できる $\underset{①}{インターロッキング}$ 形のスラットが用いられる。

また、$\underset{②}{まぐさ}$ の遮煙機構は、シャッターが閉鎖したときに漏煙を抑制する構造で、その材料は不燃材料、準不燃材料または難燃材料とし、座板にアルミニウムを使用する場合には、$\underset{③}{鋼板}$ で覆う。

7. 素地ごしらえのパテ処理の工法には、パテしごき、パテかい、パテ付けの3種類がある。このうち、$\underset{①}{パテしごき}$ は、面の状況に応じて、面のくぼみ、すき間、目違い等の部分を平滑にするためにパテを塗る。

また、$\underset{②}{パテかい}$ は、局部的にパテ処理するもので、素地とパテ面との肌違いが仕上げに影響するため、注意しなければならない。

なお、$\underset{③}{パテ付け}$ は、特に美装性を要求される仕上げの場合に行う。

8. せっこう系直張り用接着材によるせっこうボード直張り工法において、直張り用接着材は、$\underset{①}{2}$ 時間以内で使い切れる量を、たれない程度の硬さに水と練り合わせ、ボードの仕上がりまでの寸法の $\underset{②}{2}$ 倍程度の高さにダンゴ状に盛り上げる。

また、ボードの張り付けにおいては、ボード圧着の際、ボード下端と床面との間を $\underset{③}{10}$ mm程度浮かした状態で圧着し、さらに調整定規でたたきながら、所定の仕上げ面が得られるように張り付ける。

試験概要と試験対策のポイント

施工経験記述

仮設・安全

躯体施工

仕上施工

学科記述解説

施工管理

法規

令和元年度 過去問題と解答

問題5 市街地での事務所ビルの建設工事において、各階を施工量の異なるA工区とB工区に分けて工事を行うとき、躯体工事工程表（3階柱、4階床梁部分）に関し、次の1.から4.の問いに答えなさい。工程表は作成中のもので、検査や設備関係の作業については省略している。

各作業の内容は作業内容表のとおりであり、Aで始まる作業名はA工区の作業を、Bで始まる作業名はB工区の作業を示すが、作業A2および作業B2については作業内容および担当する作業班を記載していない。

なお、各作業班は、各工区ごとに確保できているものとする。

また、各作業は一般的な手順に従って施工し、各作業班は複数の作業を同時に行わず、先行する作業が完了してから後続の作業を開始するものとする。

〔工事概要〕

用途　　　　：事務所

構造・規模　：鉄筋コンクリート造、地下1階、地上6階、延べ面積3,200m²

　　　　　　　鉄筋コンクリート製の壁はなく、階段は鉄骨造で別工程により施工する。

外壁　　　　：ALCパネル

1. 作業A2および作業B2の**作業内容**を記述しなさい。

2. 作業B7の**フリーフロート**を記入しなさい。

3. ⸨始⸩から⸨終⸩までの**総所要日数**と、工事を令和元年10月23日（水曜日）より開始するときの**工事完了日**を記入しなさい。

ただし、作業休止日は、土曜日、日曜日、祝日、振替休日のほか、雨天1日とする。

なお、10月23日以降年末までの祝日は、文化の日（11月3日）と勤労感謝の日（11月23日）である。

4. 工事着手に当たり、各作業班の手配状況を確認したところ、型枠作業班が1班しか手配できないため、1班で両工区の作業を行うこととなった。

この時に、次の記述の＿＿＿に当てはまる**語句または数値**をそれぞれ記入しなさい。

工程の見直しに当たって、型枠作業班は同じ工区の作業を続けて行うこととしたため、作業B3は、作業B2の完了後で作業 あ の完了後でないと開始できないこととなる。

このため、作業休止日が同じ場合、工事完了日は当初工程より暦日で い 日遅れることとなる。

問題5の工程表

躯体工事工程表（3階柱，4階床梁部分）

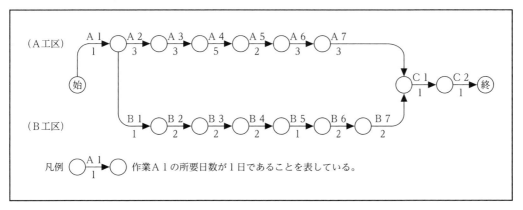

凡例　⸨◯⸩A1→⸨◯⸩　作業A1の所要日数が1日であることを表している。
1

241

問題5の作業内容表

作業名	作業内容	担当する作業班
A1，B1	3階墨出し	墨出し作業班
A2，B2		
A3，B3	柱型枠の組立て	型枠作業班
A4，B4	梁型枠の組立て（梁下支保工を含む）	型枠作業班
A5，B5	フラットデッキの敷設	型枠作業班
A6，B6	梁の配筋	鉄筋作業班
A7，B7	床の配筋	鉄筋作業班
C1	清掃及び打込み準備（A工区及びB工区）	清掃準備作業班
C2	コンクリート打込み（A工区及びB工区）	打込み作業班

問題6　次の1.から3.の問いに答えなさい。

1. 「建設業法」に基づく主任技術者および監理技術者の職務等に関する次の文章において、□□□に**当てはまる語句**を記入しなさい。

主任技術者および監理技術者は、工事現場における建設工事を適正に実施するため、当該建設工事の ① の作成、工程管理、品質管理その他の技術上の管理および当該建設工事の施工に従事する者の技術上の ② の職務を誠実に行わなければならない。

2. 「建築基準法施行令」に基づく落下物に対する防護に関する次の文章において、□□□に**当てはまる語句または数値**を記入しなさい。

建築工事等を行う場合において、建築のための工事をする部分が工事現場の境界線から水平距離が ③ m以内で、かつ、地盤面から高さが7m以上にあるとき、その他はつり、除却、外壁の修繕等に伴う落下物によって工事現場の周辺に危害を生ずるおそれがあるときは、国土交通大臣の定める基準に従って、工事現場の周囲その他危害防止上必要な部分を ④ または帆布でおおう等落下物による危害を防止するための措置を講じなければならない。

3. 「労働安全衛生法」に基づく特定元方事業者等の講ずべき措置に関する次の文章において、□□□に**当てはまる語句**を記入しなさい。

特定元方事業者は、その労働者および関係請負人の労働者の作業が同一の場所において行われることによって生ずる ⑤ を防止するため、 ⑥ の設置および運営を行うこと、作業間の連絡および調整を行うこと、作業場所を巡視すること、関係請負人が行う労働者の安全または衛生のための教育に関する指導および援助を行うこと等に関する必要な措置を講じなければならない。

ANSWER

解答｜問題2

1〜3とも、以下から2つ記せばよい。

1.荷受け構台
- 揚重機の位置を考慮し、資機材の搬出入に適した位置に設ける。
- 揚重機の能力、揚重材の形状・寸法・数量に応じた形状規模（広さ）のものとする。
- 材料の取り込みおよび水平運搬に便利な位置を選ぶ。
- 自重、積載荷重、作業荷重、風荷重、機械の水平動荷重に対して充分安全な構造とする。
- 敷地境界付近に設置する場合は、幅木やメッシュシートを設ける等第三者への飛来落下防止措置を講ずる。
- 作業床には、墜落防止用に、高さ85cm以上の手すりと中さん等を設ける。

242

2.鋼板製仮囲い（ゲートおよび通用口を除く）

- 高さを1.8m以上とする。
- 風圧や衝撃に対して充分な耐力を維持できるよう、適切な建地間隔とする。
- 鋼鈑は充分な断面性能と許容耐力を有する材料とする。
- 工事現場内からの雨水等が流出しないように、幅木や土手を設置するなど、すき間のないような構造とする。
- ゲート近くでは、場合によっては接触事故防止のため透明なアクリル板の使用を検討する。
- 鋼鈑の外面は、街の景観を考慮した色やデザインで塗装する。

3.工事用エレベーター

- エレベーターから屋内作業場への出入口の段差を小さくする。
- 停止階には、出入口及び荷の積卸し口の遮断設備を設ける。
- 昇降路には人が出入りできないように、また、積み荷の落下、飛散がないように外周を金網等で養生する。
- 積載人数・積載物の最大荷重に応じた定格荷重のものを選定する。
- 積載物の最大寸法に応じた荷台面積とする。
- 作業に必要な最大揚程高さで設置が可能であるか確認する。
- 安全装置、ブレーキの性能を把握して計画する。

解答 問題3

以下から、それぞれ2つずつ記す。

1

- 根切り部分から敷地境界線まで充分余裕があるかどうかを確認する。
- アンカー打設部分に既存構造物や埋設物がないかどうかを確認する。
- 隣地境界からアンカー部分が出る場合、事前に隣地管理者等関係者の了解を得る。
- 充分な支持性能を有する地盤特性であることを確認する。
- 引き抜き耐力試験を行い、断面径、長さ、本数を決定する。
- 山留め壁背面の円弧すべりについても検討を行う。

2

- コンクリートの打設完了まで、鉄筋が移動しないよう結束線で堅固に組み立てる。
- 鉄筋の継手位置は応力の小さい位置に設け、1か所に集中させない。
- 所定のかぶりとあきを確保する。
- 鉄筋の最小かぶり厚さを確実に確保するために、バーサポートやスペーサを用いる。
- 継手は原則として重ね合わせ継手とし、継手位置は重ね継手長さの約0.5倍または1.5倍以上ずらす。
  ※平成25年と同じ解答。

3

- コンクリートの練混ぜから打込みまでの時間制限は、外気温が25℃未満で120分、25℃以上で90分とする。
- 1か所からの横流しを避けるために、打設個所はできるだけ多くする。
- 打設はできるだけたて型シュートを用いるものとし、シュートの下端と打設面の距離は1.5m以下とする。
- 1層の打込み厚さは60〜80cm以下とし、棒状振動機が下層に先端が10cm程度入るように締め固める。
- 棒状振動機は50cm程度の間隔とし、1か所の加振時間は5〜15秒程度とする。

4

- 本設のターンバックル付き筋かいを建入れ直しに使用しないようにする。
- 建入れ直しと建入れ検査はできるだけ小区画に区切って行う。
- 建入れ直しに当たっては、鉄骨骨組みに加力する部分を養生して部材の損傷を防ぐ。
- 建入れ直しの終了部分から、高力ボルトまたは現場溶接により各部材を接合する。
- 建入れ直しは、溶接の歪みなどを考慮した本接合終了後の精度を満足できるように行う。

解答 問題4

1.③：240	2.①：5
3.①：タイトフレーム	4.③：600
5.③：木ごて	6.①：オーバーラッピング
7.①：パテかい	8.①：1

解答 問題5

1. A2、B2：柱の背筋
2. B7のフリーフロート　20−（11＋2）＝7日
3. 総所要日数：22日、　終了日：11月25日
3. あ：A5、　い：3

解答 問題6

①施工計画	②指導監督	③5
④鉄網	⑤労働災害	⑥協議組織

6 平成30年度の問題と解答

試験概要と試験対策のポイント

施工経験記述

仮設・安全

躯体施工

仕上施工　学科記述解説

施工管理

法規

過去問題と解答

QUESTION

問題2 建築工事における次の1.から3.の災害について、施工計画に当たり事前に検討した災害の発生するおそれのある**状況や作業の内容**と災害を防止するための**対策**を、**それぞれ2つ**具体的に記述しなさい。

ただし、解答はそれぞれ異なる内容の記述とする。また、安全帯や保護帽の使用、朝礼時の注意喚起、点検や整備などの日常管理、安全衛生管理組織、新規入場者教育、資格や免許に関する記述は除くものとする。

1. 墜落、転落による災害
2. 電気による災害
3. 車両系建設機械による災害

問題3 次の 1. から 8. の各記述において、記述ごとの①から③の下線部の語句または数値のうち**最も不適当な箇所番号**を1つあげ、**適当な語句または数値**を記入しなさい。

1. 平板載荷試験は、地盤の変形や強さなどの支持力特性を直接把握するために実施される。

試験地盤に礫が混入する場合には、礫の最大直径が載荷板直径の $\frac{1}{3}$ 程度を目安とし、この条件を
満たさない場合は大型の載荷板を用いることが望ましい。

試験地盤は、半無限の表面を持つと見なせるよう載荷板の中心から載荷板直径の $\underset{②}{3}$ 倍以上の範囲
を水平に整地する。

また、計画最大荷重の値は、試験の目的が設計荷重を確認することにある場合は、長期設計荷重の
$\underset{③}{3}$ 倍以上に設定する必要がある。

2. 根切り工事において、掘削底面付近の砂質地盤に上向きの浸透流が生じ、この水の浸透力が砂の
水中での有効重量より大きくなり、砂粒子が水中で浮遊する状態を $\underset{①}{\underline{クイックサンド}}$ という。

$\underset{①}{\underline{クイックサンド}}$ が発生し、沸騰したような状態でその付近の地盤が崩壊する現象を $\underset{②}{\underline{ボイリング}}$ という。
また、掘削底面やその直下に難透水層があり、その下にある被圧地下水により掘削底面が持ち上が
る現象を $\underset{③}{\underline{ヒービング}}$ という。

3. 場所打ちコンクリート杭地業のオールケーシング工法における掘削は、$\underset{①}{\underline{表層ケーシング}}$ を搖動または回
転圧入し、土砂の崩壊を防ぎながら、$\underset{②}{\underline{ハンマーグラブ}}$ により掘削する。

常水面以下に細かい $\underset{③}{\underline{砂層}}$ が5m以上ある場合は、$\underset{①}{\underline{表層ケーシング}}$ の外面を伝って下方に流れる水
の浸透流や搖動による振動によって、周囲の $\underset{③}{\underline{砂}}$ が締め固められ $\underset{①}{\underline{表層ケーシング}}$ が動かなくなること
があるので注意する。

支持層の確認は、$\underset{②}{\underline{ハンマーグラブ}}$ でつかみ上げた土砂を土質柱状図及び土質資料と対比して行う。

4. ガス圧接の技量資格種別において、<u>手動</u>ガス圧接については、1種から4種まであり、2種、3種、4種
①
となるに従って、圧接作業可能な鉄筋径の範囲が <u>大きく</u> なる。
②

技量資格種別が1種の圧接作業可能範囲は、異形鉄筋の場合は呼び名 <u>D32</u> 以下である。
③

5. 鉄筋のガス圧接継手の継手部の外観検査において、不合格となった圧接部の処置は次による。

圧接部のふくらみの直径や長さが規定値に満たない場合は、再加熱し、<u>徐冷</u>して所定のふくらみに
①
修正する。圧接部の折曲がりの角度が <u>2</u> 度以上の場合は、再加熱して修正する。
②

圧接部における鉄筋中心軸の <u>偏心量</u> が規定値を超えた場合は、圧接部を切り取って再圧接する。
③

6. 型枠組立てに当たって、締付け時に丸セパレーターのせき板に対する傾きが大きくなると丸セパレーターの破断強度が大幅に低下するので、できるだけ <u>直角</u> に近くなるように取り付ける。
①

締付け金物は、締付け不足でも締付けすぎても不具合が生じるので、適正に使用することが重要である。締付け金物を締付けすぎると、せき板が <u>内側</u> に変形する。締付け金物の締付けすぎへの対
②
策として、内端太（縦端太）を締付けボルトとできるだけ <u>離す</u> 等の方法がある。
③

7. コンクリートポンプ工法による1日におけるコンクリートの打込み区画及び <u>打込み量</u> は、建物の規模及
①
び施工時間、レディーミクストコンクリートの供給能力を勘案して定める。

コンクリートの打込み速度は、スランプ18cm程度の場合、打込む部位によっても変わるが、20〜<u>30</u>
②
m³/hが目安となる。また、スランプ10〜15cmのコンクリートの場合、公称棒径45mmの棒形振動機台当たりの締固め能力は、10〜<u>30</u> m³/h程度である。
③

なお、コンクリートポンプ台当たりの圧送能力は、20〜50m³/hである。

8. 鉄骨工事におけるスタッド溶接後の仕上がり高さ及び傾きの検査は、<u>100</u> 本または主要部材1本もし
①
くは1台に溶接した本数のいずれか少ないほうを1ロットとし、1ロットにつき <u>1</u> 本行う。
②

検査する <u>1</u> 本をサンプリングする場合、1ロットの中から全体より長いかあるいは短そうなもの、または
②
傾きの大きそうなものを選択する。なお、スタッドが傾いている場合の仕上がり高さは、軸の中心でその軸長を測定する。検査の合否の判定は限界許容差により、スタッド溶接後の仕上がり高さは指定された寸法の±2mm以内、かつ、スタッド溶接後の傾きは <u>15</u> 度以内を適合とし、検査したスタッドが
③
適合の場合は、そのロットを合格とする。

問題4　次の1. から4. の問いに答えなさい。
ただし、解答はそれぞれ異なる内容の記述とし、材料の保管、作業環境（気象条件等）及び作業員の安全に関する記述は除くものとする。

1. 屋上アスファルト防水工事において、平場部にアスファルトルーフィング類を張り付ける場合の、施工上の**留意事項**を2つ、具体的に記述しなさい。
ただし、下地及び増張りに関する記述は除くものとする。

2. 外壁コンクリート面を外装合成樹脂エマルション系薄付け仕上塗材（外装薄塗材E）仕上げとする場合の、施工上の**留意事項**を2つ、具体的に記述しなさい。
ただし、材料の調合に関する記述は除くものとする。

3. パラペット天端にアルミニウム笠木を設ける場合の、施工上の**留意事項**を2つ、具体的に記述しなさい。

ただし、下地清掃及び防水層に関する記述は除くものとする。

なお、パラペットは現場打ちコンクリートとする。

4. 外壁下地モルタル面に小口タイルを改良圧着張りとする場合の、施工上の**留意事項**を2つ、具体的に記述しなさい。

ただし、下地清掃、張付けモルタルの調合、タイルの割付け及びタイル面洗いに関する記述は除くものとする。

問題5　市街地での事務所ビルの建設工事において、事務室の内装仕上げ工事について各階を施工量のほぼ等しいA工区とB工区に分けて工事を行うとき、次ページの内装仕上げ工事工程表（3階部分）に関し、次の1.から3.の問いに答えなさい。

工程表は作成中のもので、検査や設備関係の作業については省略している。

各作業の内容は作業内容表のとおりであり、Aで始まる作業名はA工区の作業を、Bで始まる作業名はB工区の作業を示すが、作業A8及び作業B8については作業内容を記載していない。

なお、各作業は一般的な手順に従って施工されるものとする。

また、各作業を担当する作業班は複数の作業を同時に行わず、各作業は先行する作業が完了してから開始するものとする。

〔工事概要〕

用途　　　：事務所

構造・規模：鉄筋コンクリート造地下1階、地上6階、延べ面積3,200m²

仕上げ　　：床は、フリーアクセスフロア下地タイルカーペット仕上げ

　　　　　　　間仕切り壁は、軽量鉄骨下地せっこうボード張りクロス仕上げ、ソフト幅木取付け

　　　　　　　天井は、システム天井下地吸音板取付け

---

1. 作業A8及び作業B8の**作業内容**を記述しなさい。

2. ㊎から㊙までの**総所要日数**を記入しなさい。

ただし、各作業班は工程に影響を及ぼさないだけの班数が確保できているものとする。

また、この日数で工事を行うときに、作業A1及び作業B1について最低限手配すべき**班数**を記入しなさい。

3. 作業A3及び作業B3を担当する作業班が1班しか手配できないことが判ったため、工程を見直すこととなった。

このときの、次の記述の　　　　に当てはまる**語句または数値**をそれぞれ記入しなさい。

作業B3は、作業B2の完了後で作業名　あ　の完了後でないと開始できない。

このため、総所要日数は　い　日、作業B2のフリーフロートは　う　日となる。

問題5の工程表

内装仕上げ工事工程表（3階部分）

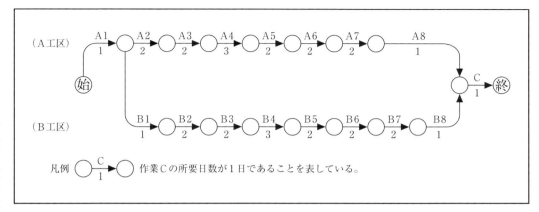

作業内容表

作　業　名	作　業　内　容
A 1，B 1	3階墨出し
A 2，B 2	壁軽量鉄骨下地組立て（建具枠を含む）
A 3，B 3	壁せっこうボード張り
A 4，B 4	システム天井組立て（吸音板を含む）
A 5，B 5	壁クロス張り
A 6，B 6	フリーアクセスフロア敷設
A 7，B 7	タイルカーペット敷設
A 8，B 8	
C	建具の吊込み（A工区及びB工区）

問題6 次の1.から3.の問いに答えなさい。

1. 「建設業法」に基づく建設工事の見積り等に関する次の文章において、⬚に**当てはまる語句**を記入しなさい。

建設業者は、建設工事の ① を締結するに際して、工事内容に応じ、工事の種別ごとに材料費、労務費その他の ② の内訳を明らかにして、建設工事の見積りを行うよう努めなければならない。

2. 「建築基準法施行令」に基づく仮囲いに関する次の文章において、⬚に**当てはまる語句または数値**を記入しなさい。

木造の建築物で高さが13mもしくは軒の高さが9mを超えるものまたは木造以外の建築物で ③ 以上の階数を有するものについて、建築、修繕、模様替または除却のための工事を行う場合においては、工事期間中工事現場の周囲にその地盤面（その地盤面が工事現場の周辺の地盤面より ④ 場合においては、工事現場の周辺の地盤面）からの高さが1.8m以上の板塀その他これに類する仮囲いを設けなければならない。ただし、これらと同等以上の効力を有する他の囲いがある場合または工事現場の周辺もしくは工事の状況により危害防止上支障がない場合においては、この限りでない。

3. 「労働安全衛生法」に基づく事業者等の責務に関する次の文章において、⬚に**当てはまる語句**を記入しなさい。

建設工事の注文者等仕事を他人に請け負わせる者は、施工方法、 ⑤ 等について、安全で衛生的な作業の遂行をそこなうおそれのある ⑥ を附さないように配慮しなければならない。

解答｜問題2

1～3とも、以下から2つ記せばよい。

1.墜落・転落による災害防止

- 足場は組立図を作成し、それに基づいて組み立てる。
- 悪天候時には高所作業を中止する。
- 高所作業においては必要な照度を確保する。
- 高所作業においては安全帯を使用させ、防網を張る。
- 高さ85cmの手すりと中さんを取付ける。
- ハーネスト型安全帯を掛けるための親綱を設置する。
- 臨時に取り外した手すりは作業終了後必ず復旧し、責任者に報告させる。
- 高さ1.5mを超える箇所には昇降設備を設ける。
- 部分的な修工事において、高所作業車の使用など無足場工法を採用する。

2.電気による災害防止

- 交流アーク溶接機は、自動電撃防止装置の作動状況を確認する。
- 電気機器・工具関係は、接地（アース）を確実にとっていることを確認する。
- 溶接棒のホルダーの絶縁性能を確認する。
- ケーブルの被覆の損傷や劣化がないことを確認する。
- キュービクル・変圧器は仮囲いを設け、立入禁止措置を施す。
- 架空電線に近接した重機作業は、見張り員を立てて離隔距離をとる。
- 電気機器・工具の周囲は水濡れを防止し、取扱者は長靴など絶縁性の履物を着用する。

3.車両系建設機械による災害防止

- 楊重中の移動式クレーンの転倒事故を防止するため、敷き鉄板を敷き、アウトリガーを最大限に張り出して設置する。
- ショベルやバックホーのオペレータが操縦席を離れる場合は、バケットを地上に卸してエンジンを切ることを徹底させる。
- 掘削中のショベルが後進する際に掘削溝に転落する事故を防止するため、誘導者を配置する。
- 掘削中のバックホーが旋回中に作業員に接触する事故を防止するため、バリケード等により旋回範囲内への立入禁止措置をとる。
- バックホーでダンプで土砂を積込む際は、ダンプの運転席と反対側に旋回させ、荷台後方から積込む。
- アームやバケットにフック、シャックルを取付けた時以外は、バックホーやショベル等の掘削機で物をつらないようにさせる。
- 現場内を重機や工事用車両が走行する際には制限速度を定める。

解答｜問題3

1.①：1/5　　　　　2.③：盤ぶくれ
3.①：ケーシングチューブ　4.③：D25
5.①：加圧　　　　　6.③：密着（近接）させる
7.③：15　　　　　8.③：5

解答｜問題4

以下から、それぞれ2つずつ記す。

1

- 千鳥張り工法とする。
- 継ぎ目は縦横とも100mm以上重ね合わせる。
- 重ね合わせは水下側が下になるように張付ける。
- 絶縁工法の砂付き穴あきルーフィングでは、絶縁面である砂付き面が下向きになるように突付け張りとする。
  ※平成20年と同じ解答。

2

- コンクリート面の穴埋めパテかいを十分行う。
- 研磨紙ずりを行い、表面を平滑にする。
- 塗り残しは色むら等外観に影響を与えるので、1日の工程を考慮した塗装面積を計画する。
- 結露を防止するため、5℃以上で塗装する。

3

- 笠木と笠木の継手部は、ジョイント金具とはめあい方式によりはめあい、取付けを行うものとする。
- ジョイント部はオープンジョイントを原則とし、温度変化による部材の伸縮防止のため、5～10mmのクリアランスを設ける。
- 笠木をはめ込むための下地金具は、パラペット構造体にあと施工アンカー等で堅固に取付ける。
- 風圧、積雪荷重等に対応した固定金具の間隔を考慮する。

4

- 塗付け面積は、1回当たり60分以内に張り終える面積を限度とする。
- 目地割りに基づき水糸を引き通し、窓、出入り口回り、隅、角等の役物の張付けを先に行う。
- タイル裏面にモルタルを平らに塗付け、タイル周辺からモルタルがはみ出すまでたたき締め、通りよく平らに張付ける。
- タイル張付け後24時間経過した後、モルタルの硬化を見計らって目地詰めを行う。
  ※平成22年とほぼ同じ解答。

解答｜問題5

1.A8、B8：ソフト幅木取付け
2.総所要日数：17日、　必要班数：1班
3.あ：A3、　い：18、　う：1

解答｜問題6

①請負契約　　②経費　　③2
④低い　　　　⑤工期　　⑥条件

7 平成30年度（臨時）の問題と解答

QUESTION

問題2　建築工事における次の1.から3.の仮設物について、設置計画の作成に当たり**留意し、検討した事項**を、それぞれ2つ具体的に記述しなさい。

ただし、解答はそれぞれ異なる内容の記述とし、申請手続、届出及び運用管理に関する記述は除くものとする。また、使用資機材に不良品はないものとする。

1. 　　　場内仮設道路
2. 　　　建設用リフト
3. 　　　排水（濁水）処理設備

問題3　次の 1. から 8. の各記述において、記述ごとの①から③の下線部の語句または数値のうち**最も不適当な箇所番号**を1つあげ、**適当な語句または数値**を記入しなさい。

1. 地盤の平板載荷試験は、地盤の変形や強さなどの支持力特性を調べるための試験である。

試験は、直径 <u>20</u> cm 以上の円形の鋼板に <u>油圧ジャッキ</u> により垂直荷重を与え、載荷圧力、載荷時間、
　　①　　　　　　　　　　　　　②

沈下量を測定する。

また、試験結果より求まる支持力特性は、載荷板直径の1.5〜 <u>2.0</u> 倍程度の深さの地盤が対象となる。
　　　　　　　　　　　　　　　　　　　　　　　　　　　　　　③

2. 山留め工事における切梁を鉛直方向に対して斜めに取り付けた斜め切梁においては、切梁軸力の

<u>鉛直分力</u> が作用するため、山留め壁側の腹起しの受けブラケットに加え、押さえブラケットを取り付け、
　①

反対側は十分な剛性を有する控え杭や躯体で受ける。

また、腹起しにはスチフナー補強を行い、ウェブの局部 <u>せん断</u> やフランジの曲がりを防止する。
　　　　　　　　　　　　　　　　　　　　　　　　②

控え杭で受ける場合は、プレロードの導入により控え杭に荷重を与え、根切り後の <u>変位量</u> を低減させ
　　　　　　　　　　　　　　　　　　　　　　　　　　　　　　　　　　③

る。ただし、軟弱地盤では控え杭の <u>変位量</u> が大きくなるため、躯体で受けるようにする。
　　　　　　　　　　　③

3. 場所打ちコンクリート杭地業のオールケーシング工法において、地表面下10m程度までのケーシング

チューブの初期の圧入精度によって以後の掘削の鉛直精度が決定される。

掘削は <u>ドリリングバケット</u> を用いて行い、1次スライム処理は、孔内水が <u>多い</u> 場合には、<u>沈殿バケット</u> を用
　　　　①　　　　　　　　　　　　　　　　　　　　　　②　　　　　　　　③

いて処理を行う。また、沈殿物が多い場合には、コンクリート打込み直前までに　2次スライム処理を行う。

4. 鉄筋の機械式継手において、カップラー等の接合部分の耐力は、継手を設ける主筋等の降伏点に

基づく耐力以上とし、引張力の最も小さな位置に設けられない場合は、当該耐力の <u>1.35</u> 倍以上の
　　　　　　　　　　　　　　　　　　　　　　　　　　　　　　　①

耐力または主筋等の引張強さに基づく耐力以上とする。

モルタル、グラウト材その他これに類するものを用いて接合部を固定する場合にあっては、当該材料

の強度を <u>50</u> N/mm² 以上とする。
　　　　②

ナットを用いた <u>曲げモーメント</u> の導入によって接合部を固定する場合にあっては、所定の数値以上の
　　　　　　　③

<u>曲げモーメント</u> 値とし、導入軸力は 30 N/mm² を下回ってはならない。
　③

5. 鉄筋のガス圧接を手動で行う場合、突き合わせた鉄筋の圧接端面間のすき間は $\underset{①}{5}$ mm以下で、偏心、曲がりのないことを確認し、還元炎で圧接端面間のすき間が完全に閉じるまで加圧しながら加熱する。

圧接端面間のすき間が完全に閉じた後、鉄筋の軸方向に適切な圧力を加えながら、$\underset{②}{中性炎}$ により鉄筋の表面と中心部の温度差がなくなるように十分加熱する。

このときの加熱範囲は、圧接面を中心に鉄筋径の $\underset{③}{2}$ 倍程度とする。

6. 型枠の構造計算に用いる積載荷重は、労働安全衛生規則に、「設計荷重として、型枠支保工が支えている物の重量に相当する荷重に、型枠1m²につき $\underset{①}{100}$ kg以上の荷重を加えた荷重」と定められている。

通常のポンプ工法による場合、打込み時の積載荷重は $\underset{②}{1.5}$ kN/m² とする。

打込みに一輪車を用いる場合、作業員、施工機械、コンクリート運搬車及びそれらの衝撃を含めて、積載荷重は $\underset{③}{2.5}$ kN/m² を目安とする。

7. コンクリートポンプを用いてコンクリートを打ち込む際、コンクリートポンプ1台当たりの1日の打込み量の上限は $\underset{①}{250}$ m³を目安とし、輸送管の大きさは圧送距離、圧送高さ、コンクリートの圧送による品質への影響の程度などを考慮して決める。

輸送管の径が大きいほど圧力損失が $\underset{②}{大きく}$ なる。

コンクリートの圧送に先立ちポンプ及び輸送管の内面の潤滑性の保持のため、水及び $\underset{③}{モルタル}$ を圧送する。

8. 鉄骨の完全溶込み溶接において、完全溶込み溶接突合せ継手及び角継手の余盛高さの最小値は $\underset{①}{0}$ mmとする。

裏当て金付きのT継手の余盛高さの最小値は、突き合わせる材の厚さの $\frac{1}{4}$ とし、材の厚さが40mmを超える場合は $\underset{②}{10}$ mmとする。

裏はつりT継手の余盛高さの最小値は、突き合わせる材の厚さの $\underset{③}{\frac{1}{10}}$ とし、材の厚さが40mmを超える場合は5mmとする。

余盛は応力集中を避けるため、滑らかに仕上げ、過大であったり、ビード表面に不整があってはならない。

問題4 次の1. から4. の問いに答えなさい。
ただし、解答はそれぞれ異なる内容の記述とし、材料の保管、作業環境(気象条件等)及び作業員の安全に関する記述は除くものとする。

1. 屋上アスファルト防水(断熱工法)工事において、保護コンクリートを打設する場合に用いる絶縁用シートについて、施工上の**留意事項**を2つ、具体的に記述しなさい。
ただし、下地に関する記述は除くものとする。

2. 屋内床仕上げの下地をコンクリート直均し仕上げとする場合の、施工上**留意事項**を2つ、具体的に記述しなさい。
ただし、コンクリートの調合に関する記述は除くものとする。

試験概要と試験対策のポイント

施工経験記述

仮設・安全

躯体施工

仕上施工

学科記述解説

施工管理

法規

過去問題と解答

3. 屋内の天井ボード張りに用いる軽量鉄骨天井下地工事について、施工上の**留意事項**を2つ、具体的に記述しなさい。

ただし、インサートの墨出しに関する記述は除くものとする。

4. 外壁下地モルタル面に二丁掛タイルを密着張りとする場合の、施工上の**留意事項**を2つ、具体的に記述しなさい。

ただし、下地清掃、張付けモルタルの調合、タイルの割付け及びタイル面洗いに関する記述は除くものとする。

問題5 市街地での事務所ビルの建設工事において、各階を施工量のほぼ等しいA工区とB工区に分けて躯体工事を行うとき、右の躯体工事工程表（3階柱、4階床梁部分）に関し、次の1.から3.の問いに答えなさい。

工程表は作成中のもので、検査や設備関係の作業については省略している。

各作業の内容並びに鉄筋及び型枠の各作業班の担当は作業内容表のとおりであり、Aで始まる作業名はA工区の作業を、Bで始まる作業名はB工区の作業を示すが、作業A3及び作業B3については作業内容及び担当する作業班を記載していない。

なお、各作業は一般的な手順に従って施工されるものとする。

また、各作業を担当する作業班は複数の作業を同時に行わず、各作業は先行する作業が完了してから開始するものとする。

〔工事概要〕

用途　　　：事務所

構造・規模：鉄筋コンクリート造地下1階、地上6階、延べ面積3,200m²

仕上げ　　：鉄筋コンクリート製の壁はなく、階段は鉄骨造で別工程により施工する。

---

1. 作業A3及び作業B3の**作業内容**を記述しなさい。

2. ㊍から㊗までの**総所要日数**を記入しなさい。

ただし、各作業班は工程に影響を及ぼさないだけの班数が確保できているものとする。

また、この日数で工事を行うときに、最低限手配すべき型枠作業班の班数を記入しなさい。

3. 鉄筋作業班が1班しか手配できないことが判ったため、工程を見直すこととなった。

このときの、次の記述の[　　　]に当てはまる**語句または数値**をそれぞれ記入しなさい。

工程の見直しに当たって、鉄筋作業班は同じ作業内容を続けて行うこととしたため、作業A7は、作業A6の完了後で作業名[あ]の完了後でないと開始できない。このため、総所要日数は[い]日、作業Bのフリーフロートは[う]日となる。

問題5の工程表

躯体工事工程表（3階柱，4階床梁部分）

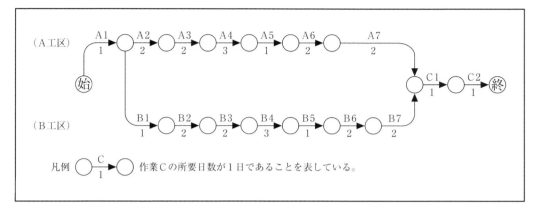

凡例 ◯ —C→ ● 作業Cの所要日数が1日であることを表している。
　　　 1

作業内容表

作業名	作業内容	担当
A1，B1	3階墨出し	
A2，B2	柱の配筋	鉄筋作業班
A3，B3		
A4，B4	梁型枠の組立て（梁下支保工を含む）	型枠作業班
A5，B5	フラットデッキの敷設	型枠作業班
A6，B6	梁の配筋	鉄筋作業班
A7，B7	床の配筋	鉄筋作業班
C1	清掃及び打込み準備（A工区及びB工区）	
C2	コンクリート打込み（A工区及びB工区）	

試験概要と試験対策のポイント

施工経験記述

仮設・安全

躯体施工

仕上施工

学科記述解説

施工管理

法規

平成30年度（臨時）
過去問題と解答

問題6　次の1.から3.の問いに答えなさい。

1. 「建設業法」に基づく特定建設業者の下請代金の支払期日等に関する次の文章において、□□に当てはまる**語句または数値**を記入しなさい。

　特定建設業者が □①□ となった下請契約（下請契約における請負人が特定建設業者または資本金額が4,000万円以上の法人であるものを除く。）における下請代金の支払期日は、下請負人からその請け負った建設工事の完成した旨の通知を受け、検査によって建設工事の完成を確認した後、下請負人が当該建設工事の引渡しを申し出た日（下請契約において定められた工事完成の時期から20日を経過した日以前の一定の日に引渡しを受ける旨の特約がされている場合にあっては、その一定の日。）から起算して □②□ 日を経過する日以前において、かつ、できる限り短い期間内において定められなければならない。

2. 「建築基準法施行令」に基づく落下物に対する防護に関する次の文章において、□□に当てはまる**語句または数値**を記入しなさい。

　建築工事等において工事現場の境界線からの水平距離が5m以内で、かつ、地盤面からの高さが □③□ m以上の場所からくず、ごみその他飛散するおそれのある物を投下する場合においては、□④□ を用いる等当該くず、ごみ等が工事現場の周辺に飛散することを防止するための措置を講じなければならない。

3. 「労働安全衛生法」に基づく元方事業者の講ずべき措置等に関する次の文章において、□□に当てはまる**語句**を記入しなさい。

　元方事業者は、関係請負人または関係請負人の □⑤□ が、当該仕事に関し、この法律またはこれに基づく □⑥□ の規定に違反していると認めるときは、是正のため必要な指示を行わなければならない。

解答｜問題2

1〜3とも、以下から2つ記せばよい。

1.場内仮設道路

- 作業員の通行動線と車両動線ができるだけ交差しないように計画する。
- 地盤耐力を低下させないよう、地盤改良や鉄板敷き等を行う。
- 車両、重機の大きさや通行量に合わせた幅員とする。
- 雨水が滞留しないよう、横断勾配を付けて水はけを良くし、排水溝を設置する。
- 再生骨材や、現場発生土、斫りがらなどの再生材使用を検討する。
- 短期使用の仮設道路については、設置や撤去が簡単な方式を採用する。

2.建設用リフト

- 建築物の高さ、所要工期、運搬資材の大きさと重量を考慮した能力の建設用リフトを選定する。
- 支持構台や構造体本体は、地震や強風等の荷重を考慮し、充分構造的に安全かどうかの検討を行う。
- 設置位置はゲートからの搬入動線に近く、かつ作業場までの運搬が容易な場所とする。
- 建設用リフトを使用する場合には人は乗ってはならない旨を標示する。

3.排水（濁水）処理設備

- 工事に従事する人員の確認。
- 汚水、雑排水、地下水・雨水、特殊排水ごとに排水時期、排水場所、排水量を把握。
- 公共下水道の利用の可否の確認。
- PH、SS等の排水基準の確認。
- 濁水処理設備の処理方法と処理能力の確認。
- 洗車装置の場合は搬出入車両の台数の確認。
- 仮設排水路の、排水量に応じた断面と勾配の検討。

解答｜問題3

1.①：30	2.②：座屈
3.①：ハンマーグラブ	4.③：トルク
5.①：2	6.①：150
7.②：小さく	8.③：1/8

解答｜問題4

以下から、それぞれ2つずつ記す。

1

- 立上がり面に30mm程度張り上げるようにする。
- 防水層の完成検査後、100mm程度の重ね幅をとって平場に敷きこむ。
- シートは粘着テープ、ゴムアスファルト系シール材等で固定する。
- 強風時には、重ね部分の要所をモルタルで押さえ、フィルムの浮揚を防止する。
- 重ね合わせは水下側が下になるように張付ける。

2

- 名かむらとりを木ごてで行う。
- 踏板を用いて金ごて押さえを行い、セメントペーストを十分に表面に浮き出させる。
- 締り具合を見て、金ごてで強く押さえ平滑にする。
- 粗面仕上げとする場合は、この後デッキブラシ等で目通りよく粗面に仕上げる。
- 仕上げ面でこてむらの著しい箇所は、コンクリート硬化後グラインダーで平滑に仕上げる。
- 床面の仕上がりは、3mにつき7mm以内とし、壁の幅木回りは3mにつき3mm以内とする。

3

- 室内張りのスパンに対して、1/500〜1/1000程度のむくりを付けて組み立てる。
- 照明器具等の配置を考慮し、なるべく野縁を切断しないような配置計画とする。
- 野縁は野縁受けから150mm以上跳ねださないようにする。
- 野縁受けおよび野縁同士のジョイントは、それぞれつりボルト、野縁受けの近くに設け、ジョイント部の配置は千鳥状になるように施工する。
- 点検口、照明器具、ダクト等野縁の切断部分は、強度不足を補うため同材で補強する。
- 天井に段違いがある箇所は振れ留補強を行う。
- 現場溶接を行った部分は、錆止め塗料を塗る。

4

- 張付モルタルの1回の塗付け面積は2m²以下とし、20分以内に張り終える面積とする。
- モルタルの塗り厚は8mm程度とし、2層に分けて塗りつける。
- 目地割りに基づき水糸を引き通し、窓、出入り口回り、隅、角等の役物の張付けを先に行う。
- 目地深さがタイル厚の1/2以下となるように目地詰めを行う。
- 上部から下部へ一段おきに張付けた後、その間のタイルを張る。

※平成24年度とほぼ同じ解答。

解答｜問題5

1. A3、B3　作業内容：柱型枠の組立、　担当：型枠作業班
2. 総所要日数：16日、　必要班数：2班
3. あ：B6、　い：19、　う：0

解答｜問題6

①注文者	②50	③3
④ダストシュート	⑤労働者	⑥命令

著者紹介

小山 和則（こやま かずのり）

1954年　千葉県生まれ

1977年　早稲田大学理工学部建築学科卒業
　　　　清水建設（株）を経て、1989年建築設計事務所「スペース景」を設立。

現　在　1級建築士。
　　　　長年、建築の1・2級施工管理技士試験受検対策セミナー講師を務める。

清水 一都（しみず かずと）

1948年　大阪府生まれ

1972年　京都大学工学部交通土木工学科卒業

1974年　京都大学大学院工学研究科（交通土木工学専攻）修了
　　　　清水建設（株）、（財）エンジニアリング振興協会を経て、2007年ITTO経営コンサルタントを設立。

現　在　1級建築士、1級土木施工管理技士、中小企業診断士、技術士（農業）。
　　　　長年、土木・建築・管工事の1級・2級施工管理技士試験受検対策セミナー講師を務める。
　　　　また、建設業を主体として中小企業の再生支援に携わり、事業DD、経営改善計画指導を多数行う。

1級建築施工管理技士第二次検定
記述対策＆過去問題2024年版

発行日　2024年3月7日	第1版第1刷

著　者　小山　和則
　　　　清水　一都

発行者　斉藤　和邦

発行所　株式会社　秀和システム
　　　　〒135-0016
　　　　東京都江東区東陽2-4-2　新宮ビル2F
　　　　Tel 03-6264-3105（販売）Fax 03-6264-3094

印刷所　三松堂印刷株式会社　　　　Printed in Japan

ISBN978-4-7980-6979-1 C3052